Mónica Castillo Lluch y Johannes Kabatek (eds.)

Las Lenguas de España

Política lingüística, sociología del lenguaje e ideología desde la Transición hasta la actualidad

LINGÜÍSTICA IBEROAMERICANA
Vol. 28

Mónica Castillo Lluch y Johannes Kabatek (eds.)

Las Lenguas de España

**Política lingüística, sociología del lenguaje e ideología
desde la Transición hasta la actualidad**

Iberoamericana · Vervuert · 2006

Bibliographic information published by Die Deutsche Bibliothek

Die Deutsche Bibliothek lists this publication in the Deutsche Nationalbibliografie; detailed bibliographic data are available on the Internet at <http://dnb.ddb.de>.

Publicación financiada con ayuda del Programa de Cooperación Cultural Pro Spanien.

Agradecemos al Consejo científico de la Universidad Paris 8 la colaboración para la edición de este libro.

© Iberoamericana, 2006
Amor de Dios, 1 – E-28014 Madrid
Tel.: +34 91 429 35 22
Fax: +34 91 429 53 97
info@iberoamericanalibros.com
www.ibero-americana.net

© Vervuert, 2006
Wielandstr. 40 – D-60318 Frankfurt am Main
Tel.: +49 69 597 46 17
Fax: +49 69 597 87 43
info@iberoamericanalibros.com
www.ibero-americana.net

ISBN 978-84-8489-216-8 (Iberoamericana)
ISBN 3-86527-227-4 (Vervuert)

Depósito Legal: SE-3742-2008 U.E.

Cubierta: Marcelo Alfaro
Impreso en España
Printed by Publidisa
The paper on which this book is printed meets the requirements of ISO 9706

ÍNDICE

Introducción

Mónica Castillo y Johannes Kabatek

Los nueve trabajos que se presentan al lector en este libro analizan la situación actual de las lenguas de España enfocándola desde perspectivas distintas. La idea de constituir el presente volumen surgió a raíz de dos encuentros europeos organizados por los editores que se centraron en diversos aspectos en relación con las lenguas de España desde la Transición.

El primer encuentro se celebró en la Universidad de Friburgo (Alemania) en diciembre de 2003 con el título de *Lenguas de España y normalización lingüística*, partiendo del polémico concepto de la "normalidad" lingüística. Esta noción, al ser de naturaleza normativa y no descriptiva, se define de maneras divergentes en función de distintas ideologías y por ello se ha convertido en uno de los focos más conflictivos del debate general sobre el estatus respectivo de las lenguas de España. El interés del coloquio se centró, como es lógico, en primer lugar en los discursos metalingüísticos propios de los diversos grupos sociales y políticos en las distintas comunidades. Es decir, se trataba más de dar cuenta de lo que se dice acerca de las lenguas que de la situación lingüística de fondo, aunque, claro está, un análisis adecuado de los discursos metalingüísticos nunca puede prescindir del estudio de los objetos a los que tales discursos se refieren, las lenguas en cuestión.

El segundo encuentro tuvo lugar en el Instituto Cervantes de París en octubre de 2004 bajo el título de *Balance de la política lingüística en España (1975-2004)*, con un objetivo primordialmente descriptivo y solo en segundo lugar valorativo. Los participantes proporcionaron, por una parte, información pertinente sobre la política lingüística realizada en España para la promoción del catalán, vasco, gallego y asturiano, pasando revista para ello a factores como el número de hablantes y su perfil sociológico, la legislación relativa al uso lingüístico y la práctica lingüística en contraste con la del castellano, el uso público de cada lengua (en los medios de comunicación, en la educación, la administración, la política...), las posiciones de los diferentes grupos políticos con respecto a los procesos de "normalización" lingüística, la planificación del estatus y del corpus, la proyección internacional y europea, la gestión de la diversidad dialectal, etc. Por otra parte, el coloquio contó con una aportación que trató de la política practicada en Francia con respecto al catalán y el vasco y con otra que abordaba la cuestión de la política lingüística en España en relación con la población inmigrante.

La iniciativa de organizar ambos coloquios respondió a la curiosidad creciente que fuera de España despierta la política lingüística de este país. En Alemania
existe una tradición académica arraigada de estudio de cuestiones de política lingüística con una perspectiva que busca la relación y las compatibilidades entre el
universalismo y el particularismo lingüísticos. En Francia, por razones geopolíti-
cas evidentes, la curiosidad no es exclusiva del marco académico, sino que es
cuestión de interés ciudadano: el uso del catalán y vasco en las últimas tres décadas ha evolucionado de modo muy diferente de un lado a otro de los Pirineos y
este hecho político y social se sigue con relativa atención desde tierras francesas.

Los encuentros en el extranjero permitieron algo que en España hubiera sido
difícil o imposible de conseguir: la coincidencia en un diálogo directo de personas con posturas contrarias. Entre los individuos y grupos de perspectivas lingüísticas diferentes existe, por lo general, una especie de abismo que acaba deri-
vando en un bloqueo dialéctico. Por ello, lo más corriente es que la discusión
sobre problemas lingüísticos la protagonicen en cada lugar quienes más o menos
comparten opiniones compatibles y en el caso contrario, de existir diálogo entre
ideologías opuestas, suele este producirse de modo indirecto, no con intercambio
de palabras, sino de publicaciones.

En el encuentro en Friburgo se enfrentaron personas de opiniones divergentes
y con discursos de muy distinta índole. Sin duda la contribución que más destacó
por polémica con respecto a las demás fue la de Juan Ramón Lodares[1], "Un diagnóstico sociolingüístico de España". Como en varias de sus publicaciones, Lodares critica lo que desde su punto de vista representa un camino equivocado de la
política lingüística española si se considera la actual situación mundial, caracte-
rizada por el aumento de la comunicación internacional y el universalismo lingüístico. Su argumento principal es que las tendencias a "normalizar" las diversas lenguas de España, es decir a extender su uso, deriva de la búsqueda del éxito
económico de los protagonistas de los movimientos en pro de la diversidad lingüística, de una "elite enclosure" que les sirve para asegurar y extender sus privilegios frente a otros posibles criterios de creación de elites. Lodares repite pues
su argumento ya defendido con exhaustividad en trabajos anteriores, sintetizán-
dolo aquí e ilustrándolo con ejemplos de distintas situaciones lingüísticas, sobre
todo la catalana.

Desde una postura totalmente opuesta, Emili Boix, en "25 años de la Constitución española: un balance sociolingüístico desde los (y las) catalanohablan-

---

[1] Juan Ramón Lodares, desaparecido trágicamente en abril de 2005, participó en el coloquio de Friburgo pese a que no esperaba encontrar mucho apoyo a sus tesis entre el resto de
participantes.

tes", defiende como única vía justa y satisfactoria para tratar la diversidad lingüística de España, la promoción extraterritorial del catalán, gallego y vasco, siguiendo las pautas de funcionamiento de un estado federal como el suizo. A esta defensa del plurilingüismo de estado dedica Boix buena parte de su trabajo tras una presentación de la situación actual del catalán, del plurilingüismo del Estado español, de las leyes que regulan dicho plurilingüismo y de las ideologías existentes sobre este. A lo largo del texto el autor pone un énfasis particular en las desigualdades normativas que se dan a nivel estatal entre las diferentes lenguas de España, y en la prioridad que en la práctica tiene el castellano frente a las demás. Se afirma que esta prioridad dictada por la Constitución de 1978 es la que hoy aún defiende la derecha liberal, mientras que entre los partidos de izquierdas se aprecia en estos últimos tiempos la voluntad de avanzar hacia un plurilingüismo de estado.

Xosé Luís Regueira en "Política y lengua en Galicia: la 'normalización' de la lengua gallega" nos ofrece en primer término una síntesis de la historia reciente de la lengua gallega en la que destacan la acción regionalista decimonónica, que impulsa la lengua como elemento identitario crucial de los gallegos, y la normalización emprendida en la era democrática. Para este periodo, el autor describe pormenorizadamente cómo se articulan la lengua y la política en un contexto en el que la lengua ocupa un lugar central en una sociedad en plena transformación –marcada sobre todo por un movimiento demográfico del campo a la ciudad– y consecuentemente también en el debate de los grupos políticos. En segundo lugar, este trabajo proporciona datos estadísticos sobre los usos lingüísticos en Galicia que reflejan sobre todo dos realidades: la pérdida de la transmisión intergeneracional asociada al éxodo rural, lo cual supone una desgalleguización cuantitativamente importante, pero paralelamente un proceso de regalleguización entre la juventud urbana destacable cualitativamente. El gallego gana así en prestigio social en su nueva variedad urbana, que se caracteriza fundamentalmente por un alto grado de castellanización. Dicha variedad funciona como marca de clase que separa simbólicamente a la juventud y profesionales urbanos de las clases bajas y rurales con fonética tradicional gallega. Por último, Regueira lleva a cabo un pormenorizado análisis de los diferentes discursos sobre la normalización del gallego y concluye este repaso a las propuestas de futuro con una reflexión sobre el gallego en la era de la globalización.

La contribución de Benjamín Tejerina, "Los procesos de cambio lingüístico y sus agentes. Un balance de la política lingüística de promoción del euskera en la Comunidad Autónoma Vasca" ofrece un detallado análisis sociológico de la evolución de la situación lingüística de la Comunidad Autónoma Vasca de los últimos decenios, incluyendo comparaciones con datos más remotos que permiten observar evoluciones a largo plazo. Según los datos, un movimiento etnolingüístico asumido por importantes sectores de la sociedad desde finales del franquismo hasta la actualidad ha estrechado el vínculo entre lengua e identidad vascas. Tejerina sostiene que este vínculo es defendido hoy en día también por sectores alejados del nacionalismo vasco, lo que lleva a una paulatina desvinculación entre nacionalismo vasco y defensa de la lengua vasca. En general, los últimos decenios han sido una época de extensión del conocimiento de la lengua vasca, y parece que se ha invertido el antiguo esquema generacional: mientras que antiguamente el euskera encontraba apoyo sobre todo entre las generaciones ancianas y en el mundo rural, en la actualidad crecen los vascófonos sobre todo en las generaciones más jóvenes y en el mundo urbano, con un papel importante de los llamados neohablantes entre los que la recuperación del vasco parece ser particularmente intensiva.

Johannes Kabatek, en "Requisitos para ser lengua: el caso del asturiano y de otras modalidades lingüísticas de España", presenta la situación del asturiano actual, comparándola con la del gallego, el vasco y el catalán. Según Kabatek, el proceso de emancipación del asturiano en el siglo XIX es comparable al del gallego y avanza incluso más en sus primeros momentos, pero se queda estancado y no se consolida en el siglo XX como en el caso de otras lenguas de España. Solo a partir de finales de los años sesenta, en Asturias se establece un discurso de "normalización", que se enfrenta, hasta el presente, con una serie de obstáculos demostrados mediante datos sociológicos del *II Estudio sociolingüístico de Asturias*, publicado en 2003: la diversidad dialectal, la falta de conciencia de lengua, el relativo bajo porcentaje de hablantes, la poca importancia dada a las cuestiones lingüísticas por parte de la mayoría de la población y la falta de prestigio y extensión de un estándar, entre otros factores, hacen difícil que el asturiano supere las barreras necesarias para imponerse como lengua propia al lado del castellano.

Miquel Nicolàs en su análisis "Competencias, actitudes y prácticas lingüísticas de la sociedad valenciana contemporánea" enfoca la situación actual del catalán en territorio valenciano proyectándola en el trasfondo histórico que la ha configurado, particularmente en los últimos treinta años. El autor demuestra cómo cada acontecimiento sociológico y político del pasado gravita sobre el presente de la lengua, trazando una descripción de los factores estructurales –de tipo demográfico, económico, cultural y tecnológico–, pero también políticos e ideológicos que han incidido en ella. Se insiste principalmente en el peso de determinados elementos simbólicos (sin duda el nombre de la lengua es el más llamativo de ellos) que, manipulados por los poderes sociales y políticos, han generado reacciones anticatalanistas y consecuentemente el progresivo abandono de la lengua catalana en Valencia. En opinión de Nicolàs, los problemas sociales actuales del valenciano –derivados principalmente de la dificultad histórica de conjugar esta lengua con la modernidad social, cultural y económica– podrían superarse a condición de renovar los discursos teóricos sobre la lengua, de producir un nuevo panorama conceptual adaptado al contexto presente, que entronque con una práctica en la que la lengua consiga salir de la esfera de la tradición y logre así garantizar su pervivencia en el futuro.

Christian Lagarde con su estudio "La influencia del marco estatal en el porvenir de las lenguas: balance contrastado España-Francia en las zonas catalanohablantes y vascohablantes", nos presenta un panorama comparativo del uso del vasco y del catalán en territorio francés y español. Partiendo de los datos disponibles arrojados por diferentes encuestas sociolingüísticas se contrastan los usos, competencias y actitudes en el tiempo y según el eje norte-sur para una misma área lingüística, así como este-oeste, entre catalán y vasco. Como consecuencia de la diferente política lingüística aplicada en España y Francia, se observan disparidades sobresalientes entre las competencias y los usos del catalán y vasco en uno y otro país. Destacan el retroceso notable del uso familiar y social del catalán en el Rosellón, y la pérdida de su transmisión intergeneracional; en cuanto al euskera, se constata también una pérdida sensible de su práctica oral en contextos tanto familiares como sociales en el País Vasco francés. En definitiva, el modelo estatal unilingüista francés compromete la continuidad del catalán y el vasco en su territorio, cuando en España la política lingüística emprendida desde la Transición al menos parece haber redinamizado estas lenguas y haber evitado su sustitución en curso en la época inmediatamente anterior. Por otra parte, en el eje este-oeste al norte de los Pirineos, hay que resaltar que el vasco se mantiene muy por encima del catalán en los usos familiares, lo que puede interpretarse como efecto de la xenidad del euskera: el carácter tan diferente del vasco frente a las lenguas románicas con las que convive, parece protegerlo en la práctica, conformando una comunidad lingüística más estable. El catalán, sin embargo, por su parentesco con el francés y el español, es más permeable a la interferencia y a la alternancia de código y por lo tanto menos resistente a la sustitución por sus lenguas hermanas.

Mercé Pujol en "Política lingüística en España y población extranjera" ofrece una descripción de los movimientos migratorios en España desde principios de los años 90 del siglo XX con la llegada de la "nueva enmigración". Sobre esta nueva población extranjera residente en el Estado español aporta los datos más relevantes, resaltando desde el punto de vista sociolingüístico que las dos Comunidades Autónomas que más población extranjera atraen, la de Madrid y la de Cataluña acogen a una mayoría de población hispanoamericana y marroquí respectivamente, y esto por razones además de geográficas también lingüísticas. Así, mientras los hispanoamericanos se sentirían más fácilmente integrados en la unilingüe Comunidad de Madrid, los marroquíes, por su condición políglota, percibirían el bilingüismo de Cataluña como algo natural. En la convivencia de los autóctonos y los inmigrantes alternan tendencias de integración y de segregación. Mercé Pujol denuncia la segregación sociolingüística de la que es responsable la Administración y que se produce entre la escuela pública por un lado y la concertada y privada por otro: la primera concentra la práctica totalidad de la población escolar inmigrante, la cual en ocasiones supera incluso en número a la autóctona (naturalmente o por reacción artificial de deserción por parte de los autóctonos), cuando en los otros dos tipos de escuelas no se observa en absoluto semejante "diversidad", pues la integran autóctonos y algunos inmigrantes de clase alta. En conclusión, la política lingüística española en el contexto actual de la globalización debería atender al peligro de la desaparición lenta de las lenguas cooficiales, para lo cual se impone, además de atenuar la pérdida de hablantes autóctonos, bilingüizar a los alófonos. En opinión de la autora, esto último pasa, en lo que a las nuevas generaciones se refiere, por una actuación de la Administración en relación con las escuelas que acabe con la segregación actual.

Con su estudio "Los discursos de los manuales de sociolingüística catalanes y la normalización: análisis desde los años 80 a la actualidad", Mónica Castillo se detiene en la observación de los discursos pedagógicos catalanes para describir la noción de *normalización* que desde ellos se ha difundido y sigue difundiéndose. Explora el ángulo desde el que se presenta en estas obras la materia científica, con respecto a lo cual es de notar una evolución desde los primeros manuales de los años 80 hasta los más recientes. Si en aquellos se imponía la teoría del conflicto lingüístico –que pretende que la normalización del catalán pasa por desalojar el castellano de Cataluña, para lo cual se proponen diferentes medidas políticas que van desde la independencia y hegemonía absoluta de la misma hasta la transformación de España en un país multilingüe compuesto de diferentes territorios monolingües–, en los manuales de fecha más reciente se abordan los contenidos científicos de la sociolingüística al margen generalmente de esta teoría, evacuándose de este modo numerosas consideraciones de orden político. Así, parece que los sociolingüistas catalanes van "normalizando" sus discursos pedagógicos desde la Transición a la actualidad, en paralelo al avance de las políticas lingüísticas de promoción de su lengua. Con todo, es de notar, a pesar de la tendencia general, que la teoría del conflicto lingüístico pervive aún en alguna de las publicaciones más recientes.

Las aportaciones que constituyen el presente volumen suscitan una serie de consideraciones, de un lado en relación con los discursos sociolingüísticos y de otro en cuanto a las realidades que afectan a las lenguas.

En el centro de la reflexión sobre los discursos se presenta la cuestión de la subjetividad. La descripción de las realidades lingüísticas en contextos de conflicto suele llevarse a cabo desde unos presupuestos ideológicos que determinan el enfoque de las mismas. A pesar del estatus científico adquirido por la sociolingüística, las implicaciones sociopolíticas de sus contenidos parecen ser un obstáculo para que funcione como una disciplina neutral. Cuando, además, se da un contexto de intensa transformación política y social –como ha sido el español en estas tres últimas décadas–, a los sociolingüistas, que al mismo tiempo son ciudadanos de las sociedades que analizan, les resulta particularmente difícil no tomar partido, máxime sobre una cuestión de implicaciones altamente políticas como es la de la "normalidad"[2]. Los discursos que ha generado la política lingüística aplicada en España desde la Transición a esta parte pueden situarse a lo largo de un continuo con dos polos, representados por los que apoyan una planificación como la emprendida mediante las leyes de normalización, basada en el bilingüismo de las comunidades con lengua particular, y aquellos que, desde una postura crítica de dichas leyes, defienden la conveniencia del monolingüismo, ya sea de la lengua del Estado para toda España, ya sea de la lengua particular en territorio de habla catalana, gallega y vasca.

---

[2] A este respecto, cabe recordar el postulado de que solo determinados espacios de expresión legitiman las manifestaciones ideológicas, mientras que en otros, es decir en los discursos científicos, el objetivo del discurso es la mera descripción de los hechos intersubjetivamente comprobables como tales. Es sabido desde los diálogos platónicos con los sofistas que siempre ha habido críticas a la postura idealista que cree en la existencia de objetos, y que hoy en día son legión los que defienden que la realidad es una construcción discursiva y que por lo tanto no hay objetividad, y esto sobre todo en el caso de las construcciones sociales como la de la "normalidad". Estamos totalmente de acuerdo con que en el lenguaje cotidiano las diferentes concepciones de "normalidad" expresan distintas construcciones subjetivas, pero no queremos aceptar que también tenga que ser así en el universo discursivo de la ciencia. Si el término "normalidad" no puede ser objetivo, no puede ser científico, y así es realmente en el caso del uso de "normalidad" para describir una determinada realidad *deseada* por un individuo o colectivo. El término puede ser objetivo y científico, sin embargo, para la mera *descripción*, p. ej. la que es estadísticamente fundada, de realidades (como p. ej. "el embarazo dura normalmente 40 semanas" etc.). Lo que nos parece criticable es un procedimiento discursivo de dos pasos que se da con frecuencia también en la discusión acerca de las lenguas de España: 1) se emplean términos ideológicos en el discurso científico para "vender" una determinada postura subjetiva como objetiva (y entonces se juega con el supuesto valor objetivo del discurso científico); 2) cuando se critica tal comportamiento por mezclar lo subjetivo con lo objetivo, se dice que lo objetivo no existe y que en realidad vivimos en un mundo de construcciones discursivas. El sofisma consiste en la combinación de los dos pasos: ¿si no hay objetividad, con qué excusa hace falta emplear discursos científicos supuestamente objetivos? Véase, al respecto, Johannes Kabatek (1995): "Minderheitenforschung und Normalität", en: Dieter Kattenbusch (ed.): *Minderheiten in der Romania*. Wilhelmsfeld: Egert, 25-31, y "Dos Españas, dos normalidades: visiones bipolares sobre la situación lingüística en la España actual", en: Gero Arnscheidt/Pere Joan i Tous (2007) (eds.): *Homenaje a Manfred Tietz*. Madrid/Frankfurt: Iberoamericana/Vervuert.

A lo largo de las páginas de este libro el lector encontrará recogidos diferentes argumentos de estas dos visiones de la normalización lingüística en España. Los diversos trabajos pueden funcionar de modo autónomo, pero sin duda una lectura articulada de los mismos resulta mucho más fructífera. Entre algunos de ellos se establece un verdadero diálogo en el que se examinan y discuten ideas a veces fundamentalmente opuestas. Por poner un ejemplo, en el artículo de Lodares se defiende que la promoción del catalán, gallego y vasco beneficia social y económicamente a grupos locales que consiguen mediante la misma constituirse como elite, pero en contradicción con esto, según apunta Regueira para el ámbito gallego, "la movilidad social ascendente sigue asociada fundamentalmente al español, salvo en ámbitos muy concretos: el gallego raramente facilita el acceso a recursos sociales o económicos para los españolhablantes, y lo contrario sí suele ser cierto." El mismo Regueira dedica una parte sustancial de su trabajo a pasar revista a los diferentes discursos sobre la normalización, deteniéndose en desmontar la argumentación del discurso en pro del monolingüismo en español de corte chauvinista e internacionalista. Corresponderá después al lector el valorar los diferentes argumentos situando en su respectiva posición ideológica cada uno de ellos.

Por último en relación con los discursos, después de haber atendido a sus letras, haremos referencia a sus números, pues la construcción estadística es comparable en la práctica, en cuanto a la orientación ideológica que la guía, a la construcción discursiva. Es decir que en materia de fiabilidad científica conviene también cuestionarse acerca de las cifras disponibles relativas a los usos y actitudes lingüísticas. Bien es sabido cómo a menudo en la bibliografía especializada se lamentan los autores de no contar con informaciones directas sobre determinada etapa o factor o bien de la falta de uniformidad de criterios metodológicos entre las estadísticas recogidas para los diversos periodos o áreas. A este respecto, el caso extremo lo constituye la ausencia total de datos sociolingüísticos. Los poderes políticos, promotores habitualmente de las encuestas y censos lingüísticos reflejan en su acción en este terreno su implicación o, por el contrario, su desinterés en la política de sus lenguas. En nuestro ámbito, el problema se plantea con respecto al catalán en el área valenciana –con anterioridad a las encuestas sociolingüísticas realizadas en 2004 por la Acadèmia Valenciana de la Llengua[3], disponemos solo de información limitada a través de un censo de población y viviendas de 2001, llevado a cabo por el INE–, pero donde se manifiesta de forma más acusada sin duda es en la comparación de las cifras correspondientes

---

[3] Acadèmia Valenciana de la Llengua (2005): *Llibre blanc de l'ús del valencià-I. Enquesta sobre la situació social del valencià. 2004*. Valencia: AVL.

al catalán y al vasco de un lado y otro de los Pirineos por tratarse de territorios sometidos a políticas lingüísticas estatales que muy poco tienen en común. De hecho, Christian Lagarde dedica un par de páginas de su estudio a someternos una serie de reflexiones sobre la cuestión. De un lado, denuncia la falta de implicación del Estado francés en la recopilación de datos sociolingüísticos en sus censos de población: este proceder revela la escasa consideración de la pluralidad lingüística por parte de un estado al que le ha interesado mantener intacto su modelo unilingüista. Por otra parte, se plantea Lagarde la validez de los datos manejados, pues cabe la sospecha de manipulación de las cifras por los poderes políticos responsables de su elaboración y publicación. Así, la omisión de determinadas informaciones en las encuestas –como la competencia en lectura y escritura– puede deberse a intereses políticos. Por ejemplo, la cifra de bilingües y de bilingües pasivos en el País Vasco aumentará si se tiene en cuenta solo la competencia en comprensión y expresión oral, y esto le ha interesado políticamente al Gobierno vasco nacionalista por ser una fuerza comprometida en el desarrollo del euskera que ha deseado dar muestra a sus electores de la eficacia de su política lingüística. Otro asunto es el uso orientado ideológicamente y a veces cuestionable de determinados datos por parte de los investigadores. No es lo mismo presentar el plurilingüismo del Estado español afirmando que "España es lingüísticamente plural: un 10% de españoles se expresa en catalán cada día, de la misma manera que un 51% de catalanes se expresa cada día en español" como hace Lodares, que presentarlo destacando que más de 16 millones de personas en España viven en territorio considerado bilingüe, lo cual representa un 42% de la población total del Estado[4].

Precisamente en relación con los datos estadísticos y pasando ya del ámbito de los discursos al de las realidades lingüísticas, estos revelan dos fenómenos aparentemente contradictorios: por una parte, se observa en varios lugares la pérdida numérica de hablantes de las lenguas autóctonas, pero por otra el predominio de actitudes positivas con respecto a las mismas, cuya consecuencia más importante y concreta radica en la emergencia de un nuevo colectivo de locutores: los neo-hablantes. Este fenómeno es observable tanto en Galicia como en el País Vasco y Cataluña. Los neovascófonos, los nuevos profesionales urbanos y jóvenes de Galicia que adoptan la lengua gallega y en Cataluña los nuevos hablantes de catalán, entre ellos los que provienen de la nueva inmigración llegada a partir de la década de 1990, parece que tienen en sus manos gran parte del futuro de estas lenguas. Considerando que los hablantes tradicionales de vasco,

---

[4] *Cf.*, por ejemplo, Toni Mollà (2002): *Manual de sociolingüística.* Alzira: Bromera, 66. El mismo Lodares en otros momentos de su argumentación utilizará también este dato.

gallego y catalán mantengan una postura de fidelidad lingüística, el progreso cuantitativo y el mantenimiento, en definitiva, de estas lenguas dependerá en muy alta medida de los nuevos hablantes[5].

El conjunto de los trabajos reunidos en este volumen da una impresión de la gran pluralidad de factores que determinan los diferentes panoramas lingüísticos en los territorios estudiados. A lo largo de las páginas del libro, el lector irá separando paulatinamente lo que es común a "las lenguas de España" de aquello que las distingue. A veces nos engaña el marco estatal común y con demasiada facilidad equiparamos situaciones bien distintas, algo que es habitual también entre los protagonistas de diferentes "normalizaciones" que procuran apropiarse los discursos de comunidades que han podido desarrollar la emancipación lingüística más que ellos mismos. Con todo, cabe señalar también que lo que aquí se presenta, aunque implícitamente permita muchas comparaciones y diferenciaciones, señala al mismo tiempo una gran laguna en la investigación: no existe, hasta la fecha, ningún estudio exhaustivo que permita contrastar con criterios uniformes los factores sociológicos, políticos, ideológicos y lingüísticos que determinan la actual situación de las lenguas de España, que incluya las variedades transpirenaicas del vasco y el catalán y las nuevas realidades lingüísticas traídas por los inmigrantes y que no deje de lado, claro está, a la lengua castellana. Tal estudio exige la colaboración interdisciplinar de diferentes expertos y la disponibilidad a colaborar más allá de las diferencias ideológicas, en un mero afán de encontrar la mejor manera de describir la realidad lingüística con medios científicos. Creemos que en este libro se encuentran algunas pautas que pueden ir acercándonos a ese objetivo.

---

[5] *Cf.* a este respecto lo expresado en Johannes Kabatek (2000): *Os falantes como lingüistas. Tradición, innovación e interferencias no galego actual.*Vigo: Xerais, 227-239.

Un diagnóstico sociolingüístico de España*

Juan Ramón Lodares

1. Hace unos años, la prensa española se hizo eco de una curiosa noticia. El político catalán Jordi Pujol la dio en un debate parlamentario. Se discutía la política lingüística del gobierno catalán. La oposición había tildado de tibio a Pujol en ese asunto y él contraatacó: resultaba que una juez barcelonesa, a pesar de haber obtenido el número uno de su promoción en la Escuela de Judicatura, no iba a poder ejercer en Cataluña por insuficiente dominio del catalán: en unas oposiciones para juez, el catalán era más decisivo que los conocimientos de leyes, ¿cabía mejor defensa de la lengua? Lo más interesante del caso es que en Cataluña todo el mundo sabe español (en determinadas zonas urbanas incluso resulta difícil oír hablar catalán); la mitad de catalanes utiliza cotidianamente la lengua española; según las encuestas de 1995, entre la juventud metropolitana el 26% utilizaba el catalán como primera lengua y el 59% el español; en lo que se refiere a los juzgados, el español es, todavía, lengua más habitual que el catalán.

Considérese, al hilo de este caso, la apuesta de los españoles que más que apuesta es ya movimiento decidido de convertir España en genuino país plurilingüe donde la lengua común no sirva, por sí misma, para instalarse en determinadas autonomías. Esta es la tela que tejemos para un futuro sin plazo fijo pero cada vez más próximo: alguien que desde niño no se haya instruido en la lengua particular (utilizaré esta denominación, *lengua particular* para el catalán, gallego, vasco... frente a *común* referida al español) tendrá muy difícil, si no imposible, la instalación laboral medio-alta en la autonomía correspondiente, es decir, Cataluña, Valencia, Baleares, Galicia y País Vasco, que concentran, más o menos, el 40% de la población española; lo tendrá prácticamente imposible en lo que atañe a puestos de trabajo que tengan que ver con la gestión pública. Iniciativas de este tipo se llaman "potenciación de las lenguas propias", suelen recibir el beneplácito general y tienen a su favor el respaldo de instituciones políticas.

España no es Suiza ni Bélgica; no es estrictamente hablando un país plurilingüe: es un país de comunidad lingüística, es decir, un país con una lengua que

---

* Por causa del trágico fallecimiento del autor a principios de 2005, publicamos el artículo en la versión enviada por él, añadiendo una bibliografía correspondiente a las citas contenidas en el texto [nota de los editores].

conocen todos sus habitantes, lengua materna y única del 83% de la población que, en determinadas áreas, contacta con otras y que incluso en esas áreas de contacto sigue siendo notablemente mayoritaria, como es el caso del País Vasco. En este sentido, España se parece más a Alemania, Francia, Italia o Gran Bretaña que a los países plurilingües de Europa.

Sin embargo, nuestros proyectos de "normalización lingüística" –que se inauguraron hace unos veinte años en Cataluña, Valencia, País Vasco y Galicia (con menor peso y relevancia también en Asturias y Aragón)– tienen como finalidad principal avanzar por la ruta de la España plurilingüe pues se supone que la situación ventajosa de una lengua común, el español, es anormal; es anormal para algunos, en fin, el haber conformado en la España contemporánea una comunidad lingüística al tiempo que lo han hecho franceses, italianos, británicos y alemanes, con menor violencia –si se mira bien– hacia aquellos grupos que no hablaran la lengua considerada "nacional" que la utilizada en Francia o Italia. Si el avance hacia la España plurilingüe es algo, en general, aceptado y que despierta pocas críticas, no deja, sin embargo, de suscitar algunas cuestiones sobre las políticas lingüístico-culturales que se llevan adelante en España; políticas, en términos generales, de inspiración nacionalista, si bien con gran eco y seguimiento fuera de tales ambientes.

He aquí algunas de estas cuestiones: si hay una comunidad lingüística basada en el español, cuyas ventajas resultan evidentes ¿por qué se desarrollan con éxito iniciativas que tarde o temprano tenderán a menoscabarla? ¿Por qué consideramos que una comunidad lingüística, amplia, difundida, expedita e igualitaria debe ser rebajada? ¿Por qué a una población que puede expresarse perfectamente en una lengua común se le recomienda como más natural, conveniente, razonable, que refuerce cuanto pueda su capacidad de expresarse en una lengua particular?

No es previsible que la gente vaya a dejar de entenderse en español, por supuesto, pero sí es previsible que el español no sea bastante para la instalación, como se ha dicho, en ese 40% del territorio lingüístico de España que es el que está sujeto a los distintos proyectos "normalizadores". El español persistirá como mayoritario pero esto no es impedimento para que las bases de la comunidad lingüística en España se vean afectadas. En este sentido, conviene distinguir entre la suerte de una lengua, la española (que se prevé buena incluso en el dificilísimo terreno internacional), y la suerte de una comunidad lingüística.

Está extendida en España la confusión de que una comunidad bilingüe implica que todos sus habitantes deban ser bilingües –y muy poco se ha hecho para aclarar esta confusión–, en vez de que bilingüe ha de ser la Administración autonómica para servir a los ciudadanos en la lengua por la que estos opten. Aun con solo esto último, la organización administrativa se complicaría enormemente y se encarecería, pero podría llevarse adelante. No hay en el mundo, por lo demás, ninguna comunidad completa, armónica y perfectamente bilingüe donde todos sus ciudadanos conocen a la perfección dos lenguas, o más, y utilizan una, pongamos por caso, de lunes a jueves y otra de viernes a domingo. Es dudoso que España vaya a crear comunidades de este estilo. Pero, en fin, el caso es que sobre ese ideario confuso e imposible nos movemos, por él avanzamos y se ha convertido en una situación objetiva. Quizá no se trata de crear comunidades bilingües, sino de establecer un bilingüismo transitorio de modo que los ciudadanos aprendan a prescindir de la lengua común y, poco a poco y sin excesivo aparato, la lengua particular sea la única posible, al menos, en el dominio público.

2. No es difícil de explicar lo que pasa, pero sí conviene orillar algunos tópicos a los que nos hemos acostumbrado al tratar este interesante asunto y observarlo desde una perspectiva distinta, desde una teoría que no es nueva pero que apenas interviene en los debates que ocasionalmente suscita este asunto y que es la que les propongo ahora: lejos de ser la reparación de antiguos agravios, los proyectos de política lingüística y cultural autonómicos están muy cerca de lo que la literatura especializada denomina "elite enclosure", es decir, un sistema dispuesto para que núcleos locales tengan mejores oportunidades con una estrategia sencilla: dificultar a los "forasteros", o a grupos sociales menos acomodados que dichos núcleos, el acceso a oficios y beneficios (a juez, a profesor o a taxista, para cuyas licencias se han exigido también pruebas de idiomas). Resulta asimismo una forma de ganar influencia y clientela políticas. Y provoca, por supuesto, un proceso de diferenciación cultural: gentes que podrían entenderse en la misma lengua prefieren establecer entre sí diferencias y fronteras lingüísticas porque la parcelación lingüística les resulta más beneficiosa que la situación de comunidad. El fenómeno presenta características propias según la autonomía de que se trate, pero como marco general sirve para todas. Existe, asimismo, una interpretación más política del caso, que mencionaré sin desarrollar: la "normalización" lingüística como forma de facilitar, en el ideario del nacionalismo, la desmembración del Estado español y el surgimiento de nuevos estados independientes en pro de una "Europa de los pueblos".

No es un fenómeno nuevo, ni exclusivo de España: "echar el cerrojo" lo llamó Ramón Menéndez Pidal hace setenta años (de forma muy similar a Pidal razonaban entonces Unamuno y algunos políticos socialistas, como luego se verá). Quien de una manera más clara ha expuesto esta tesis de ventajismo a través del idioma últimamente –sin ser el único autor que se ha referido a ella– ha sido Jesús Royo en su muy recomendable libro *Argumentos para el bilingüismo*, simultáneamente publicado en catalán. Las tesis de Royo, muchas y variadas, podrían resumirse en este párrafo: "El catalanismo –centrado en la lengua– representa la reclamación de una legitimidad para regular el ascenso social. O, dicho en negativo, es la estrategia para bloquear la promoción social de los inmigrados" (Royo 2001: 162).

En las siguientes páginas voy a comentar algunos aspectos de este particular fenómeno, ya que la teoría de la "elite enclosure", si no explica por sí misma todo lo que nos pasa en este concreto terreno, sí contribuye grandemente a ello y, tras veinte años de "normalizaciones" lingüísticas, se ha ido abriendo paso de la mano de autores de diversa procedencia ideológica como, aparte del antedicho, Gregorio Salvador (1987, 1992), F. Jiménez Losantos (1993), Manuel Jardón (1993), Amando de Miguel (1993), A. Santamaría (1999), César Alonso de los Ríos (1999), James Petras (1999), Francesc de Carreras (1996), José Domingo (2001), Ian Buruma (2002), Eduardo Goligorsky (2002), J. R. Parada (2001), Xavier Pericay y Ferran Toutain (1986)... y yo mismo, que me he referido al caso en mi libro *Lengua y patria* (2001) denominándolo *aduana* o *fuero* lingüísticos. Entiendo que la idea de la "elite enclosure", si no da la clave absoluta del caso, repito, contrapesa el discurso tópico en torno a las lenguas de España, discurso que se resume en la idea de que la recuperación de lenguas particulares es una reparación de viejos agravios centralistas. Empezaré a analizar las circunstancias de la "elite enclosure" por aquí precisamente.

3. Aparte de su indudable éxito, la teoría del agravio histórico no deja de ser una verdad contada a medias, hasta el punto de que conocedores tan esmerados del eusquera como Ibon Sarasola, por citar este notable caso, se han visto en la necesidad de aclarar que, a su juicio, ni la emigración ni el franquismo han sido fuerzas determinantes en el acusado retroceso que el eusquera venía experimentando desde finales del XIX (en realidad, desde mucho antes). El franquismo, en particular, no puede haber contribuido grandemente a su retroceso si se considera que la normalización del moderno *eusquera-batua* data de 1968 y que en los últimos quince años de la dictadura se han educado en las ikastolas, y en eusquera, más escolares que nunca hasta esas fechas. El franquismo no fomentó el eusquera, evidentemente, entre otras cosas porque entre la sociedad vasca no existía demanda de dicha lengua entonces, pero con el tiempo tampoco puso excesivas trabas a las iniciativas del nacionalismo católico en su promoción. *Mutatis mutandis*, algo similar sucedió en Cataluña, sobre todo, desde finales de los años cincuenta, cuando señalados sectores del régimen advirtieron que la política pro-unilingüismo-en-español era más propia de los sectores liberales y del movimiento obrero que de los ámbitos nacional-católicos y tradicionalistas que el régimen decía defender (no por casualidad, la Constitución de la II República era más reacia a fomentar la variedad lingüística de España de lo que lo es la de 1978).

De mayor enjundia son los datos y argumentos que últimamente expone Joan Lluis Marfany (2001) en *La llengua maltractada*, su obra sobre el contacto cata-

lán-español en la época moderna, donde se desarrolla una tesis que conocíamos
pero no con tanto lujo de detalles: sin exigencia de abandonar el catalán, la gente
catalana se pasó al español, esencialmente, por simple trato humano, necesidad e
interés. El español se difunde en la península no por simple presión legal –sin
que se pueda decir que esta fuera nula– sino, sobre todo, porque los hablantes de
otras lenguas lo absorben por necesidad y de ahí el aparato legal para extenderlo.
En este sentido, lo que ocurre en España desde 1800 en adelante no es muy distinto de lo que ocurre en Francia, Italia o Alemania, salvo una diferencia: el
grupo de lengua materna española era mucho mayor, proporcionalmente, que los
grupos de lengua materna francesa o italiana en sus respectivos países. Se da en
época contemporánea, por tanto, un proceso de "diglosia-favorable" hacia el
español en áreas de contacto lingüístico, auspiciado por las instituciones estatales (en todo caso, más débiles en España que en Francia o Italia) y que recibe el
beneplácito, cuando no el impulso entusiasta, de las clases pudientes en dichas
áreas. Buen ejemplo de ello son los ideólogos del español como lengua nacional
de España (¡incluso de Portugal!) que aparecen en la Cataluña decimonónica:
Ballot, Dou, Figuerola, Claret, Puigblanch, Pi i Arimón o B. C. Aribau (considerado el padre del renacimiento cultural catalán pero que, en realidad, dedicó
mucho más esfuerzo, tiempo y entusiasmo, junto a su paisano Rivadeneyra, a la
promoción de la literatura clásica escrita en castellano), gentes, en fin, militantes
en pro del español y esto era general en esos ambientes. El agravio centralista
tampoco explica que notables plumas que escribían en gallego, sea el caso de
Álvaro Cunquerio, escriban desde 1940 poesía heroica en español en honor de
Francisco Franco y, como él, tantos otros. Por no seguir por aquí, resumo: en
cuanto se estudie concienzudamente la exitosa idea del agravio –y sin que pueda
negarse que este ha ocurrido en algunos casos– se verá cada vez más como un
argumento ideológico donde sustentar la "elite enclosure" actual, igual que ayer
se sustentó en otros de carácter distinto, pues este fenómeno social de ventajismo
a través de la promoción de una lengua o cualquier otro rasgo particular es muy
viejo en España –como en la América virreinal y Filipinas– y se puede documen-
tar desde el siglo XVI, como demostró claramente Jon Juaristi en su obra *Vestigios de Babel* (1993).

Resulta curioso, como circunstancia añadida al caso, observar cómo este proceso pasa por progresista con el argumento de servir de bastión de la diversidad
cultural, pero ¿no estará basado, más bien, en lo que el sociólogo Charles Tilly
(1991: 26) denominó el "primer postulado pernicioso" de la vigente ciencia
social?, es decir, en considerar que el mundo se divide en sociedades distintas,
cada una con su cultura, lengua, economía, gobierno y redes de solidaridad autónomos, soberanos. Muchos entre quienes utilizan el argumento de que España es
plural consideran la pluralidad como una amalgama de singularidades, cuando la

realidad no es esa: en términos lingüísticos, la pluralidad no está en Salamanca ni en Madrid ni en Murcia, donde todo el mundo habla español únicamente, sino en Cataluña, en Valencia, en Baleares, en Galicia o en el País Vasco, donde radica el bilingüismo, estas Comunidades son las de verdad plurales en lengua o incluso, como ocurre en el País Vasco, los ciudadanos de lengua materna española son notabilísima mayoría, pero esto no parece visible para los "normalizadores".

Para terminar con los argumentos de tipo histórico: sorprende cómo los postulados en pro del español como lengua común –típicos del liberalismo y del movimiento obrero, que fueron las líneas más consistentemente defensoras de esa idea desde 1812 hasta la II República– pasan hoy por filofranquistas. Ciertamente, los argumentos que sirvieron a las organizaciones obreras hasta la época de la II República, en cuanto a que una lengua común, de carácter multinacional como es el español y, por lo tanto, rompedora de barreras geográficas y sociales es un bien preciadísimo para los intereses de los trabajadores, han perdido vigencia, no me extenderé en explicar por qué. Sin embargo, la tuvieron en su día. Fabra Ribas, dirigente del PSOE en Cataluña e inmediato colaborador de Largo Caballero se expresaba como sigue: "Por lo que toca a la enseñanza, no ya del castellano, sino también en castellano, la República no puede hacer la menor concesión [a las lenguas particulares], so pena de faltar a uno de sus más sagrados deberes, especialmente por lo que se refiere a los trabajadores". Fabra expresaba una idea bastante común en esos años que, como se ha dicho, puede verse repetida en el socialista Indalecio Prieto o en su copartidista guipuzcoano Gregorio de Francisco, entre otros. No hace falta ser un teórico del socialismo o del movimiento obrero para entender los argumentos de Prieto, Fabra o de Francisco a favor del español, por nada decir de los marxistas bilbaínos que en la revista *La lucha de clases* llegaban a la extremosidad de solicitar la prohibición de cualquier lengua que no fuera la española. La proliferación actual en España de movimientos y asociaciones que se reclaman obreros, campesinos, de izquierdas, etc., y reclaman, a su vez, la instrucción popular en gallego, eusquera, catalán, valenciano, asturiano, aragonés, y la defensa a ultranza de las lenguas particulares no deja de ser un curioso contrasentido.

4. Aparte de sus justificaciones históricas e ideológicas ¿cómo funciona la "elite enclosure", qué síntomas presenta? Toda vez que se inicia (por citar un ejemplo, con personas notables que marcan la tendencia: algo más de la mitad de catalanes tiene el español como lengua materna pero en el Parlamento autonómico nadie lo habla), mucha gente que no mostraría especial interés hacia la lengua particular se ve en la necesidad de aprenderla o usarla para no perder oportunidades: si más de la mitad de la población escolar catalana tiene el español como lengua materna, apenas un tres por ciento la elige para hacer el examen de ingreso en la universidad, síntoma, y sobre todo éxito, muy notable de la "enclosure", sobre todo si se considera que en 1978 un 74% de universitarios barceloneses, encuestados al respecto por la Secretaría de la Universidad Central, prefería recibir las clases en español. La inmensa mayoría de niños que estudia eusquera es de lengua materna –y, por lo común, única– española. De hecho, cuando se inició la "normalización" lingüística vasca el porcentaje de eusquerahablantes de Álava no superaba el 1% (lo que nada tenía de anormal considerando que el español ha sido, desde muchas generaciones atrás, la lengua mayoritaria de Álava). En suma, los hispanohablantes natos perciben que el español no es bastante y, en términos generales, aceptan el proceso de conversión lingüística al considerar que este les ofrecerá una instalación social más provechosa.

No están descaminados, la "normalización" procurará en teoría ventajas laborales frente a quienes provengan de fuera y, dentro de casa, nadie podrá ser acusado de tibio frente a la "construcción nacional" por no mostrar fidelidad a la lengua, tibieza que en el caso catalán o gallego puede ser comprometida y causar incomodidades pero en el caso vasco puede resultar más grave, ya que la fidelidad al eusquera como tronco de la identidad vasca, así como la necesaria eusquerización de la ciudadanía, no solo están en el programa del nacionalismo, sino en el de la propia ETA.

Resulta que, no ya la defensa del español, sino incluso la defensa de la sociedad bilingüe –con libre elección de lengua por parte de los ciudadanos– o cualesquiera críticas que se realicen a los planes lingüísticos autonómicos por asociaciones cívicas o personas concretas, se identifican como ejemplos de sospechosa deslealtad. Hay asociaciones cívicas que denuncian hechos que o no se admitirían o resultarían chocantes en otros países democráticos, pero es posible que el ambiente general considere que los beneficios privados de la "normalización", indudables en algunos casos, exigen ciertos sacrificios o recortes en las garantías democráticas y que el fin proteccionista justifica los medios. El politólogo norteamericano James Petras comentaba en su artículo "La cuestión del bilingüismo" (1999) que uno de los efectos negativos, en su opinión, del celo "normalizador" era este: "En Cataluña se da una asombrosa falta de conciencia sobre los derechos de la clase trabajadora de habla hispana, en particular, sobre su derecho a recibir enseñanza en su propia lengua". Efectivamente, Cataluña es la única Comunidad de toda Europa donde una clara mayoría lingüística –que es la formada por los escolares que hablan español como lengua materna– no puede estudiar *en* su lengua. Este hecho, aunque rarísimo, no crea excesivos conflictos, al contrario, parece que lo conflictivo es denunciarlo.

Sin embargo, la anomalía del caso y su rareza sí ha sido reconocida por algunos ideólogos catalanes de la "normalización lingüística", como es el caso del profesor Albert Branchadell y su libro *La hipòtesi de la independència* (2001):

para Branchadell es un hecho que en la Cataluña actual la población hispanoha-
blante no está *institucionalmente* reconocida y que el Estado español garantiza
ese *no-reconocimiento-institucional*; en su opinión, esto es positivo porque así se
puede avanzar sin trabas hacia la extensión total del catalán y la erradicación del
español del espacio oficial y público. Pero, en la hipótesis de Branchadell, si
Cataluña se independizase, quizá las instituciones de la Unión Europea sí reco-
nocerían como anómala la circunstancia de una mitad (por lo menos) de población del nuevo Estado-Catalán cuya lengua, la española, "no existe" a efectos
políticos, públicos e institucionales y, por lo tanto, se procediera a poner freno
desde Bruselas a la catalanización oficial que hoy, por decirlo así, permite
Madrid. Albert Branchadell puede resultar convincente o puede no resultarlo,
pero su libro –y este es uno de sus aspectos positivos– reconoce hechos palma-
rios: los hablantes de español como lengua materna no tienen reconocida su lengua en Cataluña en lo que respecta a las instituciones autonómicas; la Generalidad ignora que una mitad de la población catalana habla corrientemente español;
el Estado español no se preocupa por que se reconozca la realidad de los hispanohablantes catalanes y solo algunos grupos de opinión (Foro de Babel, Asociación por la Tolerancia, Profesores por el Bilingüismo, Convivencia Cívica Catalana) denuncian la anormalidad de este hecho. Pero ¿por qué a una mayoría
notable de hispanohablantes catalanes esta circunstancia anormal tampoco les
preocupa (o no parece que les preocupe)? Esta es la pregunta del millón: ¿entienden que les irá mejor sumergiéndose en el catalán, que esta lengua les facilitará
el ascenso social y, a su vez, les protegerá del "mundo exterior", como he sugerido antes? ¿Se sienten intimidados por las trabas que la Generalidad les pone a
sus demandas o por cualesquiera otras circunstancias? Considerar pormenorizadamente esto nos llevaría muy lejos, pero daré una clave: por lo general, en Cataluña el grupo catalanohablante-nato suele ostentar el poder político, económico
y administrativo, mientras el grupo hispanohablante-nato es, mayoritariamente,
clase trabajadora. Sigamos por esta vía.

5. Basada en criterios muy conservadores, la "elite enclosure" es una necesidad
exigida por ciertos grupos sociales –quizá no muy numerosos pero sí influyentes– prevenidos ante un mundo que viene en forma de fronteras abiertas, emigra-
ciones, internacionalismo, movilidad social... y sucede, no por casualidad, en un
momento de crecientes necesidades internacionales para la divulgación cultural,
la expansión del conocimiento, la educación y el desarrollo de los negocios; un
mundo interconectado que empezará a plantearse –ya lo ha hecho– las barreras
lingüísticas como un obstáculo. Pero es igualmente una situación desconcertante
donde las lenguas de rango local tienen ventajas frente a las comunes: gracias a
aquellas pocos vendrán de fuera a competir con los naturales (un periódico bar-

celonés, por ejemplo, informaba que las universidades catalanas son, en proporción, las que menos alumnado reciben de otras autonomías y apuntaba el régimen lingüístico entre las posibles causas; sin duda, es una de ellas: son algunas las universidades extranjeras que han reorientado sus relaciones hacia aquellas donde se enseña inequívocamente en español). Sin embargo, los ciudadanos de autonomías con lengua particular sí podrán competir fuera de su comunidad en áreas que no tengan particularismos (lenguas, por ejemplo), que exigir. Esto se acepta como lógico pero, en realidad, es una condición laboral donde la "elite enclosure" se expresa de forma patente: el refuerzo de las señas de identidad, en este caso lingüísticas, es una forma de aprovechamiento de recursos; de ahí que, en términos generales, las familias consideren positivo el que los niños se eduquen en el aprendizaje de una lengua que les será útil, localmente, para el futuro.

6. No es imposible, sin embargo, que con las prácticas escolares orientadas hacia el bilingüismo masivo se multiplique el número de semilingües, es decir, de quienes no dominan bien ni una lengua ni otra y, asimismo, es posible que se multipliquen también los casos de bajo rendimiento escolar, sobre todo, entre hispanohablantes natos, circunstancia que ya se ha denunciado repetidamente.

Sin embargo, quienes en la cúspide del sistema educativo puedan acceder a centros de enseñanza superior donde domine la lengua particular sí se formarán como elites locales sin competencia posible con quienes no dominan la lengua tan bien, o vienen de fuera de la comunidad, considerándose que esta ventaja lingüística prevalece sobre el peligro de aislamiento que para el centro pudiera suponer el régimen de lengua particular (compensable con un incremento en la enseñanza del inglés, por ejemplo, como lengua más útil académicamente que el español). En realidad, eso es lo que se busca: la creación de una elite local. El profesor norteamericano James Petras, antes citado, contaba una anécdota personal al respecto: invitado por una universidad catalana a dar una conferencia optó por hacerlo en español –lengua que domina– hasta que los organizadores le invitaron a que lo hiciera en catalán o en inglés. Se decidió por el inglés, si bien iba advirtiendo a lo largo de la conferencia que pocos lo entendían. Es razonable suponer, si se es optimista, que futuros universitarios sí entenderán el inglés y que el español acabe sobrando como lengua académica. El anuncio de algún político catalán respecto a que la Generalidad se proponía que, en diez años, todos los escolares dominaran el inglés perfectamente es un interesante síntoma.

7. Es evidente que la "elite enclosure", favorecedora de los fueros lingüísticos, puede traer ventajas privadas para una parte de la población, pero al tratarse, al fin y al cabo, de un proceso aislante, tiene riesgos si se considera la situación de comunidad en la que nos desenvolvemos. Riesgos en cuanto al daño que se le pueda causar: a la igualdad de oportunidades, que es el alma de las democracias; a la fácil y económica transmisión de informaciones; a la libertad de tránsito, comunicación, trato y equiparación entre las personas; a la movilidad geográfica y social de españoles y europeos que piensen instalarse entre nosotros sin haber aprendido varias lenguas locales complementarias, a la unidad de mercado y comercio o a una visión de la vida en común donde el privilegio regional no ahogue el mérito y capacidad personales, por no citar los manejos étnicos a que se dan los nacionalismos con las lenguas. Estos aspectos resultan tan obvios que no merece la pena extenderse sobre ellos, así que someto a su reflexión este párrafo de Konrad Lorenz (1990: 352-353) suficientemente expresivo:

> [...] los factores que mantienen unidos a los grupos culturales minoritarios y los aíslan de los demás, conducen en definitiva a la discordia sangrienta. Los propios mecanismos del comportamiento cultural, que a primera vista parecen tan productivos, como el orgullo de la propia tradición y el desprecio de las demás tradiciones, pueden ser motivo –cuando los grupos crecen y sus enfrentamientos se agudizan– del odio colectivo en sus formas más peligrosas. Desde la hostilidad, que se manifestaba en pequeñas grescas [...] se dan todas las transiciones hasta el odio nacionalista enconado, que desencadena todas las violencias de la agresión colectiva y anula todas las trabas para matar.

A pesar de los riesgos el proceso está socialmente admitido y forma parte de nuestra educación para la convivencia el aceptar que nos encaminamos hacia una España plurilingüe donde la lengua común no va a tener las atribuciones que venía teniendo. Como esto se considera, en términos generales, positivo, es previsible una pérdida de peso de los valores comunitarios, en particular, los lingüísticos; pérdida que, por muchas razones en las que no quiero extenderme, no se remediará con la poco justificable obligación constitucional de aprender español. En realidad poco importa que los españoles "deban saber" español, como dice la Constitución (curiosa obligación: el 83% de los españoles no habla otra cosa) si una gran parte de ellos va a ver mermada su movilidad por no saber "lenguas autonómicas". No conviene obligar a la gente, ni incluso a que aprenda español, ni planificar estatalmente qué lenguas ha de hablar en el futuro el ciudadano, sino darle libertad para que elija y, toda vez hecha la elección, garantizarla. De otro modo, un niño que tenga que aprender español por mandato constitucional, gallego (u otra lengua particular) por mandato autonómico, inglés por razón escolar y alemán, francés o italiano por gusto (si finalmente la UE recomendara, lo que nunca se sabe, el aprendizaje de dos lenguas extranjeras aparte de la estatal propia) tendría un currículum lingüístico sobrecargado pues, se diga lo que se diga, la idea de que las lenguas se aprenden como por arte de magia siendo niño es falsa y, por lo demás, hay otras cosas que aprender en las escuelas aparte de lenguas.

8. Nuestra particular apuesta cultural orientada a la fragmentación lleva aparejadas comprometidas cuestiones exteriores que se resumen en una: ¿gana España mucho proyectándose internacionalmente como un mosaico de lenguas? Hay otras cuestiones anejas: ¿habrá que explicar a la clientela internacional –y en especial a la europea– que si un estudiante de la UE estudia español no tendrá garantías para una instalación medio-alta en un 40% del territorio lingüístico de España? Dicho de otra manera: ¿hay que trasmitir el mensaje de que el español en España, que era suficiente, ya no lo es, que esta circunstancia es nuestro gran éxito y que persistiremos en ella? ¿Debemos extender nuestro modelo a los países Hispanoamericanos, por ejemplo, fomentando y oficializando las lenguas indígenas que todavía se conservan de modo que el español no obtenga excesivas ventajas? Habida cuenta de que la política cultural exterior es una forma de ganar voz, influencia, presencia y –no menos importante– dinero en las relaciones internacionales, ¿es previsible imaginar a nuestros competidores europeos en el negocio lingüístico-cultural presentando programas donde sea un éxito el que, allí donde había una comunidad lingüística, determinados grupos regionales están sentando las bases para fragmentarla?

No es muy distinto lo que ocurre en España –si bien aquí se da de forma más visible– respecto a lo que ocurre en otros países de Europa: efectivamente, comunidades como los frisones, galeses, lapones... ensayan, a su modo, "elite enclosures" cuyos resultados están por ver. España suele postularse como modelo y de ahí que políticos autonómicos hayan disertado en el extranjero sobre los modos y formas de "defender la lengua" que es la forma de promocionar la "enclosure" local. En este sentido, la Unión Europea tendrá que definirse frente a la contradicción que supone su manifestada intención de promocionar los valores comunitarios, la movilidad laboral y geográfica de los europeos, la conjunción de programas de estudios, las facilidades de tránsito de personas y bienes, la ruptura de fronteras geográficas y humanas, la mejora de comunicaciones, etc. etc. y la defensa a ultranza de la denominada "diversidad lingüística y cultural" (que, a la postre, no es tanta) porque parecen, en principio, valores incompatibles. Si las "elite enclosures" empezaran a amenazar el terreno que ya han conquistado las lenguas estatales (inglés, francés, español, alemán, italiano, sueco, etc.) las barreras lingüísticas se multiplicarían en territorios antes expeditos: basta recordar que antes de la Revolución Francesa, es decir, hace dos siglos, solo el 30% de la población de Francia hablaba francés y coexistían en el país no menos de doce variedades lingüísticas; todavía en 1850 solo el 2% de los italianos hablaba lo que hoy se considera italiano-estándar o lengua nacional italiana, y la variedad dialectal de la Península Itálica era tan grande que cuando los italianos de diferentes regiones convivían incluso en los mismos barrios de ciudades de Argentina se pasaban al español, por dificultad de entenderse en sus propios dialectos.

Ciertamente, las lenguas no estatales de la Unión Europea suman hoy un porcentaje pequeño de hablantes, poco más de un 10%, pero si se llevaran adelante ensayos de "fueros lingüísticos" con apoyo institucional, como ocurre en España, con conversión de hablantes de lenguas comunes (alemán, francés, italiano...) en hablantes bilingües y, una vez hechos bilingües, con promoción en los territorios de las lenguas particulares sobre las comunes, de modo que estas pesen cada vez menos, el efecto multiplicador sobre dicho porcentaje sería notable y donde hoy bastan cinco lenguas harían falta mañana no menos de treinta; esta multiplicación ¿sería un avance para la Unión Europea?

Si, por citar un caso hipotético, los estudiantes de alemán como lengua extranjera recibieran el mensaje de que cursando esta lengua no van a tener todas las garantías para instalarse, como futuros ciudadanos europeos, en un porcentaje notable de la actual República Federal, de la Suiza germanohablante o de Austria donde, alemán aparte, se le exigirán las lenguas locales correspondientes (en Alemania, podrían promoverse hasta diez idiomas; los mismos en Francia y tal vez siete en Gran Bretaña), no solo la movilidad humana y los planes de conjunción europeos se verían comprometidos, en mi opinión, sino que se resentiría el propio negocio de enseñanza de la lengua alemana, pues no resultaría improbable que dicha lengua perdiera interés frente a otras que garantizaran un ámbito de relación más amplio y sin interferencias regionales.

Personalmente, ignoro si consideraciones de este tipo se barajaron cuando se fundó el Instituto Ramón Llull para la promoción exterior del catalán, que, según informaron sus fundadores, actuará como ente autónomo aprovechando la red organizativa (o parte de ella) tendida por el Instituto Cervantes. Es previsible que el catalán no tenga una demanda desbordante (ni siquiera se sabe si rentable) como lengua extranjera en Marruecos, Estocolmo, Londres o Berlín, pero, según los patronos del Llull, si careciera de tal demanda, al menos, sí contribuirá a proyectar la imagen de una España lingüísticamente plural. Efectivamente, España es lingüísticamente plural: un 10% de españoles se expresa en catalán cada día, de la misma manera que un 51% de catalanes se expresa cada día en español ¿trasmitirá esta realidad el Ramón Llull? No tendría por qué hacerlo pues puede argumentarse, muy razonablemente, que dicha institución lo es *de-la-lengua-catalana*, no de la realidad sociolingüística de Cataluña, pero parece ser que el Instituto Cervantes sí ha perdido su calidad de *instituto-de-la-lengua-española* viéndose obligado a actuar como institución exterior representativa de la realidad sociolingüística de España (dando opción, donde se demande, a la enseñanza de otras lenguas de España)... Si el Cervantes se colegiara con instituciones hispanoamericanas, lo que sería deseable –no sé si posible–, ¿estaría comprometido a la promoción del quechua, el aimara, el guaraní, etc. etc.? En fin, se plantean aquí cuestiones debatibles sobre nuestra acción e imagen lingüístico-cultural exteriores que nos llevarían lejos.

9. Entiendo que las consecuencias de informar con sinceridad son impredecibles, por ejemplo, ¿qué incidencia tendría sobre los cincuenta millones de estudiantes de español como lengua extranjera que se calculan actualmente en el mundo la presentación del medio hispánico –y de España, una parcela notable dentro de él– como un mosaico de lenguas donde el español es "una más"? Los estudiantes ¿no preferirían la "singularidad" de otras propuestas mejor que nuestra "pluralidad"? La enseñanza de la lengua es un negocio próspero y multimillonario que, en el caso de Gran Bretaña, está entre las siete primeras fuentes de ingresos del país. El español no es el inglés, por supuesto, pero las cifras que se barajan para nuestra lengua no son de despreciar y el negocio industrial, de servicios y comunicaciones en torno al idioma supone casi un 14% del PIB de España (por cierto, el peso económico del español, y no otra circunstancia, es el verdadero freno de los proyectos "normalizadores"). Respecto a España, uno de los bienes culturales-económicos que posee como es su idioma común, ¿enflaquecerá en su apreciación exterior y, con ello, quizá se perderán buenas oportunidades de voz, influencia, presencia internacional y negocios?; mientras que la nueva ola lingüística que proponen algunos ambientes, es decir, la superación de la vieja comunidad idiomática ¿entusiasmará realmente a nuestros vecinos? El esfuerzo económico y organizativo que se destina a la difusión del español ¿tendría respuesta por parte de la potencial clientela exterior?

Aparte de los beneficios particulares que puedan lograr los promotores de las "elite enclosures" autonómicas y algunos réditos políticos para los nacionalismos ¿saldremos, en fin, fortalecidos con la apuesta cultural en lo que se refiere al común, a los intereses exteriores, a las necesidades cada vez más exigentes de la comunicación internacional, de las industrias de la lengua y de una gestión lingüística que requiere una nueva mentalidad? No dejan de ser asuntos sobre los que conviene reflexionar pues, en la actual situación mundial, las complejas cuestiones que plantean las lenguas tanto en lo comunicativo, como en lo económico, como en lo político, no pueden abordarse con los viejos argumentos (teñidos, por cierto, de contenido religioso) con que habitualmente se abordan: el agravio, la identidad, la riqueza de lo diverso, la pobreza de lo unitario, la exaltación de lo propio, la alerta desconfiada frente a los forasteros, las esencias amenazadas. La apuesta lingüística que ha hecho España, favorecedora de "elite enclosures" autonómicas e inspirada en ideas provenientes, fundamentalmente, del nacionalismo y el conservadurismo social –apuesta de futuro sumamente comprometida– merece nuevas reflexiones. Mi juicio es sencillo y pesimista: la propuesta plurilingüe, la "normalización lingüística", no mejora en absoluto lo que tenemos. Puede ser beneficiosa para ciertos grupos concretos de población pero no es convincente para el común y, en todo caso, supone una intromisión de los poderes públicos en la vida privada de los ciudadanos. Cuando reflexiono sobre el caso, considero que en España se ha abierto un debate irrelevante para las necesidades lingüísticas a que se enfrenta la nueva sociedad europea. Hecho a contracorriente de lo que exige el proceso de internacionalización idiomática en que estamos sumidos.

10. Bibliografía

ALONSO DE LOS RÍOS, César (1999): *La izquierda y la nación. Una traición políticamente correcta*. Barcelona: Planeta.

BRANCHADELL, Albert (2001): *La hipòtesi de la independència*. Barcelona: Empúries.

BURUMA, Ian (2002): *El camino a Babel*. Madrid: El taller de Mario Muchnik.

CARRERAS, Francesc de (1996): *El estado de derecho como sistema*. Madrid: Centro de Estudios Constitucionales.

DOMINGO, José (2001): "Perspectivas catalanas en la España Constitucional", en: García de Cortázar, Fernando (ed.): *El estado de las autonomías en el siglo XXI: cierre o apertura indefinida*. Madrid: Fundación FAES, 211-237.

GOLIGORSKY, Eduardo (2002): *Por amor a Cataluña. Con el nacionalismo en la picota*. Barcelona: Flor del Viento.

JARDÓN, Manuel (1993): *La 'normalización' lingüística, una anormalidad democrática. El caso gallego*. Madrid: Siglo XXI.

JIMÉNEZ LOSANTOS, Federico (1993): *La dictadura silenciosa. Mecanismos totalitarios en nuestra democracia*. Madrid: Temas de hoy.

JUARISTI, Jon (1993): *Vestigios de Babel*. Madrid: Siglo XXI.

LODARES, Juan Ramón (2001): *Lengua y patria*. Madrid: Taurus.

LORENZ, Konrad (1990): *La otra cara del espejo. Ensayo de una historia natural del conocimiento humano*. Barcelona: Círculo de lectores [ed. original: *Die Rückseite des Spiegels. Versuch einer Naturgeschichte menschlichen Erkennens*. München: Pieper, 1973].

MARFANY, Joan Lluis (2001): *La llengua maltractada. El castellà i el català a Catalunya del segle XVI al segle XIX*. Barcelona: Empúries.

MENÉNDEZ PIDAL, Ramón (1931): "Personalidad de las regiones", *El Sol*, 27.8.

MIGUEL, Amando de (1993): "De Babel a Pentecostés", *ABC*, 1.10.

PARADA, J. R. (2001): "La polémica de los nacionalismos", *Política Exterior* 53, 119-138.

PERICAY, Xavier/TOUTAIN, Ferran (1986): *Verinosa llengua*. Barcelona: Empúries.

PETRAS, James (1999): "La cuestión del bilingüismo", *El Mundo-Cataluña*, 14.04.

ROYO, Jesús (2001): *Argumentos para el bilingüismo*. Barcelona: Montesinos.

TILLY, Charles (1991): *Grandes estructuras, procesos amplios, comparaciones enormes*. Madrid: Alianza.

SALVADOR, Gregorio (1987): *Lengua española y lenguas de España*. Barcelona: Ariel.

— (1992): *Política lingüística y sentido común*. Madrid: Istmo.

SANTAMARÍA, Antonio (1999): *Foro Babel. El nacionalismo y las lenguas de Cataluña*. Barcelona: Àltera.

25 AÑOS DE LA CONSTITUCIÓN ESPAÑOLA: UN BALANCE SOCIOLINGÜÍSTICO DESDE LOS (Y LAS) CATALANOHABLANTES

EMILI BOIX

1. Introducción

Al conmemorar los veinticinco años de la Constitución española podemos percibir mejor sus luces y sus sombras. Es innegable que desde 1978 ha habido una mejora en los derechos individuales y sociales en España, es innegable que se ha desarrollado cierta descentralización. Sin embargo, queda pendiente la cuestión de la acomodación del pluralismo nacional, cultural y lingüístico internos. Recordemos que esta descentralización española es bastante limitada: la única citación del federalismo en la Constitución española es para prohibirlo. Ferran Requejo recordaba recientemente (2004) que hay seis temas pendientes si se pretende realmente construir en España una democracia federal avanzada en una realidad plurinacional:

1. el reconocimiento formal de Cataluña, de Euskadi y de Galicia como realidades nacionales diferenciadas;
2. la protección y ampliación del autogobierno;
3. la regulación de la inmigración, que tenga en cuenta los intereses diversos de las comunidades autónomas;
4. la representación en Europa de dichas comunidades autónomas;
5. la financiación autonómica, y, sobre todo;
6. la profundización en la defensa y promoción del triángulo lengua,educación y medios de comunicación de masas en todas las lenguas de España, fundamentalmente en las más frágiles.

A continuación presentaremos un balance del último aspecto, tanto de las ideologías lingüísticas en España como del desarrollo plurilingüe del marco político español. Empezaré con tres citas que enmarcarán mi exposición.

(1) Una lengua no es toda la sociedad pero es el elemento central de su bóveda. Depósito de siglos, patrimonio de convivencia, marco de cultura, el idioma es eje y continuidad para la vida de un pueblo, en tanto que pueblo. Escindida, bastardeada o

perdida la lengua, la sociedad se rompe, se corrompe o ve borrarse sus contornos diferenciados. Las comunidades que nunca han sufrido una crisis idiomática fuerte raramente se dan cuenta de esto: nadie tiene conciencia de la salud, dicen, sino el enfermo (Fuster 1962: LX-LXI).

Con esta primera cita, Joan Fuster, el gran ensayista valenciano, resumía la desazón, la angustia incluso, con la que los pueblos que ven amenazada su lengua, viven esta experiencia y sobre todo destacaba la dificultad que tienen los pueblos monolingües para entenderla.

(2) Rien ne marque d'avantage la grandeur d'un Empire, que la multitude des nations et langues qu'il embrasse (Leibniz, *Proget de lettre à Lefort le Jeune*[1]).

Mediante la segunda cita, quisiera insistir en que es conciliable el desarrollo económico y social con el reconocimiento equitativo y justo del plurilingüismo de los ciudadanos, tal como demuestran los casos suizo, finlandés o canadiense. No hay razones para pensar que el caso español no pudiera ser también, como lo fue en su terreno su transición política, un ejemplo de este reconocimiento de la diversidad lingüística.

(3) Que Dios me dé la serenidad para aceptar las cosas que no puedo cambiar, valentía para cambiar las que puedo y sabiduría para ver la diferencia ("Plegaria de la serenidad" (s. XVIII) Reinhold Nieburs y Friedrich Oetinger).

Con la tercera cita, quisiera hacer hincapié en que el problema que aquí tratamos, el de la organización lingüística del Estado, tiene solución si hay simplemente voluntad y medios para ello.
Mi exposición se desarrollará en seis puntos. En primer lugar describiré brevemente la situación sociolingüística del área catalanohablante. En segundo lugar presentaré el panorama del multilingüismo español. En tercer lugar recordaré el marco legal actual de dicho plurilingüismo. En cuarto lugar expondré las ideologías asimilistas existentes ante el plurilingüismo español. En quinto lugar explicaré con cierto detalle las dos posiciones principales ante el multilingüismo español: la prioridad del español como lengua común o la igualdad entre todas las lenguas españolas. Finalmente, y en sexto lugar, desarrollaré la reivindicación de extraterritorialidad para las lenguas no castellanas, refiriéndome como caso comparativo a la experiencia plurilingüe de la confederación suiza.

---

[1] *Apud* Prat de la Riba (1918: 52). También citado en Milian (2003: 7).

2. Un análisis de la situación sociolingüística desde el área catalanohablante

Examinaré la estructuración del Estado desde la perspectiva de los países de lengua catalana y, particularmente, desde Cataluña. Para ello empezaré resumiendo los grandes trazos de su situación sociolingüística. Me referiré, siguiendo a Branchadell (2003), a seis peligros que empiezan todos con *d* y que acechan a la lengua catalana en todo su territorio de Valencia, Cataluña y las Islas Baleares. Se trata de los peligros de *degradación*, de *desaparición*, de *desmovilización*, de *disgregación*, de *división* y de *devaluación*.

El riesgo de degradación o dialectalización se refiere al peligro de que el catalán pierda sus formas genuinas, a causa del contacto intensísimo con la lengua dominante, el castellano, o, aun de un modo más acusado con el francés.

El riesgo de desaparición alude a la posibilidad de que los catalanohablantes dejen de usar la lengua y, principalmente, dejen de transmitirla intergeneracionalmente. Este abandono es lo que ya ha ocurrido en las grandes ciudades valencianas, empezando por Alicante y Valencia y acabando por Castellón, y lo que ha ocurrido más recientemente en Palma de Mallorca. En todas estas zonas las parejas lingüísticamente mixtas acaban eligiendo la lengua castellana en las relaciones con los hijos. En Cataluña, en cambio, el catalán parece resistir mucho más. En la reciente encuesta de usos lingüísticos de 2003, realizada con mayores de 15 años, el catalán era lengua primera de un 40,4% de la población frente al 53,5% con lengua primera castellana y un 2,8% que optaba por las dos lenguas. En cambio, en cuanto a la lengua que consideraban propia, el catalán recuperaba posiciones: un 48,8% elegía el catalán, un 44,3% el castellano y un 5,2% ambas lenguas.

El tercer riesgo o problema que acecha a la lengua catalana es el de la desmovilización, es decir, el abandono masivo de la militancia lingüística, lo cual podría acentuar todos los demás peligros.

El cuarto riesgo es el de la disgregación o fragmentación bajo fuerzas centrífugas, manifestado sobre todo por el movimiento secesionista en Valencia. Sobre el tema de la diversidad interna de la lengua, puede consultarse el reciente estado de la cuestión de Esteve *et al.* 2005.

Un quinto riesgo es el de la división interna de los territorios de habla catalana, en que los *cleavages* o fronteras culturales y lingüísticas se convirtieran en límites políticos, o, mejor dicho, politizados. La sociedad de Cataluña ha evitado este riesgo, a pesar de que ocasionalmente han saltado las luces de alarma. Existe un considerable consenso sociolingüístico en la sociedad catalana, que redun-

---

[2] Véase Nicolás en este volumen.

da en un apoyo mayoritario al proceso de recuperación de la lengua, con cierta preferencia, no exclusividad, del catalán, tanto por parte del actual gobierno tripartito (PSC [PSC-PSOE], ERC, ICVVerds) como por parte del ejecutivo anterior (CiU).

Finalmente, el sexto problema o riesgo es el de la devaluación, es decir el riesgo de que no se logren o se pierdan las funciones prestigiosas o cultas, que dan seguridad sociopolítica a dicha lengua. Si una lengua no se usa normalmente en la Administración, en la docencia, en los ámbitos públicos acaba adquiriendo (en un circuito cerrado infernal) connotaciones negativas, rústicas, retrógradas.

El tema central de esta exposición –un balance de la política lingüística desarrollada durante los últimos 25 años en el marco de la Constitución española– gira precisamente en torno a una de las funciones que toda lengua occidental aspira a lograr: su empleo en los órganos centrales del Estado de que forma parte. No es por azar que sea desde Cataluña desde donde se haya reclamado más este reconocimiento tanto español como europeo de la lengua. La misma seguridad y tradición movilizadora en pro de la lengua en Cataluña explica que se aspire, como sucede con muchas otras lenguas oficiales de dimensiones similares, a funciones oficiales de ámbitos superiores al autonómico. Cataluña constituye la vanguardia de las reivindicaciones lingüísticas en España sin lugar a dudas. Ya Joshua Fishman, el patriarca de la sociolingüística internacional, en 1991, destacaba el peso del multilingüismo en España y el papel decisivo que en él ha jugado Cataluña:

> Frecuentemente se ha olvidado (o completamente desconocido) que, después de la Unión Soviética, España constituye el país multilingüe desarrollado económicamente más poblado en el mundo y el Estado multilingüe más antiguo en el mundo, siendo incluso anterior a la confederación suiza en este tema. En modo similar, se ha olvidado y se ha valorado poco que la contribución catalana a ambas circunstancias es y ha sido la principal (Fishman 1991: 299).

3. Un breve panorama del multilingüismo español

Estas previsiones de Fishman son especialmente ciertas si consideramos los porcentajes de población española que vive en territorios con doble oficialidad: en torno a un cuarenta por ciento del total de la población española habita en dichos territorios. Destaquemos que la minoría más importante es la población del área catalanohablante con un 27% del total de la población española. Incluso rebajando estos porcentajes a los que usan habitualmente las lenguas españolas no castellanas, se supera el veinte por ciento de la ciudadanía española, un porcentaje similar al de los francófonos en la Suiza actual.

La pregunta que nos planteamos es cuál ha sido el reconocimiento de esta realidad multilingüe en estos veinticinco años desde la aprobación de la Constitución española de 1978 y sobre todo hacia dónde tendría que orientarse en un futuro próximo este reconocimiento para que la diversidad interna española fuera tratada de un modo justo y satisfactorio.

Para empezar, conviene recordar en qué situación se encuentra el complejo multilingüismo peninsular, muy distinto en cada zona lingüística. Como es harto conocido no tiene nada que ver la situación del vasco en zonas de Álava, oeste de Vizcaya o sur de Navarra, con un papel marginal o nulo de dicha lengua desde hace siglos, con la situación de mayoría social clara del catalán en la Cataluña o la Mallorca centrales, donde la lengua propia, como sentenciaba rasa y simplemente uno de los primeros clásicos de la sociolingüística catalana es "la lengua del pueblo" (Reixach 1975), prácticamente la lengua de todo el pueblo. Haciendo abstracción de esta gran diversidad entre las diferentes zonas multilingües españolas, que aun aumentaría si tuviéramos en cuenta las pequeñas lenguas peninsulares como el astur-leonés, el aragonés o el occitano del Valle de Arán (Turell 2000), creo ajustada y correcta la prospectiva sociolingüística que esbozó el sociólogo Juan José Linz, el año 1975, año de la muerte del dictador con la cual se abre el proceso democratizador español que nos ha conducido a la situación actual. Linz sintetiza muy bien tres rasgos simultáneos del multilingüismo español.

En primer lugar Linz constata el fracaso del asimilismo lingüístico español. La lengua dominante, el español, a diferencia de lo ocurrido en la vecina y jacobina Francia, a diferencia incluso de lo sucedido en la más tolerante y regionalizada Italia, no ha logrado convertirse en la única lengua, sentida como propia por todos los ciudadanos españoles. En Orense, en Guipúzcoa, en Lérida, en Valencia, en Mallorca, muchos hablantes con pasaporte español tienen como lengua primera e incluso principal el catalán, el gallego o el vasco. El nacionalismo español, como ha relatado tan claramente Álvarez Junco (2002) respecto al siglo XIX, no logró, por impotencia, por el mayor desarrollo industrial relativo de las zonas multilingües (Cataluña y País Vasco) imponerse ante los movimientos particularistas que fueron, sobre todo en dichas dos zonas, a la vez modernizadores. Este desarrollo lo lamentaba así Américo Castro (*Cataluña ante España* 1930: 297):

> Hay que partir del hecho –del dolor, no me asusta decirlo– de que la lengua más importante de la nación no haya podido convertirse, como el francés, en el común denominador, amado y respetado de todas las culturas españolas.

En segundo lugar Linz observa con razón que el castellano o español se ha convertido en la lengua franca peninsular. Los movimientos de recuperación lingüística, especialmente vigorosos en Cataluña y el País Vasco, no han logrado (y solo aspiran a ello sectores minoritarios) volver a ningún tipo de monolingüismo. A lo sumo, como ocurre especialmente en Cataluña, se ha aspirado e implementado un bilingüismo asimétrico que intenta dar preferencia a la lengua histórica o propia del territorio. Encontramos pues en Cataluña un uso oficial claramente preferente de la lengua propia (en la Administración local o autonómica) pero no un uso único o exclusivo que no está contemplado por nuestro ordenamiento jurídico constitucional. Los grandes cambios demográficos del siglo XX, empezando por las grandes migraciones hacia el País Vasco, Cataluña, Islas Baleares y Valencia, como también hacia Madrid, los cambios comunicativos con la difusión del castellano a través de la televisión, la radio y el sistema escolar, las dos dictaduras del siglo XX, (la de Primo de Rivera y la de Franco), que en los dos casos prohibieron el uso público y oficial de las lenguas no castellanas, acabaron de extender la difusión del español. Esta difusión, sin embargo, no ha comportado necesariamente el abandono de la lengua primera, del mismo modo que puede ocurrir, en un futuro no muy lejano, que el inglés se convierta en lengua conocida por todos los europeos sin que ello comporte la dejación ni la subordinación de las primeras lenguas de cada zona lingüística del continente. Contemplamos pues una situación que podríamos denominar de empate, en términos futbolísticos, que no da dominio absoluto a ninguna de las lenguas en contacto. El mismo Partido Popular, el gran partido español más reticente ante el avance de las lenguas propias, parece aceptar, al menos nominalmente, el plurilingüismo estatal (Marcos Marín 1995: 13): "la actitud del monolingüe castellano que rechaza la riqueza cultural de una España plurilingüe es tan anticonstitucional como la de quien pretende la sustitución del castellano por otra lengua de España en una determinada Comunidad Autónoma". El mismo experto, sin embargo, matiza que el español ha de ocupar el primer lugar en la jerarquía lingüística, ha de gozar de ventajas como lengua común e insiste que se ha de asegurar su dominio, como si en alguna zona no se diera dicho dominio (Marcos Marín 1995: 56): "En el caso español el límite es sencillo: hay una lengua común para todos que es además, lengua internacional de primer orden. No se puede privar a los ciudadanos de esa ventaja". Esta posición coincide con el denominado internacionalismo lingüístico que propugnó Juan Ramón Lodares, según el cual lo que primaría en los conflictos de lenguas serían únicamente los criterios instrumentales, lo cual conllevaría el abandono de las lenguas pequeñas en favor de las mayores ("de los caminos de carro en favor de las autopistas")[3]. No se observa pues entre los representantes del partido conservador o en los sectores allegados una actitud compensatoria de la grave inseguridad social con la que se enfrentan las lenguas no castellanas. Aún menos se

---

[3] Véase el alegato en sentido contrario de Albert Branchadell (*El País*, 29-III-2005).

observa una visión normalizadora que aspirara a terminar con la interposición cultural que tanto caracteriza la minorización lingüística. Muestra de ello es la política lingüística del Partido Popular en las Islas Baleares y en la Comunidad Valenciana. Precisamente se aspira a lo contrario: las comunicaciones exteriores del grupo no castellano, se espera que se realicen exclusivamente en castellano.

Finalmente, en tercer lugar, señala Linz (1984: 71), entre otras consideraciones, que este panorama sociolingüístico comportará la exigencia del bilingüismo en las zonas no castellanas, lo que conllevará posibles conflictos y limitaciones para la población monolingüe:

> El bilingüismo, independientemente de un nacionalismo excluyente, creará barreras a la movilidad interregional (excepto en las actividades industriales menos calificadas) y barreras a la movilidad ascendente de los inmigrados y de sus hijos, solo superables con el tiempo, dando lugar a una estructura social segmentada.

Esta advertencia de Linz encaja con la visión del plurilingüismo que tendrán los liberales españoles, como veremos a continuación.

4. El marco legal del plurilingüismo español actual

La Constitución española representó un avance positivo pero insuficiente respecto a la larga retahíla de constituciones españolas que obviaron la diversidad lingüística. Ya en su preámbulo, la Constitución española establece la voluntad de la Nación de "proteger a todos los españoles y pueblos de España en el ejercicio de los derechos humanos, sus culturas y tradiciones, lenguas e instituciones". Y en el título preliminar de la Constitución se diseña, mediante el famoso artículo 3, una territorialidad desigual ya que se reconoce la oficialidad del castellano en todo el territorio mientras se restringe la de las demás lenguas españolas (no denominadas) a los ámbitos respectivos de las comunidades autónomas. Los tres apartados de este artículo 3 parecen establecer una gradación de reconocimiento de las lenguas y modalidades lingüísticas españolas. Así, en el apartado 3.1. se establece que "el castellano es la lengua española oficial del Estado. Todos los españoles tienen el deber de conocerla y el derecho a usarla", obligación insólita en el derecho comparado internacional. En el apartado 3.2. se hace referencia a las demás lenguas españolas que "serán también oficiales en las respectivas comunidades autónomas de acuerdo con sus Estatutos". Cada Estatuto, y las leyes que lo desarrollen desde cada gobierno autónomo han modulado está oficialidad, la cual ha sido cercenada o aprobada, como veremos, por la jurisprudencia del Tribunal Constitucional. Esta competencia autonómica se apoya en el artículo 148.17. que establece que las comunidades autónomas podrán asumir las competencias en "el fomento de la cultura, de la investigación y, en su caso, de la enseñanza de la lengua en la Comunidad Autónoma". Por último en el apartado 3.3. se dispone muy genéricamente que "la riqueza de las distintas modalidades lingüísticas de España es un patrimonio cultural que será objeto de especial respeto y protección". De este modo parece fijarse una jerarquía entre las lenguas (artículo 3.2.) que se normalizan, y las modalidades que simplemente se conservan (artículo 3.3.). Finalmente cabe destacar, por su repercusión social, el artículo 20.3. referido a los medios de comunicación: "La ley regulará la organización y el control parlamentario de los medios de comunicación social dependientes del Estado o de cualquier ente público y garantizará el acceso a dichos medios de los grupos sociales y políticos significativos, respetando el pluralismo de la sociedad y de las diversas lenguas de España". Recordemos que la regulación de las televisiones privadas el 1989 no tuvo en cuenta el pluralismo lingüístico.

El Estado se establece como garante de la realidad plurilingüe del Estado, como ha establecido también la sentencia del Tribunal Constitucional 56/1990 que la califica "de considerable importancia, simbólica y afectiva en la estructuración autonómica del Estado".

Por consiguiente, como resumen Vernet (2003) y sus colaboradores en una síntesis reciente de derecho lingüístico, España es un Estado compuesto con división de competencias entre el Estado y las comunidades autónomas. La política lingüística está distribuida del siguiente modo:

1. la materia lingüística no se encuentra en la relación de competencias reservadas al Estado;
2. cada comunidad autónoma determinará el alcance y objetivos concretos de su política lingüística, dentro del marco constitucional y lo que vaya estableciendo el Tribunal Constitucional;
3. la competencia en temas lingüísticos es transversal. El alcance y los efectos de la oficialidad serán aplicados por la Administración estatal, autonómica, local, universitaria y judicial. La medida en que cada una de estas administraciones la apliquen nos indicará su grado de implicación en pro o en contra de la diversidad lingüística;
4. las normas se aplican a todo el territorio de la comunidad autónoma, no solo a la Administración autonómica;
5. las prescripciones autonómicas tienen aplicabilidad inmediata. Las administraciones no autonómicas desarrollan la Constitución y el estatuto de autonomía respectivo.

La política normalizadora ha comportado la bilingüización de parte del personal estatal y una cierta preeminencia en el caso del catalán en el sector educativo. Diversas sentencias del Tribunal Constitucional han dado el visto bueno a ambos aspectos. Por un lado, la STC 46 de 1991 consideraba ajustado a derecho el artículo 34 de la Ley de Función Pública de Cataluña. Por su lado, la STC 337 de 1994 reconocía las competencias plenas en materia de enseñanza de la Generalitat de Catalunya, así como el carácter "central" que ocupaba la lengua catalana en todo el ámbito educativo no universitario.

A veces el encaje entre la normativa lingüística del gobierno central y la del autonómico es complejo. Así el artículo 2.2. de la Ley de Política Lingüística catalana de 1998 establece que el catalán, como lengua propia, es la lengua preferentemente usada por la Administración del Estado en Cataluña, en la forma que ésta determine. En cambio el artículo 36 de la Ley estatal 30/1992, de régimen jurídico de las administraciones públicas y del procedimiento administrativo establece como principio general la lengua castellana como lengua de los procedimientos tramitados por la Administración general del Estado, aunque prevea explícitamente que cuando el procedimiento es a instancias de una persona interesada y ésta utiliza otra lengua oficial distinta de la castellana, entonces el procedimiento se ha de tramitar en la lengua elegida por esta persona (artículo 36.1). Asimismo el Real Decreto 1465/1999 del 17 de septiembre establece criterios de imagen institucional y regula la producción documental y del material impreso de la Administración general del Estado, norma que establece el bilingüismo como regla general en el material impreso, modelos normalizados, carteles, rótulos y señalizaciones destinados a los ciudadanos, de tal modo que la lengua propia no aparece como preferente.

5. Las ideologías asimilistas ante el plurilingüismo español

Presentaré las principales concepciones ideológicas con las que se aborda la diversidad lingüística española. La primera, en orden de aparición y en vigencia desgraciadamente, ha sido la concepción asimilista. Dejaremos de lado los intentos de prohibición en ámbitos públicos y privados que han caracterizado al siglo XIX y a las dos dictaduras del siglo XX. Dejaremos de lado muestras de intolerancia como los silbatos del público de la plaza de Las Ventas de Madrid (10-XI-97) contra el cantante de Xàtiva, Raimon, por el mero hecho de hablar en catalán.

5.1. LA IDEOLOGÍA ASIMILISTA

El siguiente fragmento de Martín Laguna, de la primera mitad del siglo XIX, representa la visión asimiladora dominante:

El referir la historia de todas las lenguas que se han usado en España desde que llegaron los charlatanes de Babel, sería una cosa demasiado prolija y aventurada y así solo diremos que nuestra lengua castellana es la más rica, la más sonora, la más amena, la más elegante, la más expresiva, la más graciosa, la más melodiosa y la más adecuada, en fin, para expresar conceptos de cualquier categoría. Este idioma se habla en toda la península a excepción de Portugal donde se habla el portugués, de la provincias Vascongadas y Navarra donde se habla el vascuence y de Cataluña y Valencia en donde sigue la lengua limosina: *aunque se está trabajando por desterrar* de la Península tales idiomas (si pueden llamarse así) y uniformar todas la provincias en el uso del idioma común (Laguna 1836: 19, énfasis mío).

Un asimilismo más suave, pero asimilismo al fin y al cabo, es el que formulaban tanto el gran intelectual vasco Miguel de Unamuno como una muestra de estudiantes de secundaria de Salamanca, un siglo después, que respondieron a una encuesta sobre la diversidad lingüística en España.

Es en nombre de la cultura, no solo del patriotismo, es en nombre de la cultura como debemos pelear por que no haya en España más lengua oficial, más lengua de cultura nacional, que la lengua española que hablan más de veinte naciones. Y esto, sean cuales fueren las hermosuras, los méritos y las glorias de otros lenguajes españoles, a los que se debe dejar a su vida doméstica. (Miguel de Unamuno 1906 *apud* González Ollé 1993: 145)

Por su lado, los estudiantes de Salamanca, encuestados en 2002 (Bellver 2005) manifiestan generalmente una actitud o mal informada, reticente o asimilista ante las lenguas no castellanas de España, si no es puro desinterés[4]. Un 53% cree que, como estamos en España, todos tenemos que hablar español. Un 38% cree que los catalanes hablan su lengua con el propósito de diferenciarse y porque se creen superiores. Un 76% cree que conviene que haya una lengua dominante y que ésta sea considerada más útil en todos los territorios. Un 50% afirma que el catalán es un dialecto. Un 78% afirma que se pueden respetar las otras lenguas, pero teniendo en cuenta que la lengua prioritaria es el castellano y, como tal, debe tener privilegios.

---

[4] PREGUNTA: ¿Qué nos separa a los españoles? –pregunto a una chica que viaja a Valencia.
RESPUESTA: Los distintos idiomas. En Valencia, por ejemplo, cuando hablan valenciano yo no los entiendo.
P: ¿De dónde eres?
R: De Soria. Estudio Ingeniería Química.
P: ¿Por qué no aprendes valenciano?
R: No tengo tiempo para esto (*La Vanguardia* 14-III-2004).

5.2. La ideología liberal asimilista

La visión de Linz es la de un liberal español que lamenta que esta diversidad lingüística limite la movilidad interna española. En realidad Linz se hace eco, con matices, de la vieja idea liberal de que una mínima homogeneización sería indispensable para la eficacia de un estado moderno. Así ya lo enunciaba un ilustre presidente de las Cortes de Cádiz, Ramón Lázaro de Dou y de Bassols en 1801 (*apud* Cano 2002: 168-169):

> En qualquier estado se ha de procurar que haya una lengua dominante en el país para la enseñanza, expedición de ordenes y para todo quanto se haya de hacer correspondiente al derecho público (lo cual) trae muchas ventajas en qualquier nación el tener una lengua dominante en dicho modo.
>
> La primera es que facilita mucho el comercio interior, porque no tiene duda que la dificultad de explicarse y de entenderse unos a otros entre personas de diferentes reynos y provincias ha embarazado y embaraza en muchas partes el comercio; este impedimento que es insuperable entre distintas naciones, es fácilmente vencible entre distintas provincias de una misma nación, especialmente si se usa para ello medios suaves, no dirigiéndose tanto las providencias a destruir las lenguas que estén en uso como para introducir con fina prudencia el de la que ha de quedar dominante.
>
> La segunda es que hablarse en todo el reyno una misma lengua cría en el ánimo de todos un género de afecto y amor particular que no puede fácilmente encontrarse entre los que hablan diversas lenguas, verificándose en estos que se miran en él algún modo como si fuesen de reyno distinto, sin embargo de formar el mismo.
>
> La tercera es que proporciona que el conocimiento de los adelantamientos que se hacen en algún lugar se comunique a los otros resultando de esto en alguna parte la ventaja que se ha dicho de la lengua latina.

De modo similar lo enunciaba John Stuart Mill en 1861 (*apud* Lindsay 1947: 361):

> Las instituciones libres son casi imposibles en un país compuesto de diferentes nacionalidades. En un pueblo sin sentimiento común, especialmente si lee y habla distintos idiomas, no puede existir una opinión pública unida, necesaria para que funcione el gobierno representativo.

Esta visión liberal clásica confunde la igualdad de características (*sameness*), con la igualdad de derechos (*equality*).

En España el conocimiento generalizado del español garantiza la posibilidad de que se constituya un imaginario colectivo español, una "comunidad imaginada" en expresión feliz de Benedict Anderson (1983). El mercado comunicativo en español a través de las televisiones, las emisoras de radio, la prensa diaria, las revistas del corazón, la simbología nacional, permite a los ciudadanos españoles imaginarse como partes de un todo común superior, a pesar de que no tengan contacto directo y cotidiano con cada uno de los compatriotas, miembros también de esa comunidad. La comparación de los mercados comunicativos de la Cerdaña Norte y la Cerdaña Sur proporciona un ejemplo evidente de los efectos de pertenecer a dos estados distintos, Francia y España respectivamente. El castellano en el Estado español está omnipresente y consigue las características de la anonimidad: la neutralidad y el interclasismo (Woolard 2004). No hay razones, con los datos de que disponemos, para preocuparse por la difusión del castellano en España que tiene una vitalidad social muy asegurada, pero sí las hay para inquietarse por las otras lenguas españolas en una sociedad capitalista y globalizada, en que, aparte de los tristes casos de pura intolerancia lingüística, las razones estrictamente utilitarias favorecen inevitablemente a una de las lenguas globales, frente a lenguas de dimensiones reducidas. En este contexto se puede sacar a colación la frase conocida de que el lobo y la gacela pueden dormir juntos, pero la gacela no dormirá nada tranquila.

6. Dos posiciones contrarias ante el multilingüismo: la prioridad del español como lengua común o la igualdad radical entre todas las lenguas españolas

Coherentemente con esta ideología liberal, la posición programática de intelectuales próximos al Partido Popular propugna que el español bastaría para todo tipo de comunicación interterritorial, como "lengua común, única que les (a los niños y niñas de las zonas bilingües) garantiza la igualdad de oportunidades en todo el territorio español" (Marcos Marín 1995: 11). En la jurisprudencia española encontramos la formulación de esta visión unitarista. Se llega a considerar lógico que de la idea de lengua común se derive el uso del castellano para todos los españoles, sin tener en cuenta la opinión de estos mismos ciudadanos. Así constó en una resolución (22 de noviembre de 1985) de la dirección general de los Registros y del Notariado, dependiente de la Administración central. En ella se daba respuesta a dos recursos presentados por un ciudadano catalán en los que este solicitaba que los asientos de una inscripción de nacimiento fueran en catalán y que los apellidos del nacido aparecieran unidos con la conjunción copulativa catalana, la *i* latina, en lugar de la castellana utilizada, la *y* griega. Dos aspectos son significativos de la resolución denegatoria.

En primer lugar se arguye que el Estado central no puede ser bilingüe: "Cuarto. Cuestión completamente distinta es la que si en un futuro podría o no ser conveniente que los órganos competentes del Estado implantaran un bilingüismo, que no parece compaginarse bien con el carácter estatal del Registro Civil ni con su eficacia nacional e internacional...". De este modo se equipara estatalidad con monolingüismo castellano, dando un predominio desigual a dicha lengua. En segundo lugar, aún más interesante, se argumenta que el uso del castellano no es discriminatorio, de tal modo que se antepone la preferencia de la Administración a la del administrado: "Sexto. Ningún atisbo de discriminación puede existir por el hecho de imponer a un español el uso del castellano, ante el deber de conocer esta lengua establecido para todos los españoles por el artículo 3.1. de la Constitución".

Recordemos, antes de seguir adelante, dos aspectos: por un lado, la Constitución española no denomina al español lengua común; por otro lado, las otras lenguas españolas también podrían considerarse comunes entre comunidades autónomas. Así el euskera o vascuence es común a Navarra y a la Comunidad Autónoma del País Vasco, y el catalán es legalmente común a Cataluña y a las Islas Baleares, e incluso a la Comunidad Valenciana, si aceptamos como reconoce la misma Academia Valenciana de la Lengua en su decreto de constitución de 1998, que la variedad allí hablada pertenece al mismo grupo lingüístico que el catalán.

Esta política de priorización del castellano-español contrasta con la de un representante de un partido clave en el juego político catalán actual, el Partido de los Socialistas de Cataluña (PSC-PSOE), un partido independiente, pero federado al PSOE, que manifiesta claramente estar dispuesto a un uso instrumental, si fuera necesario del español, pero prefiere comunicarse con la Administración (una administración que aspira a que sea federal) a través de su lengua propia, el catalán[5]:

> Evidentemente, este futuro federalismo no puede ser verdad si no está hecho en libertad, si no está hecho en igualdad, e incluso, ¿por qué no?, con el contenido fun-

---

[5] Un precedente de este planteamiento lingüístico igualitario se encuentra en Ninyoles (1977), en plena transición política española: en aquel período, la ideología alternativa a la asimilista, venía vinculada con aspiraciones de transformación socialista del estado. Era ésta la visión de Rafael Lluís Ninyoles que, desde la periferia, aboga por un cierto predominio de las lenguas no castellanas, para así compensar su subordinación histórica, al lado de un respeto escrupuloso de las nuevas minorías castellanohablantes del territorio:

> Quizá la alternativa más coherente implicaría la instrumentación de un modelo de unilingüismo territorial en las regiones autónomas, combinado con garantías eficaces respecto a los sectores de habla castellana sobre la base de unos derechos lingüísticos personales, e inserto en un programa socialista capaz de asumir una transformación cultural democrática y de instaurar una relación de auténtica coigualdad y reciprocidad entre las distintas comunidades de un Estado español multilingüe (Ninyoles 1977: 258).

damental de la fraternidad. Que no se hable de bilingüismo en Cataluña, si no se
habla de bilingüismo en todas partes. Porque en Cataluña, es interesante y útil que los
catalanes sepamos, o podamos utilizar el castellano cuando sea conveniente. Lo que
hay que reconocer es que también el Estado, si quiere ser el Estado de todos, tendría
que pensar que un ciudadano de Cataluña no tiene por qué hacer la comedia de dirigirse al Estado en una lengua que no es la suya. Mientras sea así, el Estado nos pare-
cerá siempre un estado extranjero (Cirici Pellicer 1983: 168).

Esta reivindicación del plurilingüismo del Estado es una vieja melodía que ya
cantaron los poetas y que ha llegado con demasiada frecuencia a oídos sordos.
No quiero recordar hoy viejos agravios, episodios no tan lejanos de intolerancia
lingüística. Prefiero recordar la *Oda a Espanya* de Joan Maragall, abuelo del
actual presidente de la Generalitat de Catalunya, cuando reclama, dramáticamen-
te incluso, un diálogo peninsular:

> Escucha España – la voz de un hijo
> que te habla en lengua no castellana,
> hablo la lengua que me regala la tierra áspera
> en esta lengua pocos te hablaron
> hartos en la otra"
> [...]
> "¿Dónde estás, España? – no logro verte.
> ¿No te hiere mi voz atronadora?
> ¿No entiendes esta lengua – que te habla entre peligros?
> ¿No sabes ya comprender a tus hijos?
> ¡Adiós, España!

Y Salvador Espriu, otro gran poeta catalán, lanza una invocación al diálogo, diri-
gida a Sepharad, España, en la versión de José Batlló:

> Recuerda esto siempre, Sepharad.
> Haz que sean seguros los puentes del diálogo
> E intenta comprender y amar las diversas razones y las hablas de tus hijos.
> Que la lluvia caiga lentamente en los sembrados
> Y pase el aire como una mano extendida,
> Suave y benigna, sobre los anchos campos.
> Que Sepharad viva eternamente
> En el orden y la paz, en el trabajo,
> En la difícil y merecida
> Libertad.

Actualmente estos anhelos vagos de reconocimiento de la pluralidad lingüística española podrían convertirse en proyectos políticos inmediatos, quizás más

factibles después de la vuelta del PSOE al poder central español. Desconocemos, sin embargo, el alcance y la profundidad de lo que Rodríguez Zapatero ha denominado la España plural. Quiero señalar dos iniciativas recientes hacia esta España plural, ambas de origen catalán.

Por un lado, la reivindicación del uso extraterritorial del catalán forma parte del pacto de coalición PSC/ERC/ICV que ha dado lugar al actual gobierno autónomo catalán, denominado catalanista y de izquierdas. Dicho acuerdo establece lo siguiente:

En cuanto al reconocimiento de la plurinacionalidad del Estado y de sus aspectos simbólicos y culturales, las partes adoptarán las iniciativas legislativas y políticas necesarias para:

- Incorporar al currículum estatal en todos los niveles de la enseñanza obligatoria las materias que expresen la diversidad cultural y lingüística.
- Tomar las iniciativas políticas y legales que lleven al reconocimiento de la realidad plurilingüística del Estado en su denominación oficial, en los registros públicos, en la emisión de moneda y sellos, el DNI y el pasaporte y el etiquetaje de productos.
- Promover la declaración del catalán y del resto de lenguas del Estado como lenguas cooficiales en todo su territorio y su declaración como lenguas oficiales de la Unión Europea[6].
- Impulsar por vía legislativa y política la creación de un Consejo de Culturas, encargado de llevar a cabo las funciones previstas en el artículo 149.2 de la Constitución española[7], y al cual se irán transfiriendo estas funciones por parte del gobierno del Estado[8].
- Establecer el requisito de uso de las distintas lenguas cooficiales en las condiciones de las concesiones administrativas para la comunicación audiovisual.
- Fomentar por parte de la Generalitat la actividad cultural en las lenguas reconocidas en el Estatuto de Autonomía de Cataluña.

---

[6] Como ha observado oportunamente Branchadell (2004a) la formulación más correcta sería "en los órganos centrales del Estado".

[7] Dicho artículo establece: "Sin perjuicio de las competencias que podrán asumir las Comunidades Autónomas, el Estado considerará el servicio de la cultura como deber y atribución esencial y facilitará la comunicación cultural entre las Comunidades Autónomas, de acuerdo con ellas".

[8] En esta línea, el 8 de octubre de 2004, se celebró una reunión en el Institut d'Estudis Catalans, para preparar una propuesta de Ley de Lenguas estatal.

Por otro lado, una organización activista, *OM* (*Organización por el Multilingüismo*) tiene como objetivo precisamente lograr un reconocimiento y un uso multilingüe por parte de las instituciones comunes españolas. Dicha organización ha puesto en marcha campañas para lograr que los sellos españoles, que las monedas y billetes de euro, que la administración de correos, que la documentación estatal, que la misma Corona española, reflejen el cuatrilingüismo de los ciudadanos. Sus campañas se basan en una exposición pedagógica muy prolija y detallada de los usos oficiales multilingües en estados como Finlandia, Bélgica, Nueva Zelanda, Suiza o Canadá. Hasta ahora, a lo sumo, lo que ha logrado esta organización es una toma de conciencia de la necesidad de multilingüismo. No lograron que los euros reflejaran el multilingüismo español y no lograron impedir que Correos y Telégrafos (usado de forma bilingüe) se transformara en el actual logotipo unilingüe en castellano: *Correos*.

7. La reivindicación de extraterritorialidad para las lenguas no castellanas: hacia una igualdad radical

El camino hacia un plurilingüismo estatal no está impuesto, pero tampoco prohibido por nuestro marco legal. Quizás este trecho sea lento, como lo fue, por ejemplo, el reconocimiento estatal del neerlandés o flamenco en Bélgica, o el del sueco y el finlandés en Finlandia o el del francés en Canadá. Como ya preveía Miquel Siguan en 1992, continuará habiendo una presión, sobre todo por parte de Cataluña, para el reconocimiento del plurilingüismo tanto en el conjunto del Estado como en los organismos europeos (Milian 2003).

Sin embargo no existe aún un proyecto político coherente sobre el desarrollo futuro del Estado de las Autonomías y de sus correlatos sociolingüísticos. Ahora nos limitaremos a presentar un horizonte próximo hacia el cual creo que tendría que aproximarse España para ser un país más respetuoso y generoso para con su diversidad interna. En primer lugar describiré, someramente, la experiencia internacional más exitosa: el caso suizo. En segundo lugar presentaré algunas propuestas para un desarrollo plurilingüístico en el caso español.

7.1. El caso suizo: ¿una experiencia única?

La tradición plurilingüe suiza es fruto de un lento proceso de acumulación de experiencia, del cual pueden extraerse lecciones para el caso español. Siguiendo a la obra clásica de síntesis de McRae (1983), podemos apuntar sus principales características.

En primer lugar Suiza tiene o goza de una tradición histórica peculiar en la que se han desarrollado bien técnicas de neutralidad, mediación y descentralización.

En segundo lugar, en cuanto a la estructura social y económica, las comunidades lingüísticas helvéticas tienen y han tenido una acusada estabilidad, gracias a la política estricta de territorialidad en los cantones, incluso en los cantones bilingües o multilingües. La visibilidad de la diversidad lingüística es tan elevada en Suiza que "los niños suizos creen que las comunidades lingüísticas son más iguales de lo que lo son" (McRae 1983: 233).

En tercer lugar, en cuanto a las actitudes y valores, una socialización política peculiar ha logrado que haya profundas simpatías entre los miembros de los distintos grupos lingüísticos suizos. Esta simpatía contrasta con los viejos estereotipos existentes en España, donde muchos y muchas catalanohablantes son tachados de "polacos". Los temas lingüísticos pueden emerger y emergen en la vida política suiza pero no se acumulan. Esto es fruto de una continua vigilancia y esfuerzo por parte de las elites y por parte de muchos millares de ciudadanos suizos activos.

En cuarto lugar, las instituciones políticas y legales suizas tienen las siguientes características: 1) hay un reconocimiento de la igualdad formal entre las distintas lenguas; 2) hay una participación de las minorías en el gobierno confederal, ajustada e incluso superior a su peso específico; 3) se reducen las disparidades económicas entre las distintas zonas por medios directos e indirectos; y 4) existe una profunda autonomía cultural mediante la descentralización.

En quinto lugar, *last but not least*, hay una política decidida de promoción de la comprensión y comunicación a través de las fronteras lingüísticas. Esta política se concreta en requisitos de bilingüismo funcional entre funcionarios y jueces, en la posibilidad de visión de las distintas cadenas de televisión en todo el territorio, y en la organización *Pro Helvetia* (Fundación Suiza para la Cultura), que difunde la cultura vehiculada en todas las lenguas del país.

7.2. PROPUESTAS PLURILINGÜÍSTICAS PARA UN HORIZONTE PRÓXIMO EN ESPAÑA

¿Cómo llegar a la unidad desde lo múltiple? ¿Cómo conciliar el intercambio y la cohesión? Este es un dilema de la mayoría de estados, dado que hay como mínimo 5000 lenguas y unos 200 estados en el planeta.

McRae analizó estados plurilingües occidentales prósperos, con un reconocimiento de su diversidad y con niveles de violencia bajos: la Confederación Helvética, Bélgica, Finlandia y su nativo Canadá. Creemos que España tendría que añadirse a esta lista, a pesar de cierta violencia en y desde Euskadi.

Antes de presentar propuestas para una mejor regulación española del plurilingüismo, examinaremos brevemente cuál es la regulación vigente.

Como ya se ha visto, la Constitución española otorga tres privilegios para el español. En primer lugar, el español o castellano es lengua oficial única en su territorio histórico. En segundo lugar, el castellano es lengua oficial también en el territorio histórico de las otras lenguas y, en tercer lugar, el castellano tiene la oficialidad exclusiva en los órganos centrales del Estado (legislativos, ejecutivos y judiciales).

Los principios de la igualdad lingüística en los espacios políticos compartidos (la Unión Europea, por ejemplo) son más o menos la inversión de estos tres privilegios del español a que acabamos de referirnos. En primer lugar se respeta la primacía funcional de cada lengua en su territorio (como lengua común de uso público). En segundo lugar hay simetría de los derechos personales extraterritoriales (por ejemplo los catalanohablantes tendrían derechos lingüísticos en Madrid, del mismo modo que los castellanohablantes los tienen en los países de lengua catalana) y, en tercer lugar, hay igualdad estricta de derechos lingüísticos en las instituciones políticas comunes.

No se ha llevado a cabo aún un examen sistemático del plurilingüismo en España. Esta revisión tendría que responder a las preguntas claves de McRae: ¿quién decide qué comunicaciones se han de realizar en una u otra lengua?; ¿quién recibe qué en cuestiones lingüísticas?; ¿qué servicios tienen que ser proporcionados en cada lengua?; ¿cómo se dan estos servicios?; ¿en qué versión de la lengua seleccionada se prestan estos servicios?

Solo una organización, *Organización por el Multilingüismo*, intenta plantear el plurilingüismo del Estado como problema, sobre todo desde Cataluña, zona más avanzada en lo que respecta a este tipo de reivindicaciones[9].

Hay que plantearse una pregunta previa: ¿Hay condiciones para el diálogo? Como señala Marí, hay que lograr un marco satisfactorio de debate político. Para empezar, hay que evidenciar de manera continuada las desigualdades del marco actual y legitimar la necesidad de la igualdad formal y de una reparación de los efectos de la larga desigualdad.

En primer lugar se tendría que concretar un horizonte plurilingüe justo y satisfactorio para la mayoría. Según Marí (2004):

en ausencia de un referente ampliamente conocido de ordenación justa del plurilingüismo, es muy fácil que cualquier pequeño adelanto en el uso de las lenguas en

---

[9] Los objetivos de *OM* son los siguientes: a) adelantar en el pleno reconocimiento político e institucional de la pluralidad lingüística del Estado español; b) defender los derechos lingüísticos de los ciudadanos del Estado español en un marco de pluralismo igualitario; y c) promover la lengua catalana dentro y fuera de su territorio histórico, y colaborar con asociaciones afines en la promoción de las otras lenguas del Estado diferentes del castellano dentro y fuera de su territorio histórico.

algún organismo estatal (el plurilingüismo en el Senado, por ejemplo, se presente como un techo de magnanimidad insuperable. Hasta ahora ha sido muy cómodo para los poderes estatales que nunca se haya cuestionado seriamente la desigualdad del modelo, que nunca hayan tenido que explicar y justificar el plurilingüismo desigual que practican).

Desarrollaré mis propuestas en torno a tres aspectos: los aspectos institucionales, los aspectos simbólicos y los aspectos que denomino culturales.

7.2.1. *Los aspectos institucionales*

En primer lugar, es imprescindible revisar la legislación vigente, tanto de Derecho Privado como de Derecho Público para formular propuestas de modificaciones legislativas acordes con el pluralismo lingüístico. En segundo lugar, se tendría que aspirar a garantizar el derecho a ser atendido en la lengua de elección del ciudadano. Los organismos dependientes del Estado en territorios autónomos con doble oficialidad han de aplicarla pero, como establece la STC 82/1986 en su FJ5, corresponde a "la Administración estatal la ordenación concreta de la puesta en práctica de aquella regulación legal en la medida que afecte a órganos propios". Finalmente, la misma sentencia, en su FJ8, establece que a cada poder público le corresponde concretar "gradualmente" la atención a los ciudadanos de acuerdo con las posibilidades y los criterios organizativos. Si repasamos los distintos organismos gubernamentales veremos que esta gradualidad se aplica de modos muy distintos sin que se pueda observar un diseño sociolingüístico global por parte de la Administración central. Examinemos, para ejemplificar este desorden, la situación sociolingüística de distintas administraciones estatales (Milian 2004).

a) En cuanto a la Administración general del Estado, la ley 30/92, de régimen jurídico de las administraciones públicas y del procedimiento administrativo común, regula las administraciones públicas de tal manera que establece que los procedimientos puedan ser en las lenguas cooficiales. Sin embargo, el Estado no pone los medios para hacer posible esta medida. Ni los textos ni los formularios ni las páginas web de los distintos ministerios se hallan en las lenguas oficiales. En cuanto a los requerimientos lingüísticos de plazas en determinados puestos de trabajo en la Administración periférica del Estado, la Orden del 20 de julio de 1990 del Ministerio de las Administraciones Públicas referida a la provisión de determinados puestos de trabajo en la Administración periférica del Estado, en relación con el conocimiento de las lenguas oficiales propias de las comunidades autónomas, especifica que dichos conocimientos serán un mérito en los lugares de información al público, de recepción y registro de documentos y en general de proximidad al público.

b) En cuanto a la Administración de Justicia, la Ley Orgánica del Poder Judicial 6/1985, modificada por la Ley 16/1994, establece que los conocimientos de la lengua oficial serán un mérito y no un requisito. En cuanto al ministerio fiscal no se establecen méritos lingüísticos; en cambio para jueces y magistrados el conocimiento lingüístico es un mérito preferente. Estas mínimas exigencias en el campo jurídico contrastan extraordinariamente con la exigencia universal de conocer el catalán en la enseñanza no universitaria. El resultado es que en Cataluña actualmente solo un seis por ciento de las sentencias se dictan en catalán.

c) En cuanto a otras agencias de la Administración central del Estado como las Oficinas de Loterías y Apuestas, Muface, la UNED, la Administración tributaria, Renfe y Aneca, por ejemplo, hay un bilingüismo no siempre sistemático y a menudo un monolingüismo exclusivo en castellano. Las campañas de publicidad del Ministerio de Sanidad contra el sida o del Ministerio del Interior contra la accidentalidad de tráfico son exclusivamente en castellano. Las publicaciones de los distintos ministerios del gobierno central son también casi exclusivamente en castellano. En el ámbito educativo se tendría que asegurar el reconocimiento del carácter plurinacional y plurilingüístico en los currícula nacionales. Particularmente se tendría que estimular la creación de departamentos de las distintas lenguas del Estado, sobre todo en las Facultades de Filología, de Traducción e Interpretación, de Educación y en las Escuelas Oficiales de Idiomas. Asimismo en la Radiotelevisión pública española, las lenguas no castellanas podrían también representar a España en festivales como Eurovisión. Esta falta de política lingüística sistemática se agudiza en los servicios privatizados o semiprivatizados, como Correos (Milian 2000). En dichos casos, como ha ocurrido en Canadá, la privatización se tendría que realizar previendo el tratamiento del plurilingüismo.

d) Finalmente, en cuanto a los compromisos internacionales, la regla ha sido el desinterés del Estado en promover la diversidad plurilingüe española de cara al exterior. Así se tendría que incluir, de acuerdo con las comunidades autónomas implicadas, dentro de la acción educativa española en el exterior, la enseñanza de las lenguas y culturas no castellanas. Por ejemplo, tendría que ser España, y no solo Andorra, quien propusiera la enseñanza del catalán en el Instituto Español en el Principado pirenaico. Asimismo corresponde al Estado garantizar la promoción y difusión de todas las lenguas españolas en el ámbito internacional y, especialmente en el territorio de la Unión Europea, adaptando la organización y funcionamiento del Instituto Cervantes a la realidad plurilingüe española. Tendría que ser España, como propuso en su momento la ministra de Exteriores Ana Palacio (*Avui* 29-X-2003), quien estableciera canales de colaboración con las minorías vasca y catalana en Francia. Del mismo modo España, como ha hecho el ministro actual de exteriores Miguel Ángel Moratinos, es quien ha de avalar la solicitud de uso oficial de las lenguas no castellanas en Europa. Lenguas como el catalán, con casi ocho millones de hablantes tendrían que estar incluidas dentro de los programas lingüísticos de movilidad de la Unión Europea. La ausencia de programas previos de preparación de lenguas no castellanas imposibilita o reduce el uso de estas lenguas en la docencia, particularmente en las universidades catalanas, donde el uso del catalán es relativamente alto. Algo parecido ocurre con las nuevas migraciones. Los inmigrantes llegados a territorios catalanohablantes han de ser informados apropiadamente de la situación sociolingüística de las tierras que les reciben y se les deben proporcionar los medios (cursillos gratuitos pero obligatorios, por ejemplo) de acceder al dominio de las lenguas de la sociedad receptora.

7.2.2. *Los aspectos simbólicos*

Abogamos por una representación emblemática del carácter plurilingüe del Estado, que tendría que verse plasmado en el mismo nombre del Estado, en las monedas y los billetes, en los sellos y en cualquier documento de tipo estatal como el DNI, pasaporte, libro de familia, carné de conducción, tarjeta de residencia, en el BOE y en general en las páginas Web. Asimismo, los miembros de la Corona tendrían que hacer un uso proporcionado de las distintas lenguas oficiales.

7.2.3. *Los aspectos culturales*

Más allá de reglamentaciones más o menos puntillistas del bilingüismo, el reto principal de un estado plurilingüe es fomentar e implantar una cultura cívica de respeto por este plurilingüismo, a que invita el mismo mandato constitucional. Creemos necesaria, tal como también propone el gobierno tripartito catalán actual, la creación de una agencia del multilingüismo estatal. Esta agencia tendría dos campos de actividad. Por un lado se trataría de coordinar la política lingüística de la Administración central del Estado, que como hemos visto, es anárquica o inexistente. Por otro lado, y principalmente, se trataría de difundir una visión positiva del plurilingüismo en el interior de la misma población española, empezando por un conocimiento básico de las lenguas españolas no castellanas y, sobre todo, un conocimiento general de la realidad pluricultural y plurilingüe del país. Como es sabido, la situación de las zonas bilingües españolas es vista por la España monolingüe a menudo a través de un filtro de ignorancia, reticencia, molestia o simplemente disgusto. Creemos que una agencia estatal, coordinada con los distintos gobiernos autonómicos correspondientes podría implantar una cultura positiva de la pluralidad y diversidad lingüísticas. Se trataría de avanzar, siguiendo los pasos de la confederación suiza, hacia un nuevo sentimiento de nosotros, hacia un federalismo de nuevo cuño que tenga en cuenta todas las partes del todo del Estado, tal como son, no tal como alguien establece que tendrían que ser. En esta línea se tendría que elaborar un libro blanco, de modo similar al que el gobierno federal canadiense en los años sesenta encargó a *The Canadian Royal Commission on Bilingualism and Biculturalism*. Igualmente, se tendrían que sugerir actividades de divulgación, fuera y dentro de la escuela, que permitan la difusión de lo que yo denomino multilingüismo banal. El catalán en la vida cotidiana en Mahón, Alcoi o Barcelona es tan normal como "un vaso de agua clara", en frase famosa enunciada por José María Pemán en pleno franquismo. Se trata de que en los medios de comunicación o en el etiquetaje comercial esta vitalidad lingüística se plasme de manera absolutamente ordinaria, sin necesidad de enarbolar ninguna bandera identitaria. La lengua, las lenguas, no son patrimonio de ningún grupo político sino de la sociedad en su conjunto. Una muestra de este multilingüismo banal ya se ha citado en los usos institucionales y simbólicos del Estado, pero va mucho más allá. En una película reciente como *Mar adentro* de Amenábar, el catalán y el gallego aparecen usados con absoluta normalidad por algunos protagonistas. Del mismo modo, en muchos medios de comunicación se tendría que reflejar este multilingüismo.

Esta cultura cívica plurilingüe es una manifestación de una cultura federal, bien opuesta a la cultura nacionalista de cualquier tipo. Una cultura federal que en España forzosamente ha de ser asimétrica porque asimétricas son las diferencias entre las regiones y nacionalidades españolas. Como sintetizaba muy bien Caminal (2002: 37), "la cultura nacionalista defiende el nosotros, la cultura federal es imposible sin el otro". Y tener en cuenta este otro en la España actual, significa tener en cuenta su diferencia lingüística. Cabe matizar, sin embargo, que las propuestas plurilingüísticas que aquí propongo serían aplicables tanto en una estructura federal como en una regional.

El nacionalismo español desconfía de la solución federal, por sus supuestos efectos centrífugos incontrolables, y los nacionalismos periféricos temen al federalismo por el miedo a ser uniformados. En cambio, la federación se crea para asegurar lo que se tiene, la pluralidad de unidades constituyentes y no para destruirlas o disolverlas. Creemos que, entre las tentaciones del jacobinismo y el etnonacionalismo, el federalismo es la mejor forma de compatibilizar la unidad y la diversidad, la mejor forma de regular los conflictos. El primer paso en esta política de reconocimiento de la diferencia lingüística, tendría que darlo la mayoría de matriz cultural castellana, que es la que puede dar las mayores muestras de generosidad, si sabe abandonar el lastre de muchos años o siglos de menosprecio.

En todas estas actividades de impulso al plurilingüismo, el Estado tendría que mantener una posición de respeto a la unidad interna del catalán-valenciano, posición absolutamente congruente con la STC 75/1997 que considera equivalentes al valenciano y al catalán, y con el decreto de creación de la Academia Valenciana de la Lengua en 1998, que también declara dicha unidad, aunque sea mediante eufemismos (*cf.* Esteve *et al.* 2005).

8. Conclusiones

Esta contribución es sobre todo una invitación a empezar a construir, enterrando experiencias ominosas del pasado, una tradición plurilingüe española. Ciertamente ha faltado a menudo la igualdad y la fraternidad en las relaciones interlingüísticas españolas. Ciertamente a menudo ha primado más la impermeabilidad y la imposición que no la solidaridad. Estoy convencido, sin embargo, de que un avance es posible y factible, si se cumplen ciertas condiciones. Para empezar convendría romper con la inercia histórica que hace de las comunidades autónomas valedoras exclusivamente de sus lenguas propias y, por su parte, al gobierno central valedor exclusivo de la lengua castellana-española. Vale la pena recordar que existen, por ejemplo, más de doscientas disposiciones legales que obligan al uso exclusivo o prioritario de la lengua castellana[10]. Por un lado las zonas no castellanohablantes tendrían que reconocer al máximo sus minorías de lengua castellana y aceptar el castellano como patrimonio cultural de primer orden, impulsando (como suele ocurrir) una enseñanza de dicha lengua de calidad. Por otro lado, el gobierno central español, los órganos centrales de la Administración del Estado, sea en sus servicios periféricos, sea en sus servicios centrales, tendrían que usar y defender como propias las distintas lenguas de España, mediante, si es necesario, algún organismo coordinador (una agencia española para el multilingüismo hispánico, por ejemplo) o mediante una Ley de Lenguas. En este sentido, la capital de España tendría que ofrecer más servicios multilingües, como ya ofrece, por ejemplo, el museo Thyssen-Bornemisza.

Esta actuación del gobierno central a favor del multilingüismo ha de partir de una visión positiva de la diversidad cultural y lingüística y de una actitud generosa que puede permitirse el grupo dominante español, el de lengua castellana, si

---

[10] Véase <www.contrastant.net/ llengua/obligatori.htm>.

es que llega a entender la pasión y adhesión que despierta un idioma cuando se corre el riesgo de perderlo.

Fruto de la hegemonía social del castellano-español, la población española que no lo tiene como primera lengua seguirá dominándolo con seguridad. Esta población, sin embargo, si quiere mantener la funcionalidad y prestigio de sus lenguas propias, querrá seguir usando su lengua en todos los ámbitos públicos y oficiales posibles, ante las administraciones locales, autónomicas, españolas y europeas que le tengan que asistir y atender. Del mismo modo, en un futuro no tan lejano, quizás todos los europeos sepamos inglés, pero no por esta razón dejaremos de querernos relacionar en nuestra lengua (alemán, estonio, castellano-español, danés o catalán-valenciano) con la Administración europea. Creemos que un buen modelo lingüístico para los órganos centrales de la Administración española es la Administración helvética. En ella, el francés con un veinte por ciento de hablantes o el italiano con apenas un cinco por ciento son reconocidos como lenguas oficiales, mientras el romanche, que no llega al uno por ciento, es considerado lengua nacional. Quizás más que los reglamentos plurilingües helvéticos, que no son trasplantables fácilmente al caso español, como no lo son sus tradiciones históricas, su estructura social y sus acuerdos constitucionales e institucionales, lo digno de encomio y de adaptación de Suiza es su tradición consolidada de respeto por el plurilingüismo, apuntalada por otra tradición también venerable de pragmatismo y subsidiariedad (McRae 1983, Bickel/Schläpfer 1994 y Windish 2002).

McRae (1983), a quien ya hemos citado, se planteaba la pregunta clave: "¿De qué manera puede un país multilingüe conseguir la paz y la justicia lingüística para los distintos grupos (en contacto)"? Una convivencia lingüística exitosa en España es posible. Modelos de organización que salvaguarden la continuidad de las lenguas históricas y, a la vez, mantengan los puentes de comunicación intergrupal. España puede ser un modelo.

Se ha de intentar en España superar tanto el centralismo heredado como el independentismo clásico o el constitucionalismo y federalismo tradicionales. Se ha de construir un nuevo modelo en que las soberanías sean limitadas y compartidas. Marí (2004) concluía muy bien su análisis del debate por el plurilingüismo y por la plurinacionalidad: "no hay problema catalán, sino problema español: el problema de una nacionalidad hegemónica que se cree en el derecho (y además democrático) de decidir cuál es la nación, la cultura y la lengua de los otros. ¿Por qué la ciudadanía española no podría ser, como la europea, compatible con las diversas opciones lingüísticas, culturales y nacionales?"

Si fracasan estos intentos de pluralismo español en el debate territorial, una parte de la población puede llegar a la conclusión de que mejor que cambiar al Estado, sería cambiar de estado, cruzar la raya que conduciría a la independencia. Como ha quedado (supongo) claro, en este texto se propone llegar a esta raya y quedarse ahí.

Hemos de continuar construyendo nuestra propia tradición plurilingüe. La aprobación el 5 de octubre de 2004 (núm. expte. 162/ 000055), por parte de las Cortes generales, de una proposición no de ley en pro del plurilingüismo estatal apunta a que el gobierno empieza a trabajar en la dirección apropiada. Esperemos que estas bellas palabras aprobadas por sus señorías no caigan en el olvido, como ocurrió con una proposición no de ley aprobada en 1997.

9. Bibliografía

ÁLVAREZ JUNCO, José (2002): *Mater dolorosa. La idea de España en el siglo XIX*. Madrid: Taurus.

ANDERSON, Benedict (1983): *Imagined Communities. Reflections on the Origin and Spread of Nationalism*. London: Verso.

BARRERA, Andrés (2004): "La diversidad de lenguas en España en los últimos 25 años. Perspectivas desde territorio monolingüe" (7 de mayo del 2004), organizada por el Centre Universitari de Sociolingüística i Comunicació. Publicado electrónicamente en *Llengua, Societat i Comunicació* (LSC) (http://www.ub.edu/cusc).

BASTARDAS, Albert/BOIX, Emili (eds.) (1994): *¿Un estado, una lengua? La organización política de la diversidad lingüística*. Barcelona: Octaedro.

BELLVER, Carme (2005): "Pluralitat lingüística i llengua catalana", *Llengua i Ús* 32, 49-57.

BICKEL, Hans/SCHLÄPFER, Robert (eds.) (1994): *Mehrsprachigkeit – eine Herausforderung*. Aarau: Sauerländer.

BOIX-FUSTER, Emili (2004a): "Les llengües en els òrgans centrals de l'Estat espanyol (un balanç de 25 anys de la Constitució Espanyola" (7 de mayo de 2004), organizada por el Centre Universitari de Sociolingüística i Comunicació. Publicado electrónicamente en *Llengua, Societat i Comunicació* (LSC) (http://www.ub.edu/cusc).

— (2004b): "Las lenguas en los órganos centrales del Estado español (un balance de los 25 años de la Constitución Española)", *Revista de Llengua i Dret* 41, 195-217.

BRANCHADELL, Albert (2003): "Algunes propostes de promoció del català. El cas de les institucions de l'Estat i el sector privat", *Idees* 18, 32-45.

— (2004a): "La gestió de la diversitat lingüística". Conferencia impartida el 17 de febrero de 2004.

— (2004b): "La regulació constitucional del multilingüisme a Espanya: qui vol canviar què (7 de mayo de 2004), organizada por el Centre Universitari de Sociolingüística i Comunicació. Publicado electrónicament en *Llengua, Societat i Comunicació* (LSC) (http://www.ub.edu/cusc).

CAMINAL, Miquel (2002): *El federalismo pluralista. Del federalismo nacional al federalismo plurinacional*. Barcelona: Paidós.

CANO, M. A. *et al.* (eds.) (2002): *Les claus del canvi lingüístic*. Alicante: Institut Interuniversitari de Filologia Valenciana.

CASTRO, Américo (1930): "Al volver de Barcelona", en: *Cataluña ante España*. Madrid: La Gaceta Literaria, 293-297.

CIRICI PELLICER, Alexandre (1983): "Diálogo", en: *Relaciones de las culturas castellana y catalana* (Encuentro de intelectuales, Sitges, 20-22 de diciembre de 1981). Barcelona: Generalitat de Catalunya, 166-169.

ESTEVE, Francesc *et al.* (2005): *El nom, la unitat i la normalitat*. Barcelona: Observatori de la Llengua.

FISHMAN, Joshua A. (1991): *Reversing Language Shift*. Clevedon: Multilingual Matters.

FUSTER, Joan (1962): "Introducció a l'obra de Salvador Espriu", en: Espriu, Salvador: *Obra Poètica*. Barcelona: Santiago Albertí.

GONZÁLEZ OLLÉ, Fernando (1993): "Tradicionalistas y progresistas ante la diversidad idiomática de España", en: Fernández Abreu, M. *et al.* (eds.): *Lenguas de España, lenguas de Europa*. Madrid: Fundación Cánovas del Castillo, 129-160.

LAGUNA, Martín (1836): *Resumen de Historia Universal*. Tomo V. Barcelona: Librería de José Solá.

LINZ, Juan José (1975): "Politics in a multilingual society with a dominant world language: the case of Spain", en: Savard, J. G./Vegneault, R. (eds.): *Multilingual Political Systems, problems and solutions*. Québec: Les Presses de l'Université Laval.

— (1984): "La sociedad española: presente, pasado y futuro", en: Linz, J. J. (ed.): *España, un presente para el futuro*. Madrid: Instituto de Estudios Avanzados.

MARCOS MARÍN, Francisco (1995): *Conceptos básicos de política lingüística para España*. Madrid: Fundación para el Análisis y los Estudios Sociales.

MARÍ, Isidor (2004): "Cinc qüestions entorn el multilingüisme estatal". Comunicación en la 2ª Trobada Transdisciplinària "La Constitució Espanyola de 1978" (7 de mayo del 2004), organizada por el Centre Universitari de Sociolingüística i Comunicació. Publicado electrónicamente en *Llengua, Societat i Comunicació* (LSC) (http://www.ub.edu/cusc).

MCRAE, Kenneth D. (1983): *Conflict and compromise in multilingual societies. Switzerland*. Waterloo: Wilfrid Laurier University Press.

— (1994): "El establecimiento de una política lingüística en sociedades plurilingües: cinco dimensiones cruciales", en: Bastardas/Boix (eds.), 75-98.

MILIAN I MASSANA, Antoni (2000): *Público y privado en la normalización lingüística. Cuatro estudios sobre derechos lingüísticos*. Barcelona: Atelier – Institut d'Estudis Autonòmics. Generalitat de Catalunya.

— (2003): *La igualtat de les llengües a les institucions de la Unió Europea. Mite o realitat?* Bellaterra: Universitat Autònoma de Barcelona.

MILL, John S. (1947, or. 1861): "Representative Government", en: Lindsay, A. D. (ed.): *Utilitarianism, Liberty and Representative Government*. London/New York.

NINYOLES, Rafael Lluís (1977): *Cuatro lenguas para un estado*. Madrid: Cambio 16.

PRAT DE LA RIBA, Enric (1918): *Per la llengua catalana*. Barcelona: Publicacions de "La Revista".

REIXACH, Modest (1975): *La llengua del poble*. Barcelona: Nova Terra.

REQUEJO, Ferran (2004): *Pluralisme i autogovern al món. Per unes democràcies de qualitat*. Vic: Eumo.

SIGUAN, Miquel (1992): *España plurilingüe*. Madrid: Alianza.

TURELL, Maria Teresa (ed.) (2000): *Multilingualism in Spain*. Clevedon: Multilingual Matters.

VERNET, Jaume (2003): *Dret lingüístic*. Valls: Cossetània Edicions.

WINDISH, H. (2002): "Multilinguisme et plurilinguisme: le cas suisse", en: Lacorne, D./Judt, T. (eds.): *La politique de Babel. Du monolinguisme d'État au monolinguisme des peuples*. Paris: Karthala.

WOOLARD, Kathryn A. (2004): "Les ideologies lingüístiques: una visió general d'un camp des de l'antropologia lingüística" (13-XII-04). *XII Col·loqui Lingüístic de la Universitat de Barcelona*.

POLÍTICA Y LENGUA EN GALICIA: LA "NORMALIZACIÓN" DE LA LENGUA GALLEGA

XOSÉ LUÍS REGUEIRA

1. La "normalización lingüística"

El objetivo de este trabajo es describir de manera concisa el proceso de "normalización lingüística" del gallego y el estado actual de la lengua, lo cual no resulta fácil si al mismo tiempo se pretende dar al lector información suficiente para que pueda hacerse una idea cabal de la situación. Se hace necesario sintetizar, seleccionar y, a veces, simplificar las posiciones que se adoptan y los argumentos que se manejan para defenderlas. Como se puede comprender, tanto por la naturaleza del problema como por mi condición de *insider*, no formularé pretensiones de objetividad. Aun así, espero que esta síntesis sirva para reflejar la complejidad de la situación lingüística de Galicia y también para apuntar algunos aspectos a los que pocas veces se alude en los "estados de la cuestión" de la lengua gallega.

Ya se ha discutido aquí el concepto de "normalización" (*cf*. Kabatek, en este mismo libro), o mejor dicho, la dificultad de tratar desde un punto de vista científico con este concepto. En cualquier caso, en su uso común entre lingüistas en la España actual, el término "normalización" designa un proceso de extensión social, normalmente acompañado de otro de estandarización, y siempre en relación con un proceso político.

A mi modo de ver, la normalización del gallego, entendida de un modo amplio, se inicia en la segunda mitad del siglo XIX como parte de un proceso de construcción nacional, y durante casi todo su desarrollo ha permanecido ligada al ideario político nacionalista. En el siglo y medio transcurrido desde entonces este proceso de normalización ha pasado por diversas vicisitudes, ha sido interrumpido y reiniciado, ha cosechado éxitos y fracasos, pero en cualquier caso ha influido poderosamente en la definición de la identidad o identidades gallegas actuales.

En España los proyectos nacionalistas "periféricos" se inician cuando se generalizan los efectos de la construcción del Estado-nación español y de la extensión de la ideología que lo sustenta (basada en la ecuación estado = nación = pueblo, con la historia y la lengua como elementos de primera importancia para su definición, *cf*. Fox 1997: 15-25) y también empiezan a manifestarse los desequilibrios territoriales producidos por la industrialización. Si, simplificando un poco, se puede entender que en Cataluña y en el País Vasco nos encontramos con unas elites con poder económico que reclaman poder político, en el caso de Galicia la demanda nacionalista se basa en el sentimiento de discriminación, y la reclamación de poder se fundamenta en la necesidad de construir un país económicamente moderno. A falta de una burguesía poderosa, esta demanda procede sobre todo de miembros de las elites intelectuales. Naturalmente esto choca con los intereses de las clases dominantes en el estado y entonces se produce el conflicto, a menudo simbolizado a través del conflicto de lenguas. Sin ir más lejos, Lodares (2002: 130-132) comenta uno de estos episodios al recordarnos que el español fue oficializado en la Constitución de 1931 por temor a "la segregación lingüística a la que, fatalmente, van a conducir los proyectos estatutarios", sobre todo porque con ella se teme "la desintegración de España" (131).

2. Nacionalismo y lengua: la construcción de una lengua de cultura

El discurso nacionalista español, como es sabido, mantiene una visión esencialista de una nación forjada en los albores de la historia que, tras pasar por una serie de pruebas y avatares, continúa manifestándose en la actualidad. Y aunque esa construcción se inicia en el s. XVI, es en el s. XIX cuando la ideología nacionalista se formula de forma más elaborada (Wulff 2003) y sobre todo cuando se convierte en cuestión de estado. En esa España "imaginada" (en el sentido de Anderson 1991) no cabe la diversidad, que había sido más o menos tolerada durante casi toda la época moderna en todo lo ajeno al aparato del Estado. La centralización iniciada en el XVIII culmina en el XIX con medidas de homogeneización administrativa (división en provincias según el modelo francés) y de asimilación ideológica, cultural y lingüística de los territorios y poblaciones divergentes del modelo de "español".

Esas medidas fueron la causa inmediata del comienzo de la elaboración de un discurso identitario gallego, influido también por los movimientos nacionalistas europeos, y especialmente por el ejemplo catalán. Tras un primer intento, que terminó en 1846 en derrota militar, en exilio y en tragedia (los "mártires de Carral"), ese discurso empezó a formularse de manera consistente en la segunda mitad del siglo XIX y dio lugar al movimiento conocido como "Regionalismo". Buena parte de los esfuerzos de los regionalistas se centraron en investigar y elaborar la historia de Galicia, concebida como instrumento para sentar las bases de una nación gallega, con los conocidos elementos del nacionalismo decimonónico: base racial (celtismo), continuidad histórica, unidad territorial, lengua y cultura diferenciadas. Al nacionalismo español se opone como un reflejo un ideario nacionalista gallego. El desarrollo y cultivo de una lengua literaria forma parte, por lo tanto, de este programa político: es el Rexurdimento, el Resurgimiento. Rosalía de Castro, la iniciadora y máxima figura de este movimiento literario, es la esposa de Manuel Murguía, uno de los principales ideólogos regionalistas.

La lengua gallega había tenido un intenso cultivo en la Edad Media como lengua literaria, y como lengua documental había substituido al latín desde principios del s. XIII. Portugal ya era por entonces un reino independiente, mientras que Galicia había quedado ligada a la corona de León y luego de Castilla. Al final de la Edad Media, en un reino progresivamente centralizado y en el que el castellano es ya la lengua del Estado, el gallego desaparece de las manifestaciones escritas, con la sola excepción de algunas composiciones sueltas. Tras haber sido defendido por algunas figuras ilustradas del siglo XVIII (especialmente Fr. Martín Sarmiento), vuelve a tener cultivo escrito desde comienzos del s. XIX, en poemas y escritos de propaganda política. Con ellos se inicia la elaboración de un gallego escrito a partir de la lengua popular y de los modelos de los estándares de prestigio vecinos, sobre todo del español, sin que se retome la tradición medieval, mal conocida en la época. En cualquier caso, no hay un proyecto ideológico articulado hasta el Rexurdimento.

Las clases altas gallegas (una burguesía reducida, a menudo oriunda de fuera de Galicia, y los descendientes de la pequeña aristocracia rural) no estaban dispuestas a arriesgar su influencia política ni sus privilegios económicos en aventuras nacionalistas. Por tanto, la base social del Regionalismo era reducida, formada sobre todo por intelectuales y profesionales urbanos. En general los campesinos, marineros y artesanos, que son los que hablan gallego, se mantienen al margen. Este movimiento tuvo escaso éxito político, pero construyó una idea de Galicia que llega hasta nuestros días y consiguió en buena parte sus objetivos lingüísticos: el gallego termina el siglo XIX convertido en lengua literaria. Y además consiguió la creación de la Real Academia Gallega en 1906, con Murguía de presidente.

Pero los tiempos estaban cambiando, y en las primeras décadas del nuevo siglo se crearon las "Irmandades da Fala", que en la Asamblea de Lugo, en 1918, se declararon nacionalistas. Ya su nombre indica la importancia dada a la lengua en la construcción de una Galicia política. Estos jóvenes nacionalistas critican la actuación política del Regionalismo y su acción cultural, por considerarla demasiado apegada a la realidad social del campesinado gallego y poco atractiva para los jóvenes modernos de la época. Los nacionalistas aspiran a crear una cultura autónoma conectada con las demás culturas europeas, y para ello se necesita una "lengua de cultura" equiparable al español, al portugués o al francés, es decir, una lengua capaz de dar expresión a una cultura elitista. Para ello las figuras más destacadas se preocupan de conocer de primera mano los movimientos culturales de la Europa de entreguerras, y se pone en marcha un programa de traducciones:

autores clásicos, textos literarios catalanes, castellanos, franceses, alemanes, italianos, rusos, noruegos (Ibsen)... (*cf.* Real Pérez 2001). Con traducciones como la de diferentes fragmentos del *Ulysses* de Joyce, publicada en 1926, los nacionalistas gallegos no solo muestran hasta qué punto están informados de la literatura europea, sino que tratan de demostrar además que son más avanzados y vanguardistas que sus homólogos de Madrid (McKevitt 2003: 50). Pero una lengua de cultura no es solo una lengua literaria, por eso se promueve la producción de ensayos originales en gallego, en particular ensayos científicos. Al mismo tiempo el gallego empieza a utilizarse como lengua oral culta: actividad política, conferencias, reuniones. Se desarrolla un gallego escrito bastante distanciado de la lengua popular, con la incorporación de los cultismos, arcaísmos y préstamos necesarios para asumir las nuevas funciones de vehículo de comunicación "culta".

Durante la II República el galleguismo se organiza políticamente y consigue la aprobación de un Estatuto de Autonomía para Galicia, pero el golpe de estado encabezado por el general Franco impide su puesta en vigor. Una época de intolerancia, de autoritarismo, de nacionalismo y de integrismo católico se abate sobre España. El exilio y, para los que han quedado dentro, una dura represión será el destino de los más conspicuos galleguistas: asesinatos, cárcel, marginación. Los que han quedado en Galicia se refugian en la actividad cultural, abandonando toda acción política, y en 1950 fundan la Editorial Galaxia, con el fin de recuperar el cultivo del gallego como lengua de cultura.

Ya en los años 60, las nuevas generaciones que no habían vivido la guerra, muy influidas por el marxismo y por los movimientos anticolonialistas, creen llegado el momento de reiniciar la acción política. Los galleguistas "históricos", conservadores y anticomunistas, encabezados por Ramón Piñeiro, se oponen, y se produce una ruptura entre ambas generaciones: se crean el Partido Socialista Galego (1963) y la Unión do Pobo Galego (1964). Un número importante de jóvenes urbanos, procedentes de medios sociales españolhablantes, pasa a emplear el gallego en actividades políticas, reuniones, asambleas, en textos propagandísticos, literarios, etc. Es una situación nueva para el gallego.

El gallego, que al comienzo del s. XIX era hablado por más del 90 % de la población, había sufrido una pérdida demográfica progresiva a medida que la sociedad se había ido urbanizando y que las expectativas de movilidad social ascendente se habían incrementado, siempre asociadas a la lengua oficial española. Desde finales del siglo XIX las clases medias urbanas ya no hablan gallego, e incluso los impulsores del Regionalismo tienen el español como lengua habitual. Debido sobre todo al peso de la población rural, todavía en los primeros años de la década de 1960 se calcula que aún hablaba gallego más del 80 % de la población. Las transformaciones aceleradas de la estructura económica de Galicia y el consiguiente éxodo de la población rural hacia las ciudades o hacia los centros industriales de España y de Europa provocaron una importante caída en esos índices (entre 1961 y 1975 se marchan de Galicia 603.000 personas).

3. Política y lengua desde el final de la dictadura: la normalización

Al comienzo de la década de 1970 solo los nacionalistas utilizaban el gallego en la actividad pública, mientras el resto de la izquierda usaba generalmente el español; al final del franquismo, no obstante, la situación había cambiado: los partidos de izquierda comprenden que si quieren tener influencia en la clase obrera deberán utilizar su lengua, el gallego. De esta forma, la izquierda y el nacionalismo emplean el gallego, y solo la derecha franquista sigue usando el español como lengua de comunicación política.

Esta nueva situación de la lengua, los nuevos usos y las nuevas funciones, hace necesario, y urgente, codificar el estándar lingüístico y elaborar instrumentos auxiliares, como gramáticas y diccionarios. Hasta ahora había bastado con un estándar escrito todavía poco codificado, con numerosas variantes, pero suficiente para la comunicación literaria y para el ensayo humanístico. El gallego se estudiaba en la universidad ya desde mediados de los años 60, y en 1971 se crea el Instituto da Lingua Galega dentro de la Universidad de Santiago de Compostela. Este instituto propone un modelo de gallego más próximo a la lengua hablada, que alcanza una importante difusión pero no es aceptado por la Real Academia Gallega. En este contexto, en 1973 Manuel Rodrigues Lapa argumenta que la lengua gallega resulta inadecuada para la expresión culta y solo es apta para "exprimir capazmente os fenómenos da vida simples" (Lapa 1979: 58); por ello propone abandonar el intento de elaborar una lengua gallega de cultura, lo que considera inviable e incluso ridículo:

> Que fazer para o converter de novo em idioma literário? [...] Nada mais resta senão admitir, que sendo o português literário actual a forma que teria o galego se o não tivessem desviado do caminho próprio, este aceite uma língua que lhe é brindada em salva de prata (Lapa 1979: 63-64).

Esta propuesta, que busca escorar el gallego literario decididamente del lado portugués y reforzar el distanciamiento con el español, es rechazada por los galleguistas históricos (Otero Pedrayo, Ramón Piñeiro) porque no satisface las necesidades del galleguismo ni del nacionalismo gallego. Los principales argumentos utilizados se encuentran en la respuesta de Álvaro Cunqueiro, publicada en *El Faro de Vigo* (9.09.73): una lengua que tiene una producción literaria tan importante como la gallega, una lengua a la que se ha traducido a Shakespeare, Rilke, Yeats o Eliot, y que ha podido expresar las complejidades del pensamiento de Martin Heidegger (se había publicado la traducción gallega de *Vom Wesen der Wahrheit –Da esencia da verdade–*, antes que la española) no puede considerarse inepta para la comunicación culta; y por otra parte "ao brindársenos o portugués 'em salva de prata' bríndasenos unha lingua que non é a nosa". La propuesta de Lapa, para Cunqueiro, solo puede atribuirse a desinformación y a una actitud imperialista semejante a la castellana: "Tan imperialista é unha actitude como a outra". Vista ya desde una cierta distancia, tal vez esta propuesta obedeciese no tanto a una actitud imperialista como a un cierto desconocimiento político, así como a una concepción elitista e idealista de la lengua y de la cultura. En cualquier caso, esta cuestión no tuvo grandes repercusiones en ese momento, pero reaparecería años más tarde.

Los años posteriores a la muerte de Franco están dominados por el debate político entre reforma o ruptura del régimen, y en Galicia entre la aceptación de un marco autonómico o no, con alternativas que van desde un estatuto de autonomía, una organización federal del Estado y, de forma muy minoritaria, la independencia. En las elecciones de 1977 los partidos nacionalistas fracasan. El galleguismo histórico, heredero del Partido Galleguista, no había logrado reconstituirse, y su influencia política era mínima; a partir de entonces su estrategia de acceso al poder consistió en introducirse en los grandes partidos españoles del momento (UCD, PSOE y AP) y tratar de influir desde dentro. Se argumenta que el "galleguismo" no debe restringirse a los partidos nacionalistas, sino que debe impregnar toda la política hecha en Galicia. Esta estrategia, junto con la ausencia de una burguesía fuerte, es lo que explica que en la actualidad no exista un partido nacionalista equivalente a CiU o al PNV, y que ese espacio esté siendo representado hoy por un sector del Partido Popular. En cualquier caso, significó un esfuerzo por desvincular lengua y nacionalismo: la lengua gallega debía ser defendida por todos.

En 1978 se aprueba la Constitución Española, y en 1980 el Estatuto de Autonomía de Galicia. El partido nacionalista más importante, que daría lugar poco después al BNG, no acepta el marco constitucional y llama a la abstención en el referéndum del estatuto. En las primeras elecciones autonómicas, el partido de Manuel Fraga, Alianza Popular, que se había distinguido por la defensa más abierta del nacionalismo español (en 1977 su eslogan era "España, lo único importante"), presenta a un candidato procedente del galleguismo histórico, el Dr. Fernández Albor, con el lema "Galego coma ti", y la campaña se hace en gallego. Es el primer éxito político de este partido, y Fernández Albor será el primer presidente de la Xunta de Galicia. El nacionalismo recoge alrededor del 10% del voto, dividido en dos partidos. A partir de ese momento el gallego será la lengua normal de la actividad política, con pocas excepciones, y se percibe como necesario para ganar las elecciones en Galicia.

La cuestión de la lengua era en esos años uno de los elementos de la batalla política. Al final de la década de 1970, al abrirse perspectivas de empleo del gallego en las instituciones, fundamentalmente en la enseñanza, las posiciones sobre el estándar del ILG y de la RAG se habían acercado, sobre la base de la aceptación del gallego culto y literario de la tradición galleguista. Esas dos instituciones elaboran la normativa ortográfica y morfológica que se hace oficial en 1982, cuando el gallego ya es lengua de administración y de enseñanza. Algunas figuras se habían alejado de ese acuerdo y habían elaborado una propuesta "reintegracionista", a partir de la idea expuesta por Rodrígues Lapa de que el gallego había sido apartado de su camino natural y que, de no haber sido por la dominación política y lingüística castellana, gallego y portugués serían hoy la misma cosa, por lo que "recuperar" el auténtico gallego solo es posible acercándolo al portugués, con el objetivo de fundirlo algún día con él, es decir, de "reintegrarlo" en el lugar que le corresponde.

En estos años el BNPG (más tarde BNG) había estado tratando de deslegitimar las instituciones autonómicas, a las que consideraba instrumentos del poder español para impedir la emancipación del pueblo gallego. En este contexto, la normativa ortográfica del gallego se convirtió en un elemento más de la batalla contra el "autonomismo españolista", y el reintegracionismo en el camino adecuado para borrar las huellas del colonialismo español en Galicia. Aceptar las instituciones autonómicas, y el "gallego de la Xunta", equivalía desde este punto de vista a aceptar la dominación española; rechazarlas era lo consecuente en un auténtico nacionalista. No todos los nacionalistas aceptaron esta operación, por entender que estaba histórica y lingüísticamente injustificada y porque supondría adoptar un estándar muy alejado de la lengua popular y con el que los gallegos no se identifican. Este conflicto dividió a los nacionalistas durante casi veinte años y tuvo repercusiones negativas en la normalización social.

El movimiento reintegracionista pronto se fragmentó en varios grupos, que simbolizan sus diferencias en la ortografía utilizada. En los años siguientes algunos grupos adoptaron el estándar portugués, otros mantuvieron algunas diferencias. Los dirigentes más influyentes del BNG mantuvieron un discurso reintegracionista, pero en la práctica utilizaron el gallego estándar con algunos elementos gráficos diferenciadores y algunos lusismos que simbolizaban su posición sin distanciarse del gallego escrito corriente ("reintegracionismo de mínimos").

Cuando en 1983 los diputados gallegos fueron obligados a jurar la Constitución, los 3 representantes del BNG se negaron y fueron expulsados del Parlamento. Como consecuencia, solo un diputado nacionalista, Camilo Nogueira (de Esquerda Galega) participa en la elaboración de la Ley de Normalización Lingüística, aprobada por unanimidad en el Parlamento en ese mismo año.

La Ley de Normalización Lingüística desarrolla el modelo lingüístico diseña-
do en el Estatuto de Autonomía, que a su vez se basa en lo establecido en la
Constitución Española, que en su artículo 3º dice:

1. El castellano es la lengua española oficial del Estado. Todos los españoles tienen el
   deber de conocerla y el derecho a usarla.
2. Las demás lenguas españolas serán también oficiales en las respectivas Comunidades Autónomas de acuerdo con sus Estatutos.
3. La riqueza de las distintas modalidades lingüísticas de España es un patrimonio
   cultural que será objeto de especial respeto y protección.

Partiendo del apartado 2 precedente, el Estatuto de Autonomía de Galicia
establece en su artículo 5º:

1. A lingua propia de Galicia é o galego.
2. Os idiomas galego e castelán son oficiais de Galicia e todos teñen o dereito de os
   coñecer e de os usar.

La Ley de Normalización Lingüística se divide en seis títulos, suficientemente indicativos de su contenido:

• Título I: Dos dereitos lingüísticos en Galicia
• Título II: Do uso oficial do galego
• Título III: Do uso do galego no ensino
• Título IV: Do uso do galego nos medios de comunicación
• Título V: Do galego exterior
• Título VI: Da administración autonómica e a función normalizadora

Los ámbitos que regula son, por tanto, fundamentalmente la Administración,
la enseñanza y los medios de comunicación públicos (ámbitos nuevos, que deberían asegurar la reproducción de la lengua y su prestigio social). Establece la oficialidad en la Administración autónoma y en la enseñanza, reconoce derechos y
obliga a los poderes autónomos a *promover*. El tenor en que está redactada la ley
es el siguiente (cursivas añadidas):

Artigo 6.1. Os cidadáns *teñen dereito* ó uso do galego, oralmente e por escrito,
nas súas relacións coa Administración Pública no ámbito territorial da Comunidade
Autónoma.
Artigo 6.3. Os poderes públicos de Galicia *promoverán* o uso normal da lingua
galega, oralmente e por escrito, nas súas relacións cos cidadáns.
Artigo 13.2. As autoridades educativas da Comunidade Autónoma *arbitrarán as
medidas encamiñadas a promove-lo uso progresivo* do galego no ensino.

El texto aprobado inicialmente, tras repetir que el gallego es la lengua propia de Galicia, establecía que "tódolos galegos teñen o deber de coñecelo e o dereito de usalo", pero el Tribunal Constitucional anuló ese artículo en el año 1986, consagrando una cooficialidad asimétrica. El gallego se sitúa en primer lugar en el plano simbólico ("lengua propia"), pero en el plano legal y real queda en segundo término: tenemos el derecho de "conocer y de usar" el gallego, pero estamos obligados por la Constitución a conocer el español.

Estas limitaciones, así como la falta de objetivos claros y de plazos para alcanzarlos, fueron duramente criticadas por el BNG, que entonces se encontraba –recordémoslo– fuera del Parlamento. Este partido consideró las medidas de normalización adoptadas por la Xunta como una muestra de hipocresía política y se negó a colaborar en su puesta en marcha. En sentido contrario, los poderes autonómicos entendían que el BNG estaba instalado en una posición radical y negativa, que estaba utilizando la normalización lingüística para producir crispación en la sociedad, y por lo tanto debía ser neutralizado políticamente. Todo esto hizo que las acciones normalizadoras se llevasen a cabo de espaldas a algunos de los sectores más activos del nacionalismo e incluso sin el apoyo de los agentes que debían implementar esas medidas (especialmente entre el profesorado) (*cf.* Cidadania 2002: 72).

La línea de deslegitimación de los poderes autonómicos resultó un fracaso, y el BNG volvió a entrar en las instituciones en 1985. Sus posiciones se moderaron y trató de ampliar sus apoyos entre las clases medias urbanas. En lo referente a la lengua, aceptó la Ley de Normalización y reclamó su desarrollo y aplicación; al tiempo, abandonó el reintegracionismo como bandera política (aunque siguió manteniendo ese discurso y la ortografía "reintegracionista de mínimos" hasta que, en 2003, se produjo una reforma consensuada de la normativa oficial). A partir de ese cambio de línea política, el crecimiento del nacionalismo fue espectacular, y en 2001 el BNG llegó a colocarse como segundo partido de Galicia con un 22,5 % de los votos; aunque en los últimos años perdió una parte de ese electorado, en 2005 llegó al gobierno de la Xunta de Galicia gracias a un pacto con el PSdG-PSOE. Ese crecimiento se produjo sobre todo por la captación de votos procedentes de los jóvenes y de las clases medias urbanas. Una buena parte de esos votantes no habla gallego: la lengua desapareció, de hecho, de las campañas políticas.

En cualquier caso, la Ley de Normalización marcó el comienzo de una serie de acciones "normalizadoras" de la lengua gallega, dirigidas a la capacitación de funcionarios de diferentes ámbitos (cursos de lengua), la introducción de la enseñanza en gallego (parte de las materias deben ser enseñadas obligatoriamente en gallego: matemáticas, geografía, ciencias naturales), ley de uso del gallego en la Administración local y, de manera destacada, la creación de una radio y de una televisión públicas que emiten en gallego. La Administración autónoma ha venido evitando los posibles conflictos por la vía de tolerar el incumplimiento de la ley, tanto en la enseñanza como en la propia Administración autonómica.

Con todo, si anteriormente todos los avances del gallego en la sociedad se habían debido a la iniciativa privada (procesos de abajo a arriba), a partir de la creación de Xunta de Galicia se iniciaron por primera vez los procesos institucionales de arriba a abajo. Uno de los efectos que produjo esta nueva situación fue una notable desmovilización de la acción privada. Funcionan algunas asociaciones privadas (como la Mesa pola Normalización Lingüística), pero están más centradas en reclamar la actuación de la Administración que en emprender acciones por su propia cuenta.

En septiembre de 2004, el Parlamento gallego aprobó, también por unanimidad, un "Plan Xeral de Normalización da Lingua Galega", elaborado a instancias de la Xunta de Galicia por un amplio equipo de profesionales. En este plan se establecen objetivos generales y sectoriales, y medidas a tomar para alcanzarlos. Los objetivos generales son:

– Garantir a posibilidade de vivir en galego a quen así o desexe, sabendo que conta co amparo da lei e das institucións.
– Conseguir para a lingua galega máis funcións sociais e máis espazos de uso, priorizando a súa presenza en sectores estratéxicos.
– Introducir na sociedade a oferta positiva de atender o cidadán ou o cliente en galego como norma de cortesía dun novo espírito de convivencia lingüística.
– Promover unha visión afable, moderna e útil da lingua galega que esfarele prexuízos, reforce a súa estima e aumente a súa demanda.
– Dotar o galego dos recursos lingüísticos e técnicos necesarios que o capaciten para vehicular a vida moderna.

Las medidas incluyen una mayor presencia de la lengua gallega en la enseñanza, ciertos compromisos en la Administración Pública, campañas de sensibilización y numerosas acciones puntuales en algunos sectores. El gobierno autónomo formado por el Partido Socialista y el Bloque Nacionalista ha anunciado que su política lingüística va a centrarse en la aplicación del Plan Xeral, aunque meses después de su toma de posesión no ha destinado recursos para llevarlo a cabo.

Como se ve, los objetivos son modestos: permitir que alguien pueda hacer su vida en gallego, tratar de ampliar los espacios de uso de la lengua, y promover su uso con actitudes positivas y afables, en "un nuevo espíritu de convivencia lingüística". Las limitaciones de este plan, y de la acción institucional en general, saltan a la vista.

4. La lengua gallega en la sociedad actual: algunos datos

Los datos más completos con que contamos son los de una macroencuesta, el Mapa Sociolingüístico de Galicia (MSG), realizada en 1991 por la Real Academia Galega (Real Academia Galega 1994, 1995, 1996). Por otra parte, hay también datos sobre los usos lingüísticos en los últimos censos de población (1991, 2001) y en algunas encuestas del Instituto Galego de Estatística (IGE).

En lo que se refiere al MSG, dado que no recoge datos de los menores de 16 años, entendemos que el proceso de normalización institucional apenas influye en los resultados de lengua inicial y de lengua de uso. Los siguientes gráficos (de elaboración propia a partir de los datos del MSG y de IGE 2004) pueden darnos una idea de la situación de gallego y español en la sociedad actual:

GRÁFICO 1
Lengua inicial por edades (MSG)

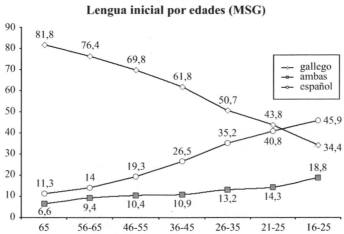

En este cuadro se aprecia la pérdida de transmisión entre generaciones, desde los hablantes más viejos (nacidos antes de 1927), con el gallego muy mayoritario como L1, y los más jóvenes (nacidos entre 1967 y 1976), en que el español ya supera al gallego. Los datos más recientes de que disponemos son los de la encuesta del IGE (2004), que indica un cierto estancamiento de la situación, ya que ofrece casi los mismos porcentajes para los nacidos entre 1974 y 1998 (Gráfico 2).

En el Gráfico 3 se ve que el gallego sigue siendo la lengua mayoritaria de Galicia.

Dado que el uso no es homogéneo en la sociedad, si se separan los datos por grupos de edad se puede apreciar claramente el avance del español en las generaciones más jóvenes (Gráfico 4).

72   Xosé Luís Regueira

GRÁFICO 2
Lengua inicial en los nacidos entre 1974 y 1998 (IGE)

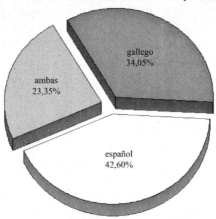

GRÁFICO 3
Uso de las lenguas (MSG)

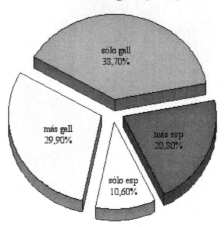

Si comparamos los datos del grupo de edad más joven del MSG (nacidos entre 1967 y 1976, como ya se dijo) los del IGE (2004) para los nacidos entre 1974 y 1998 se percibe también que el proceso de desgalleguización se ha ralentizado, aunque se ha incrementado notablemente el número de los que afirman hablar solo español (Gráfico 5).

En cuanto a la clase social, el gallego es mayoritario en todas, excepto en la media-alta, y también se aprecia un salto notable entre la clase media-baja y la clase media (Gráfico 6).

GRÁFICO 4
Usos lingüísticos por grupos de edad (MSG)

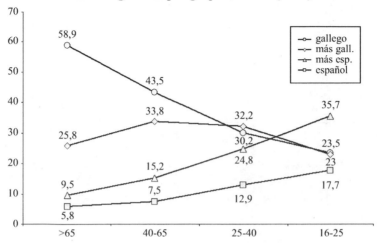

GRÁFICO 5
Usos lingüísticos de los hablantes nacidos entre 1974 y 1998 (IGE)

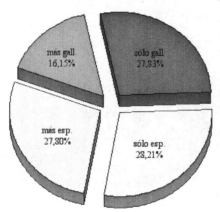

Por último, en lo referente al hábitat, el gallego es mayoritario (como lengua exclusiva o más empleada) en el medio rural (87%) y en los pueblos (65,4%), mientras que es minoritario en las ciudades, aunque mantiene una presencia importante (42,7%), como puede verse en el gráfico 7.

Si los datos anteriores dibujan un futuro poco halagüeño para la lengua gallega, también se manifiestan actitudes positivas o muy positivas para su normalización, y de manera muy semejante en todos los sectores sociales, de edad y de hábitat (Gráfico 8).

GRÁFICO 6
Uso de las lenguas según la clase social (MSG)

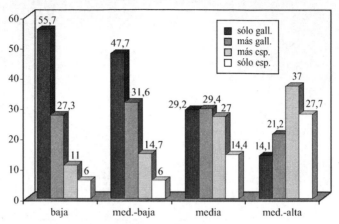

GRÁFICO 7
Uso de las lenguas según el lugar de residencia (MSG)

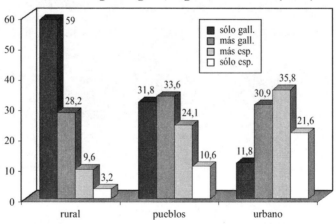

Además, la mayoría de la población parece convencida de que el gallego tendrá una presencia importante en la sociedad del futuro, como se ve en las respuestas a la pregunta: *¿Qué lengua se hablará en el futuro en Galicia?* (Gráfico 9).

5. Evolución social del gallego y valoraciones de la situación actual

En los últimos años la sociedad gallega ha experimentado un proceso de urbanización acelerado, con la reducción drástica de la población rural (hasta el 12%

GRÁFICO 8
Lengua en que debería hablarse a los niños (MSG)

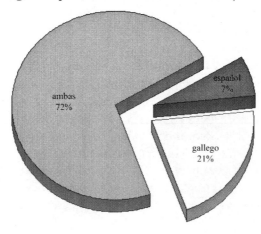

GRÁFICO 9
¿Qué lengua se hablará en el futuro en Galicia? **(MSG)**

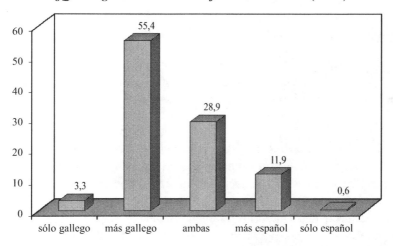

actual). Con ello, los grupos sociales que hablaban gallego han perdido cohesión, se ha incrementado en gran medida la movilidad geográfica (campo-ciudad) y la movilidad social, y muchos miles de gallegos se han integrado en ambientes y redes sociales en los que predomina el español. Todo ello lleva a la pérdida de transmisión intergeneracional. Al mismo tiempo, existe un proceso de regalleguización entre la juventud urbana cuantitativamente mucho más reducido, pero cualitativamente relevante, ya que se trata de jóvenes procedentes de clases acomodadas, universitarios en su mayoría.

Esto hace que en los últimos años se reproduzca periódicamente la discusión de si el gallego mejora o empeora, de si va a sobrevivir o va a desaparecer, con defensores y argumentos para cada posición. En general todos reconocen los avances cualitativos y el retroceso cuantitativo, pero la situación en conjunto se valora de diferente forma.

Los "pesimistas" ponen el acento en la pérdida de transmisión intergeneracional. Arguyen que en realidad la situación no ha cambiado mucho: el castellano sigue siendo la lengua de las clases dominantes, y la de mayor prestigio, y eso es percibido por la sociedad y explica la desgalleguización. El proceso de normalización se limita a reconocer derechos, es decir, se tolera que se use el gallego, y el hecho de que no haya conflicto se debe a que los privilegios de la clase dominante no se han puesto en peligro. No hay políticas decididas de normalización, ni una implicación real de los poderes públicos ni de las clases dirigentes en el uso del gallego, solo un uso público "ritual". La situación actual conduce, pues, a la "irlandesización" de Galicia.

Los "optimistas", en cambio, valoran sobre todo el cambio de actitudes ante el gallego y restan importancia a la pérdida cuantitativa: los hablantes monolingües de gallego lo eran "por necesidad", mientras que los hablantes urbanos actuales mantienen el gallego de forma consciente y deliberada. El incremento del prestigio de la lengua puede compensar la pérdida cuantitativa:

the data we are working with allow us to confirm that the simple reduction in the number of speakers is not an alarming indicator that should be isolated from other factors such as the increase in prestige of the language as a valorative change (Bouzada 2003: 328-329).

Ya en 1976 Francisco Rodríguez decía palabras casi idénticas (Rodríguez 1980[2]: 66). Desde esta perspectiva, estos cambios están no ya augurando, sino creando un futuro nuevo. La situación comparativa con otras lenguas minorizadas es relativamente favorable, y así en el Euromosaic (1996) el gallego aparece como una de las lenguas minoritarias mejor establecidas, en 5º lugar con 21 puntos de un total de 28 (tras el alemán de Nueva Bélgica, el luxemburgués, el catalán y el alemán de Italia). No obstante, también los "optimistas" creen necesario una mayor implicación de los poderes públicos en la recuperación del gallego, así como una mayor acción civil.

En cualquier caso, la medición indirecta de las actitudes lingüísticas no arroja datos tan positivos como las encuestas directas (actitudes manifestadas) (Iglesias Álvarez 2002). Un estudio de la RAG (2003) publicado recientemente muestra que el prestigio social del gallego parece haber mejorado, y ha crecido la autoestima de los gallegohablantes: "existe a percepción xeral dun aumento no prestixio social do galego e unha ideoloxía maioritaria que avalía favorablemente a diversidade lingüística" (189); pero aún así se nos advierte que el gallego sigue teniendo un prestigio inferior al del español: "asóciase con profesións de baixo prestixio ou, ocasionalmente, coas esferas da docencia e da administración, polo que as motivacións de tipo instrumental de cara ó seu uso son escasas" (187). La movilidad social ascendente sigue asociada fundamentalmente al español, salvo en ámbitos muy concretos: el gallego raramente facilita el acceso a recursos sociales o económicos para los españolhablantes, y lo contrario sí suele ser cierto. Por tanto las motivaciones para el cambio de lengua siguen pesando del lado del español (Iglesias Álvarez 2002: 317).

No obstante, si no consideramos "gallego" o "español" como realidades homogéneas, la situación se muestra más compleja. La aparición de profesionales urbanos que hablan gallego hace que las marcas de clase se trasladen no a la "lengua", sino a la variedad de lengua que se usa. En este sentido, la RAG constata que la discriminación de clase se produce ahora entre los que hablan gallego o castellano con la fonética del gallego tradicional, y los que hablan gallego o castellano con fonética castellana:

> Os que se expresan nas variedades con acento galego percíbense como un grupo pouco dotado para o éxito social, mentres que os que o fan en lingua galega cunha fonética similar á do castelán son caracterizados como un grupo innovador e socialmente competente, se ben espertan escasos sentimentos de empatía social na mocidade (RAG 2003: 185-186).

Estas actitudes y valoraciones ante las variedades de gallego ya habían sido apuntadas en Kabatek (1996). El proceso de diversificación interna de la lengua, con la creación de nuevas variedades urbanas, abre perspectivas nuevas y tal vez contradictorias. Por una parte, ese gallego con fonética española es visto por los hablantes tradicionales como una desvirtuación de la lengua, y un camino de asimilación al español; y por otro lado, permite que jóvenes y profesionales se identifiquen con una lengua de mayor prestigio que los separa simbólicamente de las clases bajas. Es decir, permite configurar nuevas identidades sociales asociadas al gallego.

6. Propuestas de futuro

Las principales propuestas de futuro que se presentan en la Galicia actual están, en buena parte, correlacionadas con opciones políticas, aunque no de forma determinante.

6.1. MONOLINGÜISMO EN ESPAÑOL (DISCURSO CONTRA LA NORMALIZACIÓN)

En Galicia este discurso está representado por la *Asociación Gallega por la Libertad de Idioma* (AGLI), con escasa actividad, centrada sobre todo en A Coruña. Las actitudes abiertamente contrarias a la normalización, que en la actualidad son marginales, se hicieron visibles en algunos momentos, sobre todo en el de introducir el gallego en la enseñanza y en la Administración, y se oponían sobre todo a la enseñanza obligatoria de la lengua gallega (Iglesias Álvarez 2002: 313). En cambio este discurso se recibe sobre todo desde ámbitos periodísticos e intelectuales del nacionalismo español, con fuerte presencia en la prensa madrileña, alentados en los últimos años por los sectores más nacionalistas de la derecha española (especialmente durante el último período del gobierno de José María Aznar, 2000-2004). Esta posición no se presenta como nacionalista, por supuesto; antes bien, frecuentemente se acompaña con afirmaciones de antinacionalismo: es la invisibilización de la ideología, o lo que Billig (1995) llama "banal nationalism". En general el nacionalismo español mantiene un discurso uniformista (con variaciones desde la agresión verbal y la descalificación hasta la tolerancia) que defiende el monopolio del poder central para la fabricación de ideología identitaria. Este discurso se dirige sobre todo contra los nacionalismos catalán y vasco, no siendo el gallego hoy por hoy un problema político importante.

Pueden diferenciarse básicamente dos discursos contrarios a la normalización: el que podría llamarse "discurso chauvinista" y el que denominaré "discurso internacionalista". Tomo como ejemplo de discurso chauvinista el ensayo del profesor y académico Gregorio Salvador (2001) publicado en el suplemento del diario *El Mundo* en vísperas del día de las letras españolas de 2001; el discurso "internacionalista" puede estar representado por el libro de Jardón (1993), centrado en la normalización del gallego, aunque sus argumentos aparecen recogidos también en los trabajos de Lodares (2000, 2002 y en este mismo libro). Como los argumentos utilizados por ambos defienden más o menos la misma postura, antes de comparar ambas posiciones, paso a enunciarlos brevemente:

a) Argumento de derecho (argumento liberal)

Es frecuente que se formule un "argumento liberal", que afirma los derechos individuales sobre los colectivos, de modo que las políticas de normalización lingüística son presentadas como atentatorias contra la libertad individual (*cf.* Jardón 1993: 65): "los gallegos somos más importantes que Galicia, y [...] la libertad es más importante que la lengua, que desde luego es mucho menos importante que las personas, aunque esa lengua se llame 'gallego'" (Jardón 1993:

336). Desde este punto de vista, Jardón (1993: 55-65) considera la legislación que regula el uso del gallego en determinados ámbitos públicos como "opresiva", "antidemocrática" y "totalitaria".

En una línea semejante, Gregorio Salvador considera

paradójico, repugnante y deplorable el hecho de que el único lugar del mundo donde la lengua esté perdiendo usuarios, donde a sus hablantes se les pueda negar la posibilidad de educarse en ella, de recibir en ella sus enseñanzas, sea desdichadamente la propia España (Salvador 2001: 7).

Como estas consideraciones chocan frontalmente con el hecho de que esas leyes han sido elaboradas y aprobadas por parlamentos elegidos por sufragio universal, Jardón (1993: 60) cuestiona la legitimidad de dichos órganos: "la democracia, como cualquier institución, como cualquier régimen,... puede estar corrompida, distorsionada, puede estar usurpada. Es el caso que nos ocupa".

b) Argumento de superioridad cuantitativa

Partiendo del presupuesto de que una lengua que sirve para comunicarse con 300, 400 o 500 millones de personas es superior a otra más pequeña, el número de hablantes se convierte en uno de los argumentos preferidos para la defensa de la superioridad del español. Así, en el ensayo citado, Gregorio Salvador utiliza este dato para mostrar la superioridad del español sobre el francés:

[...] el francés [...] es lengua oficial en treinta naciones, y el español solo en veintidós, pero el número estimado de hablantes de nuestro idioma cuadruplica el de los que hablan el de la nación vecina. Nos estamos acercando a los cuatrocientos millones de personas que tienen, en el ancho mundo, el español como lengua materna [...]. En cualquier caso es la primera lengua del mundo en número de hablantes maternos (Salvador 2001: 8).

Para defender esta última afirmación, el autor ha puesto en duda el número de hablantes del chino, y parece haberse olvidado del inglés, al que atribuye un estado de gran fragmentación.

c) Argumento de superioridad intrínseca

Este argumento, raramente utilizado por lingüistas, es uno de los que expone de manera central Gregorio Salvador:

Gran parte del éxito del castellano como *coiné* peninsular, primero, y americana, después, hay que atribuírselo a sus cinco vocales netamente diferenciadas, el sistema vocálico más perfecto de los posibles, sin vocales mixtas ni intermedias, sin sensibles diferencias en su intensidad. Si añadimos a ello el predominio de las sílabas abiertas y el polisilabismo imperante [...] podemos aseverar, con objetividad, que el español es, entre las grandes lenguas de intercambio y de cultura, entre las lenguas supranacionales, la que ofrece mayores facilidades de aprendizaje, acaso la única que puede aprenderse, hasta cierto punto, en los libros, sin voces interpuestas (Salvador 2001: 9).

Pese al papel del inglés en el mundo moderno, y a su indiscutible eficiencia comunicativa, Gregorio Salvador mantiene la superioridad del español respecto de esta lengua por su "racionalidad ortográfica" (Salvador 2001: 7) y porque:

telefónicamente el español es menos confuso, se entiende mucho mejor, requiere menos repeticiones y ningún deletreo y no da lugar a los frecuentes malentendidos que da el inglés (Salvador 2001: 7).

d) Argumento de superioridad sociopolítica (argumento etnocida)

Añade Gregorio Salvador (2001: 9) que el español es "una de las pocas [lenguas] que son milenarias" y posee "un volumen cultural inusitado". En los medios de comunicación españoles aparece con cierta frecuencia la idea de que el español, y la cultura española, es superior a las lenguas y culturas "autóctonas". Esta idea es una constante en el discurso nacionalista tradicional, y ya había sido expuesta, por ejemplo, por John Stuart Mill en su ensayo sobre el gobierno representativo:

Nobody can suppose that it is not more beneficial to a Breton, or a Basque of French Navarre, to be brought into the current of the ideas and feelings of highly civilized and cultivated people –to be a member of the French nationality, admitted on equal terms to all the privileges of French citizenship, sharing the advantages of French protection, and the dignity and prestige of French power– than to sulk on his own rocks, the half-savage relic of past times, revolving in his own little mental orbit, without participation or interest in the general movement of the world (citado en Miller 1995: 86)[1].

Llevando al extremo este argumento, Gregorio Salvador justifica la imposición del español en América, incluidos los conocidos etnocidios:

---

[1] El discurso puede consultarse en diversos lugares de la red, entre ellos <htpp://www.la.utexas.edu/research/poltheory/mill/repgov/> (referencia tomada en octubre 2005).

Porque precisamente en aquel continente colosal, lo único pequeño y atomizado eran las lenguas (cinco o seis millares en 1492), lo que tenía desarticulado al gigante, ignorantes sus pobladores unos de otros, babelizados, aislados por las invisibles fronteras de la incomunicación. Hoy es, en cambio, el continente de mayor homogeneidad idiomática. Creo que lo más valioso que los europeos llevamos a América fue el regalo de esas tres lenguas generales, la inglesa, la portuguesa y, especialmente, la española [...], que articuló pueblos, etnias, razas y culturas (Salvador 2001: 8).

e) Argumento económico

Este argumento, en general poco utilizado, consiste en la constatación de que la diversidad es cara.

Con estos argumentos puede articularse un discurso chauvinista, que preconiza la superioridad del español sobre las demás lenguas de España (y sobre todas o casi todas las restantes lenguas del mundo), como hemos visto en el ensayo de Salvador, o un discurso que se formula en nombre de un "liberalismo cosmopolita" (Jardón 1993: 315-316).

La diferencia fundamental entre ambos es que el discurso cosmopolita no utiliza el argumento de superioridad intrínseca, es decir, no pretende demostrar que el español sea superior estructuralmente a las demás lenguas. Desde este punto de vista, las lenguas son consideradas como meros "instrumentos" (Jardón 1993: 281), desconectados de la realidad cultural o política de los hablantes. Por lo tanto el conocimiento de lenguas es solo una pérdida de tiempo "que no añade más capacidad de comunicación", y en consecuencia "[l]a pluralidad de lenguas es más un obstáculo que un factor positivo para el desarrollo cultural" (281). Si admitimos el mito de Babel como maldición, la desaparición de la diversidad lingüística no puede ser sino un bien. Se ignora (u oculta) que las lenguas son, además, instrumentos de dominación (Bourdieu 1982) y que están asociadas de forma muy estrecha a la definición de identidades sociales ("las lenguas son, por una parte, el resultado de actos de identidad social, y por otra, son fuente de identidades sociales; y lo son [...] *siempre* y *necesariamente*", dice Fernández 2000: 51; *cf.* también Pavlenko/Blackledge 2003).

Ambos discursos hablan de "lenguas generales", refiriéndose a una pequeña lista de lenguas (normalmente europeas), como el inglés, el francés, el portugués, tal vez el alemán, y por supuesto el español. De ellos se deja inferir que todas las demás lenguas deberían desaparecer, en aras del progreso y del avance de la civilización. Se hace, pues, como vemos en la cita de Salvador, una defensa del etnocidio, de la destrucción de las culturas humanas y de sus lenguas y de la imposición de lenguas y culturas "generales". Por descontado, no se presenta como una imposición, sino que esas lenguas se extienden como resultado de un proceso que carece de agentes, y las poblaciones las adoptan de forma libre y voluntaria. De ese modo, el español "avanza" por su superioridad intrínseca, sociopolítica o cuantitativa: "El castellano se impuso por su propio peso" (Jardón 1993: 277). Respecto de la voluntariedad del cambio lingüístico en condiciones similares, véase lo expuesto en Nettle/Romaine (2000: 133-143) sobre el abandono de las lenguas célticas. Del etnocidio dice Pierre Clastres en la *Encyclopaedia Universalis*[2]:

> Il partage avec le génocide une vision identique de l'Autre: l'Autre, c'est la différence, certes, mais c'est surtout la mauvaise différence. [...] L'esprit, si l'on peut dire, génocidaire veut purement et simplement la nier. On extermine les autres parce qu'ils sont absolument mauvais. L'ethnocide, en revanche, admet la relativité du mal dans la différence: les autres sont mauvais, mais on peut les améliorer en les obligeant à se transformer jusqu'à se rendre, si possible, identiques au modèle qu'on leur propose, qu'on leur impose. L'ethnocide s'exerce pour le bien du sauvage.

Como veíamos en la cita de John Stuart Mill, también el liberalismo y el humanismo suelen justificar y defender el etnocidio: por el bien del salvaje.

Si el argumento de superioridad intrínseca parece insostenible lingüísticamente (*cf.* Greenberg 1957: 65), el de superioridad sociopolítica resulta claramente ideológico y tendencioso, pues presupone que un hablante de una lengua no estatal (como hace Mill, en la cita reproducida más arriba) no puede participar en el progreso de la cultura y del conocimiento; por otra parte, las barreras lingüísticas son infranqueables si partimos de colectividades monolingües, como son las "imaginadas" por los nacionalismos clásicos, entre ellos el español. También parece ideológica la utilización del argumento de superioridad cuantitativa, si se tiene en cuenta que, por una parte, no hay duda de que una lengua con un número reducido de hablantes puede ser perfectamente funcional (se cita a menudo el islandés como ejemplo); por otro lado este argumento solo se utiliza para afirmar el papel preponderante del español en el mundo, o su superioridad respecto de las demás lenguas de España, mas se pasa por alto cuando se trata el problema de las lenguas de la Unión Europea, donde la aplicación de un criterio cuantitativo llevaría a la imposición del alemán, la que más europeos tienen como L1, o del inglés, en la que más europeos son capaces de mantener una conversa-

---

[2] Disponible en http://www.universalis-edu.com, así como en <http://perso.club-internet.fr/vadeker/corpus/ethnocide.html> (referencias tomadas en octubre 2005).

[3] <http://europa.eu.int/comm/education/policies/lang/languages/lang/europeanlanguages/index-en.html> (octubre 2005).

ción (según la encuesta del Eurobarómetro 2001[3]), y donde el español ocupa solo la quinta plaza como L1, por detrás del alemán, inglés, francés e italiano.

Respecto del "argumento liberal", las denuncias de discriminación y de privación de derechos merecen considerarse, y deben buscarse fórmulas que permitan integrar derechos individuales y derechos colectivos. Mas cuando se denuncia, por ejemplo, la imposición "totalitaria" del gallego, por el hecho de que existan normas legales que regulen su uso en la enseñanza y en otros ámbitos públicos, no es ocioso recordar que la única lengua que legalmente se le impone a todo ciudadano es el español o castellano, y que esa imposición nunca es considerada injusta, totalitaria, ni antidemocrática. Preocupan, legítimamente, los derechos de los niños de lengua inicial española en Cataluña, por ejemplo, mas nunca se mencionan los derechos de los niños que hablan gallego, catalán, o árabe (lengua de miles de niños nacidos en España). Parece por tanto que estamos más bien ante una estrategia de inversión discriminado-discriminador, que tiene como objeto preservar privilegios adquiridos. Este tipo de actuación no caracteriza solo a los discursos chauvinistas, sino también a los que se pretenden internacionalistas. Ambos discursos confluyen, pues, en la defensa de una España homogéneamente castellanohablante. Además, algunos indicios llevan a pensar que, a pesar de las diferencias (por ejemplo, Lodares 2002 se desmarca del imperialismo franquista), ambas formulaciones no son sino manifestaciones del mismo nacionalismo español, como cuando Jardón (1993: 335) se queja de que "las diversas 'normalizaciones' lingüísticas" causan "la destrucción de las raíces vitales de muchos españoles, al privarles de su lengua, el castellano, y de su patria, España". Además de razones liberales, parece haber también razones "patrióticas".

Desde mi punto de vista, por tanto, el único argumento no ideológico es el argumento económico. Ciertamente la diversidad es cara, tanto la diversidad lingüística como la biológica, por ejemplo. La cuestión está en decidir si a largo plazo va a resultar más rentable invertir en preservar la diversidad o no hacerlo, teniendo en cuenta que se trata de una pérdida irreversible. Desde un punto de vista, la diversidad es solo un estorbo; desde otro, una necesidad: "Variety is not just the proverbial spice of life; it is a prerequisite for life" (Nettle/Romaine 2000: 199).

Una crítica más demorada de estos (y algunos otros) argumentos que defienden la superioridad de unas lenguas sobre otras y la homogeneidad lingüística y cultural puede encontrarse en Moreno Cabrera (2000).

6.2. Discursos normalizadores

En la sociedad gallega en general los discursos que se reciben son más o menos favorables a la "normalización" lingüística, aunque en muchos casos no se hace explícito qué se entiende por tal término. Combinando los discursos y, en el caso de los partidos, las políticas practicadas, pueden aislarse cuatro posiciones diferentes, que se exponen a continuación, de forma simplificada.

6.2.1. *Bilingüismo (gallego en situación dominada)*

Esta posición muestra tolerancia hacia el gallego, no preconiza su desaparición, aunque sitúa al español en un plano superior, como lengua común de todos los españoles. Las "lenguas periféricas" o "autonómicas" son consideradas también como "lenguas españolas", y tienen la consideración de "riqueza que se debe proteger", tal como dice el texto de la Constitución. Se corresponde en general con un nacionalismo español no excluyente.

Así, el Partido Socialista de Galicia (PSdG-PSOE) prometía en su programa para las elecciones autonómicas de 2001 "[c]orresponsabilidade na promoción das catro linguas españolas, mostra da diversidade e riqueza cultural dentro dunha concepción federal do Estado". En el programa para las últimas elecciones autonómicas (2005)[4], este partido ligaba lengua e identidad ("O vehículo de expresión natural da identidade galega é a lingua galega") pero defendía el bilingüismo social como posición de ventaja para avanzar hacia una sociedad plurilingüe:

> A Galicia do futuro debe construírse tamén en galego. O feito de que compartamos unha comunidade bilingüe, onde as novas xeracións teñen a capacidade de expresarse, polo menos, nas dúas linguas cooficiais de Galicia, tradúcense na oportunidade de avanzar con vantaxe cara a unha sociedade plurilingüe, que os socialistas entendemos como un elemento de enriquecemento cultural e un valor engadido con repercusións sociais e económicas moi positivas.

Por su parte, el derechista Partido Popular (PP), que gobernó en Galicia en 1982-1987 y 1989-2005, adopta en su discurso posiciones próximas a las de los partidos nacionalistas. En su propaganda electoral para las elecciones autonómicas consideraba la lengua gallega como "a manifestación máis destacada da nosa identidade como pobo"; esta asociación entre lengua, identidad y pueblo está presente en diferentes textos emanados de la Xunta de Galicia, así como de la legislación sobre la lengua elaborada bajo el gobierno de este partido, como en el preámbulo de la Ley de Normalización Lingüística, donde la lengua es considerada el "núcleo vital da nosa identidade", y además se afirma:

---

[4] Véase <http://www.psdg-psoe.org/noticia.php?idnoticia=1005> (octubre 2005).

A lingua é a maior e máis orixinal creación colectiva dos galegos, é a verdadeira forza espiritual que lle dá unidade interna á nosa comunidade. Únenos co pasado do noso pobo, porque del a recibimos como patrimonio vivo, e uniranos co seu futuro, porque a recibirá de nós como legado da identidade común.

No obstante, este discurso claramente nacionalista no se corresponde con la política puesta en práctica por este partido. Manuel Regueiro Tenreiro, director general de política lingüística en el período 1989-2000, teorizó sobre el modelo que él denominó "bilingüismo armónico" (Regueiro Tenreiro 1999), que tendría como objetivo el bilingüismo social, entendiendo por tal que al menos una parte de la sociedad sea bilingüe y que las dos lenguas puedan ser usadas en las mismas interacciones. La política lingüística consistirá, consecuentemente, en "promover" el gallego en ciertos ámbitos, evitando en todo caso el conflicto social, por lo que los poderes públicos se inhibirían para preservar la "armonía". El gallego sería una lengua protegida en cierta medida, pero subordinada al español.

En general, los partidarios de la normalización entienden que esta posición de *laisser faire* "conduce a unha sorte de darwinismo lingüístico, no que por forza haberá *winners* e *losers*" (López de Castro Ruiz 2002: 106). Para Cidadania (2002: 69) esta teorización obedece a la racionalización de una situación dada (la política lingüística seguida) y a la lógica de la confrontación con los nacionalistas. Además, habría que considerar que una acción más fuerte podría tener costes políticos para el partido.

6.2.2. *Monolingüismo en gallego*

Para la ideología nacionalista ortodoxa la lengua es el elemento central de la definición de la nación gallega:

> Se non hai un idioma propio non hai nación diferenciada; se perdemos o idioma, perdemos o risco fundamental que nos define no mundo como pobo distinto (Fronte Popular Galega 1998: 123).

El objetivo que se formula, en consecuencia, es que la sociedad gallega sea fundamentalmente monolingüe (siguiendo el principio de territorialidad para las lenguas), asociado al objetivo más general de conseguir un poder político fuertemente autónomo o la independencia. En la documentación de partidos u organizaciones nacionalistas se leen formulaciones de este tipo; así, en los principios de la Central Intersindical Galega (CIG), el sindicato nacionalista ligado al BNG, se dice:

A CIG expresa-se en galego, o cal defende como único idioma oficial de Galiza e promove a sua completa normalización (*Guía,* s. a.: 5)[5].

Esta es la línea propugnada también por el principal grupo independentista, la Fronte Popular Galega (que tiene escaso respaldo electoral, pero sí figuras de gran prestigio en la cultura gallega, como el escritor y académico Xosé Luís Méndez Ferrín, o el también escritor Darío Xohán Cabana): "A FPG aspira a unha sociedade monolingüe e monocultural galega aberta ás culturas do Mundo" (Fronte Popular Galega 1998: 125).

El discurso ideológico se corresponde generalmente con el nacionalismo clásico: un pueblo (idealmente homogéneo), un territorio, una lengua. Al nacionalismo español se opone el nacionalismo gallego, un monolingüismo se enfrenta a otro monolingüismo. En cierto modo, se reproduce a otra escala el modelo que se combate (Mey 1989).

En la mayoría de los discursos nacionalistas la demanda de una Galicia monolingüe se basa fuertemente en el pasado histórico, como hace Esquerda Nacionalista (uno de los partidos integrados en el BNG): "EN entende que o fin último do proceso normalizador é a *restauración* do monolingüismo social en galego" (cursivas añadidas)[6]. Desde este punto de vista el pueblo gallego ha sido colonizado por un poder extranjero, está luchando por la liberación nacional, y la normalización lingüística forma parte de ese proceso. Por tanto, se enfatizan los períodos de independencia del reino de Galicia y se representa la Edad Media como una época de esplendor cultural y lingüístico, a lo que se contraponen los "séculos escuros" de dominación española, hasta que en el s. XIX se produce el "despertar" y el inicio de un nuevo camino que debe llevar al pueblo gallego a recuperar su propio destino y a la lengua gallega a la "normalidad". Un buen ejemplo de este discurso es el libro de Freixeiro Mato (1997), tres de cuyos capítulos se titulan, de manera reveladora, "O galego na Idade Media: sete séculos de normalidade" (una "normalidad" criticada en Monteagudo 1997), "A imposición dunha lingua allea" y "Cinco séculos de conflito lingüístico".

En general, creo que estos discursos monolingüistas obedecen sobre todo a una política de resistencia al nacionalismo español, sin que lleguen a presentarse realmente como propuestas de futuro. Es más bien una afirmación de principio en la centralidad de la lengua y la cultura propias, una afirmación radical de una identidad diferenciada frente al español, apoyado por el aparato del Estado y con una presencia masiva en los medios de comunicación, una negativa tajante a aceptar un papel subordinado que a la larga llevaría a la desaparición del gallego.

---

[5] También consultable en <http://www.galizacig.com/index.html> (octubre 2005).
[6] Véase <http://www.esquerdanacionalista.com/idea/lingua.htm> (octubre 2005).

No obstante, ese discurso de resistencia muestra que la capacidad de acción social del nacionalismo, al menos sobre cuestiones lingüísticas, es limitada. No se le ofrece a la sociedad un plan de futuro coherente, ni siquiera se tienen en cuenta de manera suficiente los cambios sociales que se han producido en los últimos tiempos. De hecho, el BNG tropieza con una seria incoherencia al mantener el mismo discurso de hace treinta años y al mismo tiempo adoptar una actitud pragmática que busca el apoyo de sectores urbanos que no se adscriben a una identidad exclusivamente gallega y que ya no hablan gallego.

6.2.3. *Monolingüismo en gallego-portugués/en portugués*

Algunos grupos de independentistas, como Primeira Linha-Movimento de Libertaçom Nacional (MLN), la Assembleia da Mocidade Independentista (AMI), la Associaçom de Grupos Independentistas Revolucionários (AGIR), o Nós-Unidade Popular (Nós-UP), formados en general por jóvenes urbanos de clase media, propugnan el monolingüismo social a partir del gallego-portugués, un estándar fundamentalmente idéntico al portugués, aunque conservando algunas particularidades léxicas y fonológicas del gallego. Estos objetivos lingüísticos también son compartidos por algunos grupos de agitación cultural y lingüística, como la Associaçom Galega da Língua (AGAL), el Movimento Defesa da Língua (MDL), y algunos otros. Se trata de grupos muy minoritarios en la sociedad, pero que son muy activos y consiguen hacerse visibles en las principales ciudades.

El uso de una forma del gallego escrito fuertemente diferenciada ejerce una función de identificación ideológica y de diferenciación respecto del resto de las fuerzas políticas (consideradas agentes o colaboradoras del colonialismo español) y también respecto de las clases bajas que hablan gallego. Dado que se parte de la idea expresada por Rodrígues Lapa ("sendo o português literário actual a forma que teria o galego se o não tivessem desviado do caminho próprio..."), todo lo que separa al gallego del portugués es atribuido a "contaminación" del español, y en consecuencia la única vía para conseguir una lengua libre de las huellas de la colonización española es abandonar el gallego elaborado desde el s. XIX y adoptar, fundamentalmente, el portugués. En consecuencia, el discurso de la "reintegración lingüística" es fuertemente dependiente del argumento histórico.

Algunos grupos todavía más reducidos, como la Associação de Amizade Galiza-Portugal o las Irmandades da Fala Galiza-Portugal, proponen escribir en portugués estándar. Entre estos grupos se discute sobre la relación política que debería tener Galicia con Portugal, y aunque algunos proponen la unión política (a veces pueden verse lemas como "Galiza Portugal, unidade nacional", y hace unos años se publicó un libro titulado *Galiza Portugal uma só nação*, Banhos *et al.* 1997), la mayoría se inclina por algún tipo de asociación o confederación.

Además de la identidad histórica establecida como base principal, los argumentos a favor de la adopción del estándar portugués (o de uno muy similar) suelen ser semejantes a los vistos en el discurso monolingüista español: la superioridad cuantitativa y sociopolítica del portugués frente al gallego, así como la presentación de aquel como un contrincante que podría resistir el empuje del español, lo que sería imposible para el gallego (inevitabilidad del etnocidio).

Los principales partidos nacionalistas no aceptan el "reintegracionismo" llevado hasta sus últimas consecuencias porque supondría situar fuera de Galicia el poder sobre la lengua. Por eso la independentista Fronte Popular Galega aprobó en su IV Asamblea: "O reintegracionismo é a negación do idioma galego" (Fronte Popular Galega 1998: 125). No obstante, algunas figuras de estas organizaciones mantienen un discurso reintegracionista, aunque en la práctica queda limitado a un ligero acercamiento al portugués.

6.2.4. *Multilingüismo*

Pocos defienden que en la Galicia actual existan dos identidades asociadas a dos lenguas y a dos nacionalismos (español *vs.* gallego), y todos los datos sugieren una realidad más compleja. El Partido Popular es claramente mayoritario entre la población rural gallegohablante, mientras que los nacionalistas son fuertes en zonas urbanas, a menudo entre sectores españolhablantes (Pontevedra, Fene, Vigo...).

GRÁFICO 9
Sentimiento de identidad en Galicia (datos de Rivera Otero *et al.* 1999)

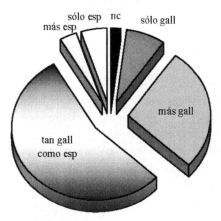

El reconocimiento de estos hechos hace que algunos nacionalistas empiecen a admitir, aunque pocos lo hagan públicamente, que el español no va a desaparecer de Galicia a corto ni a medio plazo. En un contexto de europeización y de mundialización creciente el mantenimiento de los objetivos de "monolingüismo" y "monoculturalismo" empiezan a ser vistos como anacrónicos. Por lo tanto, lo que se impone es preservar los derechos de los hablantes de gallego y asegurar la supervivencia de esta lengua, potenciándola institucional y civilmente. Henrique Monteagudo, por ejemplo, propone como posibilidad de futuro:

> Este futuro pasaría pola consolidación da lingua galega como idioma doméstico, que conquiste e manteña para si unha situación de preeminencia nunha serie de ámbitos, pero admitindo ó mesmo tempo a concorrencia do castelán nalgúns destes, e noutros a preferencia por este e/ou polo inglés (Monteagudo 2002: 42-43).

Al mismo tiempo, el gallego se acercaría al portugués. Desde esta perspectiva, se reforzaría la integración de Galicia con el norte de Portugal (de hecho ya existe una eurorregión Galicia-Norte de Portugal), y los centros de referencia para Galicia serían tanto Oporto y Lisboa como Madrid o Barcelona, así como Brasil y naturalmente las capitales europeas. Desde este punto de vista, la integración europea y la mundialización son vistas no siempre como un peligro, sino también como una oportunidad.

Desde posiciones no nacionalistas, Mauro Fernández (1998: 36), tras poner en cuestión el papel de la "lengua nacional" en la actualidad, constata la desvinculación entre lengua e identidad en Galicia, ya que para el hablante que utiliza ora gallego ora castellano: "[a]mbas lenguas forman parte de su identidad social, manteniendo el gallego, tras haberse apropiado del castellano". En esta línea se sitúa recientemente el discurso del Partido Socialista (cf. más arriba 6.2.1.), al defender las ventajas de la sociedad bilingüe y abogar por el plurilingüismo (prometiendo expresamente "[f]omentar o plurilingüismo").

Por otra parte, la multiplicidad de variedades lingüísticas del gallego y del castellano en Galicia, asociadas a diferentes identidades sociales, además de otras que integran en diferentes grados ambas lenguas en su repertorio, ha llevado a José del Valle (2000) a defender que la sociedad gallega cultiva la heteroglosia, por lo que las políticas basadas en la ideología monoglósica típica de las sociedades occidentales resultan inadecuadas: "There is evidence in the MSGa that Galicia is not slowly becoming a monolingual community and that the linguistic repertoire of Galicians is in fact expanding" (127), de manera que del Valle avanza una hipótesis: "Galicia is a diffused speech community in which the availability of several norms of linguistic behavior constitutes a source of ethnic identity" (127), lo que la haría diferente de Cataluña, por ejemplo.

Tal vez más que una "comunidad lingüística difusa" con una ideología hete-roglósica, la situación de Galicia se puede analizar como la de una Comunidad con diferentes orientaciones normativas para diferentes grupos sociales. Y en la medida en que los individuos participan de diversas identidades sociales, esas orientaciones pueden coexistir y entrecruzarse (*cf.* Argenter 2000). Por todo ello, la sociedad gallega se presenta como un terreno prometedor para el estudio de la relación entre identidades sociales, ideologías y lengua.

7. El gallego en la era de la globalización

Los procesos de europeización y de mundialización de estos últimos años están transformando la realidad, y a los movimientos nacionalistas, y a la izquierda en general, les está costando adaptarse a la nueva situación. A pesar de los peligros que este proceso supone para las culturas y las lenguas "pequeñas", debemos construir alternativas de futuro, pues, como dicen Michael Hardt y Toni Negri:

> The Empire we are faced with wields enormous powers of oppression and destruction, but that fact should not make us nostalgic in any way for the old forms of domination. The passage to Empire and its processes of globalization offer new possibilities to the forces of liberation (Hardt/Negri 2001: XV).

Entre otras cosas, la pérdida de poder del estado-nación ofrece la posibilidad de escapar de la opresión del nacionalismo español. La eurorregión Galicia-Norte de Portugal puede ser una gran oportunidad para el gallego, si sabemos y queremos aprovecharla. Los estados-nación se resisten a perder poder, pero sus fronteras se están debilitando; tal vez lo más difícil sea eliminar las fronteras que el estado ha instalado en la mente de cada ciudadano, de cada uno de nosotros (*cf.* Mattoso 1998).

Aunque es obvio que el futuro de la lengua gallega depende en primer lugar de la propia sociedad gallega y de los procesos que en su seno se producen, también depende de manera crucial de la Europa y del mundo que estamos construyendo. En la medida en que seamos capaces de superar la Europa de los estados, que todavía mantienen el monopolio de la identidad legitimada dentro de sus fronteras, y crear una Europa de los ciudadanos, se tendrán que buscar fórmulas de integración de las realidades culturales y lingüísticas no estatales. En este sentido, la propuesta del gobierno español de reconocimiento del catalán, eusquera y gallego, aunque más simbólica que otra cosa, es un buen comienzo.

En marzo de 2004, el entonces presidente de la Comisión Europea, Romano Prodi, al inaugurar oficialmente el website EUROPA en 20 lenguas, afirmaba el derecho de cada ciudadano de la UE a ser informado de las decisiones de la Unión en su propia lengua, y decía[7]:

> The EU needs the support of its citizens, and to have that, it must show respect for their cultural identities and their diversity. The ability for EU citizens to interact with the European Institutions in their language is a fundamental prerequisite of a democratic Europe.

No podríamos estar en desacuerdo con esta afirmación. Hoy muchos ciudadanos y organizaciones de comunidades no reconocidas por la UE siguen viendo en la Unión una amenaza para su propia supervivencia como tales comunidades. Se ha podido ver en las posiciones contrarias a la Constitución Europea adoptadas por los grupos nacionalistas catalanes y gallegos (el BNG pidió el voto negativo, aunque su militancia se mostraba dividida sobre esta cuestión). Debemos, pues, preguntarnos si la UE puede seguir excluyendo a más de 50 millones de ciudadanos por razón de lengua.

A pesar de los avatares históricos y de las debilidades propias, se ha recorrido un largo camino desde que una reducida elite intelectual emprendió en el siglo XIX, como respuesta al nacionalismo español, la construcción de una identidad nacional gallega, y con ella de una lengua de cultura. La lengua que se formó y que se elaboró ligada al nacionalismo está siendo asumida en algún grado por la mayoría de la sociedad y es sentida por muchos como un símbolo de identidad (incluso por gentes que habitualmente no hablan gallego). Todo parece indicar, pues, que al menos algunas de las identidades sociales que poblarán la Galicia del futuro, posiblemente multiétnica, multicultural y multilingüe (si logramos superar las ideologías y los intereses que pretenden uniformizar la cultura y el pensamiento), estarán asociadas a la lengua gallega.

8. Bibliografía

ANDERSON, Benedict (1991): *Imagined communities. Reflections on the origin and spread of nationalism*. London: Verso [revised edition, 1991].

ARGENTER, Joan A. (2000): "Cultural identity and heteroglossia", *Estudios de Sociolingüística* 1, 1, 27-39.

BANHOS, Alexandre *et al.* (1997): *Galiza Portugal uma só nação*. Lisboa: Nova Arrancada.

BILLIG, Michael (1995): *Banal nationalism*. London: Sage.

---

[7] <http://europa-eu-un.org/articles/pt/article_3295_pt.htm>; <http://europa.eu.int/ida/en/document/2279/330> (referencias tomadas en octubre de 2005).

BOURDIEU, Pierre (1982): *Ce que parler veut dire. L'économie des échanges linguistiques*. Paris: Fayard.

BOUZADA, Xoán (2003): "Change of values and the future of the Galician language", *Estudios de Sociolingüística* 3, 2, 2002/4, 1, 2003, 321-341.

CALVET, Louis-Jean (1974): *Linguistique et colonialisme*. Paris: Payot.

CIDADANIA – REDE DE APLICACIÓNS SOCIAIS (2002): *O proceso de normalización do idioma galego 1980-2000*. Vol. 1: *Política lingüística. Análise e perspectivas*. Santiago de Compostela: Consello da Cultura Galega.

Euromosaic. Producción y reproducción de los grupos lingüísticos minoritarios de la UE. Luxembourg: Oficina de Publicaciones Oficiales de las Comunidades Europeas, 1996.

FERNÁNDEZ RODRÍGUEZ, Mauro (1998): "Lengua e identidad en el tercer milenio", en: Gallardo Paúls, Beatriz (ed.): *Temas de lingüística y gramática*. València: Universitat de València, 23-37.

— (2000): "Cuando los hablantes se niegan a elegir: multilingüismo e identidad múltiple en la modernidad reflexiva", *Estudios de Sociolingüística* 1, 1, 47-58.

FOX, Inman (1997): *La invención de España: nacionalismo liberal e identidad nacional*. Madrid: Cátedra.

FREIXEIRO MATO, Xosé Ramón (1997): *Lingua galega: normalidade e conflito*. Santiago de Compostela: Laiovento.

FRONTE POPULAR GALEGA (1998): "Materiais asemblearios", en: *A Trabe de Ouro* 35, 123-136 [esp. "Por unha política lingüística independentista", 123-126].

GREENBERG, Joseph H. (1957): "Language and evolutionary theory", en: Greenberg, Joseph H.: *Essays in linguistics*. Chicago/London: Chicago University Press, 56-65.

Guía elemental para a escrita do galego. Normativa dos mínimos. Santiago de Compostela: CIG-Normalización Lingüística, s. a.

HARDT, Michael/NEGRI, Antonio (2001): *Empire*. Cambridge, Ma./London: Harvard University Press.

IGLESIAS ÁLVAREZ, Ana (2002): *Falar galego: "no veo por qué". Aproximación cualitativa á situación sociolingüística de Galicia*. Vigo: Xerais.

INSTITUTO GALEGO DE ESTATÍSTICA (2004): *Enquisa de condicións de vida das familias. Coñecemento e uso do galego, ano 2003*. Santiago de Compostela: IGE.

JARDÓN, Manuel (1993): *La "normalización lingüística", una anormalidad democrática: el caso gallego*. Madrid: Siglo XXI.

KABATEK, Johannes (1996): *Die Sprecher als Linguisten. Interferenz- und Sprachwandelphänomene dargestellt am Galicischen der Gegenwart*. Tübingen: Niemeyer.

LAPA, Manuel Rodrigues (1979): "A recuperação literária do galego", en: Rodrigues Lapa, Manuel: *Estudos galego-portugueses*. Lisboa: Sá da Costa, 53-65 [Publicado antes en *Colóquio/Letras* 13, 1973, 5-14, y en *Grial* 41, 1973, 278-287].

LODARES, Juan Ramón (2000): *El paraíso políglota*. Madrid: Taurus.

— (2002): *Lengua y patria*. Madrid: Taurus.

LÓPEZ DE CASTRO RUIZ, Héctor (2002): "Identidade cultural e dereitos lingüísticos: a lei e a trampa", en: Monteagudo *et al.* (2002), 83-130.

MATTOSO, José (1998): *A identidade nacional*. Lisboa: Fundação Mário Soares/Gradiva.

McKevitt, Kerry Ann (2003): "Cuestións pasadas por alto: a tradución para o galego do *Ulysses* de James Joyce", en: Joyce, James/Otero Pedrayo, Ramón (eds.): *Fragmentos do Ulises, 1926*. Vigo: Galaxia, 7-51.

Mey, Jacob L. (1989): "'Saying it don't make it so': the *'Una Grande Libre'* of language politics", en: *Multilingua* 8, 4, 333-355.

Miller, David (1995): *On nationality*. Oxford: Clarendon Press.

Monteagudo, Henrique (1997): "Recensión de Freixeiro Mato (1997)", *Cadernos de Lingua* 16, 131-134.

— (2002): "A lingua galega na sociedade: descrición da situación actual e perspectivas de futuro", en: Monteagudo *et al.*: *A normalización lingüística a debate*. Vigo: Xerais, 7-46.

Moreno Cabrera, Juan Carlos (2000): *La dignidad e igualdad de las lenguas. Crítica de la discriminación lingüística*. Madrid: Alianza.

Nettle, Daniel/Romaine, Suzanne (2000): *Vanishing voices: the extinction of the world's languages*. Oxford: Oxford University Press.

Pavlenko, Aneta/Blackledge, Adrian (2003): "Introduction: new theoretical approaches to the study of negotiation of identities in multilingual contexts", en: Pavlenko/Blackledge (eds.): *Negotiation of identities in multilingual contexts*. Clevedon: Multilingual Matters, 1-33.

Real Academia Galega – Seminario de Sociolingüística (1994): *Lingua inicial e competencia lingüística en Galicia*. A Coruña: Real Academia Galega.

— (1995): *Usos lingüísticos en Galicia*. A Coruña: Real Academia Galega.

— (1996): *Actitudes lingüísticas en Galicia*. A Coruña: Real Academia Galega.

— (2003): *O galego segundo a mocidade. Unha achega ás actitudes e discursos sociais baseado en técnicas experimentais e cualitativas*. A Coruña: Real Academia Galega.

Real Pérez, Beatriz (2001): "A traducción e os textos traducidos ó galego no período 1907-1936", en: *Viceversa* 6, 9-36.

Regueiro Tenreiro, Manuel (1999): *Modelo harmónico de relación lingüística: estudio en Galicia*. [A Coruña]: 3catorceeuroEdiciones.

Rivera Otero, J. Manuel/Cabrera Varela, Julio/Lagares Díez, Nieves (1999): "Barómetro gallego – septiembre 1999: Actitudes, valores y cultura política de los gallegos", en: *Revista de Investigacións Políticas* 1, 2, 149-253.

Rodríguez, Francisco ([2]1980): *Conflicto lingüístico e ideoloxía en Galicia*. Vigo: Xistral [1ª ed., Monforte, 1976].

Salvador, Gregorio (2001): "El reino de Cervantes", *El Cultural* [suplemento de *El Mundo*], 18-24 de abril de 2001, 6-9.

Valle, José del (2000): "Monoglossic policies for a heteroglosic culture: misinterpreted multilingualism in modern Galicia", *Language and Communication* 20, 105-132.

Wulff, Fernando (2003): *Las esencias patrias. Historiografía e historia antigua en la construcción de la identidad española (siglos XVI-XX)*. Barcelona: Crítica.

Los procesos de cambio lingüístico y sus agentes. Un balance de la política lingüística de promoción del euskera en la Comunidad Autónoma Vasca

Benjamín Tejerina

Introducción

La realización de un balance no resulta tarea sencilla. Menos sencilla resulta cuando de dar cuenta de cambios sociales se trata. Los cambios sociales, en general, suelen tener un origen multifactorial, lo que complica la existencia de los científicos sociales, al tiempo que introduce mayor interés en nuestra tarea de presentar la realidad social y sus transformaciones. Si pudiéramos reducir la lengua a su dimensión puramente comunicativa, cosa que es bastante cuestionable, es posible que la tarea fuera más sencilla. Pero, además de ser un instrumento de comunicación, la lengua es objeto de numerosas inscripciones sociales. Esta será nuestra primera tarea: entender los efectos de las políticas lingüísticas es tratar de entender las inscripciones que los agentes sociales realizan sobre la lengua como objeto.

El análisis de las políticas lingüísticas tiende a privilegiar el ámbito institucional, lo que impide observar con detenimiento lo que hay más allá de la intervención pública sobre el devenir de la lengua. En realidad, todos los actores sociales tenemos y realizamos una política lingüística, por distintos motivos, con diversos grados de consciencia y de responsabilidad sobre los resultados. Esta será nuestra segunda tarea: intentar escuchar, además de la palabra institucional, otras voces que participan en el proceso de planificación lingüística.

La palabra balance se presenta, en el Diccionario de Manuel Seco, Olimpia Andrés y Gabino Ramos, bajo seis acepciones: en primer lugar, como confrontación de ingresos y gastos para averiguar el estado [de un negocio o empresa, o de una economía]; en segundo lugar, como análisis comparativo de lo favorable y desfavorable [de algo]; en tercer lugar, como el resultado del balance; en cuarto lugar, como la suma total de daños o de víctimas resultante [de un accidente]; en quinto lugar, como el movimiento alternativo de un cuerpo hacia un lado y otro; y, finalmente, como un estado de equilibrio entre las salidas de izquierda y derecha [en un aparato estereofónico]. Si tuviera que optar por una de estas acepciones, sin duda sería la quinta la más próxima a lo que aquí se presenta. Coincide, además, con la definición que encontramos en otro Diccionario, el de Julio Casares, donde balance se define como la oscilación o movimiento que hace un cuerpo, desviándose de su posición de equilibrio, ya a un lado, ya a otro.

Esta última definición sirve para entender cómo se analizan los cambios lingüísticos y cómo se justifica la necesidad de la planificación y de las políticas lingüísticas. Lo que ya me parece más difícil de delimitar es cuál es la posición de equilibrio de una lengua. La misma deficiencia encuentro en el concepto de normalización. Tengo serias dudas de que lo que sea considerado normal o equilibrado en relación con una lengua sea susceptible de "fijarse" en términos científicos, en términos de cómo las cosas son ya que su posicionamiento –en una escala de normalidad o en una balanza– va más allá del juego de pesas y medidas, para entrar en el terreno de la subjetividad, de lo que diversos grupos consideran "situación equilibrada o normal". Entramos así en un terreno más complejo, en el que cómo las cosas son está marcado por los principios, el deber ser, la posición de cada actor en el terreno del proyecto. La planificación lingüística resulta siempre un balance desequilibrado del conflicto entre los diferentes proyectos que en la sociedad existen sobre la lengua o la convivencia entre lenguas.

El objeto de este capítulo es analizar los procesos de cambio lingüístico que han tenido lugar en la Comunidad Autónoma Vasca[1] en las últimas décadas, atendiendo al protagonismo que en tal cambio han tenido los diversos actores participantes. Sin duda, no están todos los actores, pero hemos considerado los más relevantes[2]. En el primer apartado, abordamos la situación lingüística antes de 1975. Esta fecha no es un referente mítico, al menos no en un sentido lingüístico, pues a partir de ese momento comienzan a acelerarse determinados procesos de cambio social y político que tendrán una profunda huella en la situación lingüística. En el segundo apartado, nos centraremos en los agentes que intervienen en el proceso de planificación lingüística y en los pilares de la recuperación del eus-

---

[1] Aunque pueda parecer ocioso, conviene recordar que nos estamos refiriendo a una parte del territorio donde se habla euskera, los Territorios Históricos de Araba, Bizkaia y Gipuzkoa, que configuran la Comunidad Autónoma Vasca o Euskadi, y que quedan excluidos de nuestra consideración tanto la Comunidad Foral Navarra como los territorios de habla vasca en Francia. Desde el punto de vista de un balance de las políticas lingüísticas parece, además, adecuada esta separación, teniendo incluso presente los límites de este trabajo, puesto que la diversidad de situaciones hace muy compleja tanto la comparación como la elaboración de conclusiones. Parece cada día más necesaria una evaluación pormenorizada de lo que está sucediendo en estos tres ámbitos territoriales con el euskera, el comportamiento de la población y las políticas públicas (*cf.* Lagarde, en este volumen).
[2] Como señalaremos más adelante, todos los actores realizan una política lingüística, lo que nos obligaría, en buena lógica, a tenerlos en cuenta. En su lugar, hemos optado por centrarnos en los sectores sociales y políticos organizados hasta la década de 1990 y, con posterioridad, en los sectores más institucionalizados.

kera durante los últimos años. En el tercer apartado, presentamos algunos datos recientes de la evolución de la lengua, para poder tener una cierta idea de la profundidad y dimensiones de cómo las políticas públicas y privadas afectan a la dinámica de la lengua.

1. La situación lingüística antes de 1975

1.1. LA EMERGENCIA DE LA CONCIENCIA (TRAUMÁTICA) DE LA PÉRDIDA DE LA LENGUA

Como consecuencia de la derrota del nacionalismo en la Guerra Civil, el régimen franquista (1939-1975) generaliza en los primeros momentos de la posguerra una represión sistemática de todo símbolo nacionalista[3]. La escuela y la calle se convierten en los ámbitos de máxima represión de la lengua vasca y de imposición de la lengua española. La imposibilidad de utilización de la lengua en los escenarios sociales de carácter público impone el repliegue del euskera a los espacios de la vida privada y familiar. El ámbito de la intimidad se convertirá en el lugar privilegiado y cuasi-exclusivo de su utilización.

La familia, como único lugar en el que la presencia del euskera es posible, verá reforzado su papel de mecanismo fundamental de conservación y transmisión de la lengua, aunque sin llegar a ser completamente autónomo. La transmisión intergeneracional de la lengua en el seno familiar es el único espacio al que la represión directa no tiene posibilidad de acceder. Sin embargo, esta transmisión se ve interrumpida, en algunos casos, como consecuencia de la interiorización de la represión en el mundo familiar.

A la represión que se ejerce sobre la lengua en los ámbitos oficiales y en los espacios públicos, se le une un proceso de inmigración de gran importancia demográfica en las décadas de 1950 y 1960. La consecuencia de todos estos factores es una disminución del uso de la lengua, tanto en espacios geográficos como en ámbitos sociales. La presión política que se ejerce sobre la lengua durante el franquismo impulsa su desaparición o retroceso en los límites e, incluso, en el corazón del país, el abandono del espacio público y su refugio en el espacio de la privacidad familiar, la pérdida de su conocimiento y transmisión, y la imposibilidad de su utilización en la mayor parte de las situaciones de interacción social en la vida cotidiana. Paradójicamente, la disminución en el uso del

---

[3] La represión no se limita al ámbito de los nacionalismos periféricos, sino que se extiende a todos los sectores identificados con los apoyos sociales e ideológicos de la legalidad republicana.

euskera produce la toma de conciencia de su pérdida. La autoconciencia de esta pérdida vivida traumáticamente viene a reforzar la dimensión simbólica de la lengua.

La situación de la literatura vasca en los primeros años de la posguerra es la de una literatura inexistente. En palabras de Joxé Azurmendi, el "escritor vasco es el artista inesperado que escribe en una lengua que no existe y es, sin embargo, entendido, por los que tienen que entenderle" (Torrealday 1977: 51). De hecho, tendrá que llegar el año 1949 para ver publicado el primer libro en euskera desde el final de la guerra civil (un poema religioso de Salbatore Mitxelena), y solo cinco años más tarde comenzará a tomar cuerpo una tenue recuperación de la actividad cultural. Durante estos años se lleva a cabo, en el silencio de los seminarios y de otras instituciones eclesiásticas, una tarea de cultivo del euskera y de la literatura que impulsará, posteriormente, un movimiento de recuperación cultural de una gran significación social.

En opinión de G. Jáuregui este renacimiento cultural tiene cinco ámbitos de manifestación: 1) desarrollará las bases fundamentales para conseguir la unificación, modernización y normalización del idioma; 2) impulsará, sobre todo a partir de 1960, un proyecto de escuela vasca, que utiliza la lengua vasca como vehículo de comunicación, rompiendo el secular aislamiento entre euskera y escuela, dando lugar a la creación de ikastolas; 3) a partir de 1966 surge un movimiento de alfabetización de adultos en lengua vasca que tendrá un doble objetivo: alfabetizar a los vascohablantes e impulsar la enseñanza del euskera entre los sectores de la sociedad vasca que lo desconocen; 4) el proceso de recuperación lingüística tendrá como plasmación más destacada un desarrollo y renovación importante en los diversos campos de la literatura en euskera; 5) el intento de renovación del euskera para adaptarlo a los requerimientos de la moderna sociedad industrial y urbana conducirá a desbrozar nuevos campos, de los que hasta entonces había permanecido casi completamente apartado, sobre todo, el ámbito del conocimiento científico.

La emergencia de la conciencia lingüística se produce tras un proceso traumático en el que predomina la posibilidad cierta de la pérdida de la lengua. He dedicado la investigación *Nacionalismo y lengua* a desentrañar este proceso (Tejerina 1992). La lengua en el País Vasco ha venido perdiendo importancia como medio de comunicación (dimensión comunicativa) desde hace bastantes decenios. La lengua ha ido retrocediendo territorialmente frente al avance de otras lenguas, disminuyendo el porcentaje de vascohablantes sobre el total de la población, desapareciendo o perdiéndose su uso en determinados espacios sociales, etc. Estos rasgos de la situación social de la lengua me llevaron a plantear la siguiente hipótesis: la lengua vasca ha venido experimentando un descenso en su uso como medio de comunicación. Durante el régimen de Franco la lengua se ve sometida a una represión y a una sobrepresión política que acentúa este descenso. Esta sobrepresión política hace que los individuos tomen conciencia de la pérdida de la lengua. Si la pérdida de la lengua es vivida traumáticamente, se producirá un incremento de la autoconciencia de dicha pérdida. Por un lado, el crecimiento de la autoconciencia de dicha pérdida, producirá un crecimiento de la dimensión participativa (adhesión afectiva a la lengua como símbolo de pertenencia grupal) con lo que se refuerza el papel simbólico de la lengua como elemento importante para el mantenimiento de la identidad colectiva. Esta valoración simbólica de la lengua se extiende a través de los mecanismos sociales y del entramado intersubjetivo que constituyen la estructura de plausibilidad del grupo. Por otro, el uso de la lengua decrecerá menos como consecuencia del influjo de la dimensión participativa. Ésta actuará en un doble sentido: la autoconciencia de la pérdida de la lengua moverá, a los individuos que conocen la lengua, a una mayor utilización, y proporcionará mayor motivación para que aquellos que la desconocen la aprendan. También puede darse el caso, sobre todo entre aquellos individuos que no viven como problemática la pérdida de la lengua, de que se abandone progresivamente su utilización, bien porque no sean conscientes del proceso de pérdida o, aún siendo conscientes, porque no se vive conflictivamente su abandono, bien porque encuentran motivaciones de tipo personal o condiciones sociales que promueven la utilización de otra lengua y la renuncia al uso de la propia (Pérez-Agote 1984; Michelena 1977).

El proceso de recuperación lingüística y cultural que se inicia en la década de 1950 coincide en el tiempo con una redefinición de la conciencia nacional. La idea de que la lengua constituye el soporte de la nación vasca es algo a lo que se llega al descartar otros elementos sobre los que se había hecho descansar la identificabilidad de la particularidad de lo vasco con anterioridad. Paulatinamente, se toma conciencia de que la nacionalidad, la diferencialidad del pueblo vasco, no puede recaer en lo biológico (raza). Sobre esta reformulación ideológica se fundamenta la redefinición del nacionalismo vasco de los años 60.

En esta redefinición la lengua adquiere preeminencia como componente básico de la identidad colectiva vasca sobre cualquier otro elemento. La lengua se convierte en el correlato empírico de la identidad diferencial del pueblo vasco; sin embargo, lo realmente importante es el sentimiento de pertenencia a una comunidad, el sentimiento patriótico que vehicula dicha identidad nacional. Lo importante es que en la medida que se recupera la lengua se extiende también la identidad colectiva nacional vasca pero, al mismo tiempo, dicha identidad adquirirá mayor difusión si se potencian las actividades en favor de la recuperación de la lengua.

La consecuencia del proceso histórico de construcción del discurso nacionalista es la creciente vinculación entre lengua y nacionalismo. En todos los intentos por redefinir el nacionalismo, más o menos exitosos, que se han p...

hasta la actualidad, se reserva un papel preponderante a la lengua, hasta el punto de que ha llegado a establecerse una estrecha relación entre discurso nacionalista y discurso reivindicativo sobre la lengua.

La reformulación teórica del discurso nacionalista que se produce en la década de 1960 tiene una doble influencia sobre la situación de la lengua. Por un lado, la lengua se convertirá en el elemento de mayor significación social para la construcción de la diferencialidad de la identidad colectiva vasca, como correlato empírico de la existencia de una comunidad diferenciada; y la adhesión afectiva a la lengua refuerza su dimensión participativa, como símbolo de pertenencia a la comunidad. Por otro lado, esta adhesión afectiva a la lengua, como símbolo de pertenencia a un grupo social que posee una identidad colectiva diferenciada, mueve a los individuos que nunca la han poseído o que la han perdido a aprenderla, incrementando su utilización.

1.2. LOS INTENTOS POR RECUPERAR LA LENGUA EN DECLIVE

Tres son las manifestaciones más importantes de la toma de conciencia del intento de frenar la pérdida de la lengua y de la necesidad de su recuperación: la creación de ikastolas, el movimiento de alfabetización y euskaldunización de adultos y el incremento en el número de las publicaciones en lengua vasca.

La manifestación de mayor trascendencia práctica y simbólica de la recuperación lingüística es el surgimiento de la ikastola, institución escolar encargada de la educación y la socialización de las nuevas generaciones en euskera. Históricamente la lengua vasca había permanecido al margen del sistema educativo, convirtiéndose este, en numerosas ocasiones, en un poderoso instrumento de represión de su utilización y de imposición del castellano. La ikastola pretende romper con este proceso.

La introducción del euskera en la escuela había recibido un cierto impulso desde los primeros años del siglo XX. Pero es a partir de la década de 1950 cuando la transmisión del euskera a través de las ikastolas producirá profundas transformaciones en el mundo de la lengua. La ikastola va a adquirir una triple significación social: a) como referente simbólico de una cultura que atraviesa un momento de crisis de identidad; b) en tanto que codificación cultural de la identidad colectiva, y c) como reducto mítico de la identidad vasca en una situación de represión.

El euskera se había mantenido como práctica lingüística cotidiana en el ámbito de la familia y de ciertos centros de carácter eclesiástico. Al amparo de estas dos instituciones sociales, familia e Iglesia, y al margen del sistema escolar y de la vida política oficial, el euskera vehiculaba una determinada codificación de la cultura e identidad vasca, es decir, la cultura euskaldún y la identidad colectiva que hundía sus raíces en dicha cultura. Ello no quiere decir que el euskera no tuviera una gran significación, como medio de codificación cultural, en el ámbito de las relaciones sociales y en el orden político. Al contrario, como muy bien ha sabido ver J. Arpal, su existencia apuntaba "las contradicciones entre la fuerte inspiración colectiva en la lengua y la dominancia de un Estado moderno y de un sistema de producción y mercado que se presenta progresivamente como 'erdeldun' (castellano)" (Arpal *et al.* 1982: 39).

La crisis de la identidad colectiva es el resultado de los procesos de cambio y transformación que se producen en la estructura social de la sociedad vasca durante las décadas de 1950 y 1960. La crisis de dicha identidad es la crisis de la sociedad misma, pero, sobre todo, de la definición social de dicha identidad cultural como identidad cultural euskaldún. Esta identidad euskaldún se remitía a la estructura social de la sociedad tradicional, de la sociedad rural, donde todavía podía encontrarse la persistencia de la equivalencia entre identidad cultural y cultura euskaldún. Esta identificación entre sociedad, población y territorio euskaldunes se rompe bajo el impacto de la inmigración.

Será en este contexto de crisis de la identidad vasca, una vez devenga autoconsciente, cuando, paradójicamente, se plantee la necesidad de la recuperación cultural y lingüística. La ikastola, como institución que pretende la regeneración de la lengua y de la cultura vascas, se va a convertir en el referente simbólico y práctico de la cultura vasca, en un momento de crisis de la identidad vasca y en un período de negación oficial y represión institucional de cualquier manifestación que recuerde su existencia.

Uno de los indicadores más significativos de su expansión es el crecimiento que se produce, año tras año, en el número de alumnos que van a estudiar a las ikastolas. El aumento interanual ronda el 20%, superando el 44% en el curso 1970-71. El incremento en el número de alumnos va acompañado por la apertura de nuevos centros. El mayor número de alumnos se concentra en la provincia de Guipúzcoa, representando el 66,7% del total. Vizcaya aporta una cantidad importante del total de alumnos (21,6%), destacando el crecimiento interanual a partir del curso 1973-74. El número de estudiantes matriculados en ikastolas creció de 596 en el curso académico 1964-65 hasta 26.936 diez años después. El número de centros también aumentó de tres en 1960 a 160 en 1975.

Hacia finales de 1970 las ikastolas habían alcanzado una gran significación en la codificación cultural de la identidad colectiva, entroncando con la nueva definición del nacionalismo vasco y amplios sectores del nacionalismo tradicional, convirtiéndose en el "reducto mítico de la identidad vasca": "En tanto la ikastola nacía de los euskaldunes, con sus solos medios, con posibles legitimaciones de las instituciones eclesiásticas tanto en su titularidad como en su profesorado o en las instalaciones, se presentaba como la respuesta –el reducto mítico– de la identidad vasca frente a la imposición extraña o al deterioro de las propias normas" (Arpal *et al.* 1982: 51).

Junto al impulso de las ikastolas, dirigido a la escolarización en euskera de los más jóvenes, aparece la necesidad de alfabetizar a aquellos que conociendo la lengua vasca no pueden escribir ni leer en ella –la inmensa mayoría de dicha población, si tenemos en cuenta que el euskera había permanecido, históricamente, al margen del sistema escolar– y de extender su conocimiento a todos aquellos que la desconocen.

Esta iniciativa nace en 1966 bajo el patrocinio de la Real Academia de la Lengua Vasca/Euskaltzaindia. Esta promoción del euskera de contenidos lingüísticos y culturales, sin embargo, adquiere rápidamente una gran significación política que se irá desarrollando en medio de las convulsiones sociales y políticas de este período. Carecemos de datos directos que nos permitan evaluar objetivamente el esfuerzo realizado desde la segunda mitad de la década de 1960, pero no hay duda de su gran incidencia en la realidad social vasca, ya que convirtió en imposible cualquier intento por satisfacer el deseo expreso de aprender euskera dada la precariedad de recursos económicos y humanos. En el año 1976, J. M. Torrealday describía la situación de la siguiente manera:

> La enseñanza del euskera ha adquirido ya tal amplitud y envergadura que el problema merece un tratamiento mucho más en profundidad, de acuerdo con la gravedad de la situación, de lo que lo puedan hacer algunos grupos sin medios adecuados. En el manifiesto de Durango de 1976, el grupo coordinador de Vizcaya, reconoce su importancia: dice no poder satisfacer a la demanda de la gente, cada vez más numerosa, que quiere aprender euskera; confiesa su impotencia con un montaje tan endeble y unos medios tan escasos ante la situación desbordante. Una instantánea, en 1976: 10.000 alumnos con 500 monitores. Más 5.000 en fábricas y colegios con deseos de aprender euskera. Añadamos a éstos 2.000 más que quedan en la calle por falta de locales. La solución urge. Alfabetatzen y Euskalduntzen no pueden en su estructura actual responder a la situación presente y menos a la que se avecina, por falta de medios económicos y técnicos (Torrealday 1977: 470-471).

2. Pluralismo político y pluralismo lingüístico: agentes y planificación lingüística

2.1. EL CAMBIO DE HEGEMONÍA

Durante el proceso de transición política a la democracia (1975-1979) y bajo la presión de una reivindicación creciente en favor de una democratización de las estructuras sociales y políticas preexistentes, las organizaciones políticas se plantean el establecimiento de un sistema político democrático que pueda dar respuesta a las demandas de autogobierno presentes en distintas zonas del territorio español, en las que se había mantenido una identificación nacional y una conciencia particularista (Cataluña, Galicia, Euskadi), lo que venía a suponer una estructura político-administrativa distinta del Estado centralista impuesto durante el franquismo: el modelo propuesto fue el Estado de las Autonomías.

El proceso de racionalización política que se lleva a cabo tiene una doble consecuencia. A nivel estructural supone el establecimiento de una organización burocrática altamente racionalizada que controla la esfera institucional, en la que se centraliza la discusión de los asuntos que atañen a dichas instancias, lo que implica una despolitización de la vida social y de las relaciones sociales. A nivel de la conciencia, la institucionalización de la esfera política –y con ella los temas sobre los que decide– no presupone su total desaparición de la vida cotidiana, continúa siendo relevante, pero pierde su carácter público, pasando a ser un asunto privado. La política se privatiza, lo que significa que se convierte en una cuestión de elección o preferencia personal. La tesis que formularía es que estos procesos han extendido y reforzado la centralidad que el euskera ha ido adquiriendo en décadas recientes, como consecuencia del éxito del movimiento de recuperación lingüística, produciéndose, al mismo tiempo, una complejización del mundo de la lengua en torno a los siguientes ejes: pérdida del monopolio organizativo detentado por AEK[4] dentro del movimiento de recuperación lingüística en la enseñanza a adultos y diversificación organizativa, lo que ha permitido una situación de pluralismo en el ámbito de la reproducción lingüística; la confrontación política entre AEK (movimiento etnolingüístico) y las Instituciones Públicas representadas en HABE; la profesionalización y/o politización de otras organizaciones en función del alejamiento o aproximación a la línea ideológica que enmarca la confrontación entre AEK-HABE.

Además, el proceso de racionalización política que ha supuesto el Estado de las Autonomías, y el consiguiente traspaso al Gobierno Vasco de las competencias contempladas en el Estatuto de Gernika, ha tenido como consecuencia la paulatina puesta en funcionamiento de una Administración encargada de dar respuesta a las demandas que se le formulan desde la sociedad. El éxito que el movimiento de recuperación lingüística había alcanzado al extender la conciencia de la situación del euskera, y la necesidad de adoptar medidas tendentes a euskaldunizar la sociedad vasca, impulsan a las Instituciones Públicas a intervenir en este

---

[4] Durante muchos años, AEK fue la organización encargada de la enseñanza de euskera a adultos. Su carácter popular y sus planteamientos pedagógicos e ideológicos supusieron una falta de sintonía con los planteamientos impulsados desde el Gobierno Vasco cuando comenzó a actuar más intensamente en este terreno.

ámbito. Los pilares sobre los que se ha apoyado la política lingüística de la Administración autónoma Vasca han sido la Ley de Normalización del Uso del Euskera, como marco normativo de la intervención pública (y privada) y, sobre todo, en el terreno más práctico la introducción de los modelos lingüísticos en el sistema obligatorio de enseñanza (de los 3 a los 16 años).

2.2. El euskera y el sistema educativo

Un crecimiento tan rápido del número de vascohablantes como el experimentado desde el inicio de la década de 1980 no habría sido posible sin la contribución del sistema educativo. Mientras la proporción de euskaldunes entre los mayores de 40 años se mueve en torno a uno de cada cuatro, entre los que tienen entre 20 y 24 años supera la cifra de uno de cada tres, entre los adolescentes de 15 y 19 años son cuatro de cada diez, y entre los menores de 15 años son más de la mitad[5].

2.2.1. *Las escuelas en lengua vasca*

La primera escuela bilingüe de la que tenemos noticias data de 1903, pero es a partir de 1957 cuando se crea la primera ikastola de la posguerra, dando comienzo a un movimiento cultural que tendrá como objetivo prioritario la fundación de ikastolas para la formación y educación en euskera.

Entre los años 1960 y 1975 se crean 160 ikastolas, siendo el período de los años comprendidos entre 1969 y 1972 el más dinámico en el establecimiento de nuevos centros, con Gipuzkoa (71 centros) y Bizkaia (45 centros) a la cabeza. También desde el punto de vista del número de alumnos, Gipuzkoa concentraba dos de cada tres estudiantes. Si en el curso 1964-65 solo había 600 alumnos en este tipo de centros, en el curso 1974-75 eran ya 27.000, en el curso 1981-82 superaban los 64.000 y en el 87-88 sobrepasaban los 102.000 estudiantes.

2.2.2. *El euskera en el sistema obligatorio de enseñanza*

Este protagonismo de las ikastolas en el proceso de recuperación del euskera comienza a ser compartido con el conjunto del sistema educativo vasco desde el

---

[5] Más adelante volveremos sobre estos datos. Ahora únicamente me interesa señalar el protagonismo del sistema educativo y sus agentes en los procesos de reproducción y extensión lingüísticos del euskera.

momento de la incorporación de los modelos educativos (A, B y D)[6] a la enseñanza obligatoria. Entre los cursos 1982-83 y 1998-99 podemos resaltar las siguientes tendencias: a) el modelo A (toda la enseñanza en castellano) ha pasado de representar el 80% en el conjunto de la educación en el curso 1982-83 al 37% en el curso 1998-99; b) el modelo B (enseñanza en euskera y castellano) ha aumentado más de un 100%, pasando del 8% a casi el 22%; c) en el modelo D (toda la enseñanza en euskera) estudiaba el 41% de los alumnos en el curso 1998-99 mientras que 16 años antes solo lo hacía el 12%.

TABLA 1
Matrícula de alumnos del sistema de enseñanza según modelos lingüísticos en el curso 2004-2005

Modelo Lingüístico	ARABA	BIZKAIA	GIPUZKOA	CAV	
				Total	%
A	20.938	64.233	17.550	102.721	**31,44**
B	13.358	34.293	22.207	69.858	**21,38**
D	13.836	71.051	69.273	154.160	**47,18**
Total	**48.132**	**169.577**	**109.030**	**326.739**	**100**

FUENTE: Departamento de Educación, Universidades e Investigación. Gobierno Vasco.

Como se puede observar en la Tabla 1, en el curso académico 2004-05 el 31,44% de los alumnos de enseñanza obligatoria y postobligatoria (excluidos los estudios universitarios) se encontraba estudiando en el modelo A, el 21,38% en el modelo B y el 47,18% en el modelo D en la CAV. El modelo D es mayoritario en Bizkaia y Gipuzkoa, y el A en Araba.

---

[6] El modelo A consiste en impartir todas las materias en lengua española y el euskera como una materia más. El modelo B es un modelo bilingüe con materias impartidas en euskera y español. En el modelo D se imparten todas las materias en lengua vasca, excepto la materia de Lengua Española que se imparte en esta lengua. Cada curso académico el Departamento de Educación, Universidades e Investigación del Gobierno Vasco realiza una oferta de enseñanza en los diferentes modelos que varía según zonas geográficas y niveles educativos, y los padres de los alumnos deciden en cuál de ellos desean que cursen sus estudios. Además de la oferta realizada por los centros de titularidad pública, existe otra oferta de los centros privados (concertados y financiados por el Departamento de Educación, Universidades e Investigación en su mayor parte y donde cursan sus estudios casi la mitad de los estudiantes de la CAV).

TABLA 2
Matrícula de alumnos en Primaria y en el sistema de enseñanza
según modelos lingüísticos en el curso 2004-2005

Modelo Lingüístico	CAV		CAV	
	Primaria	%	Obligatoria y Pos	%
A	13.991	**14,21**	10.2721	**31,44**
B	30.137	**30,61**	69.858	**21,38**
D	54.334	**55,18**	154.160	**47,18**
Total	**98.462**	**100**	**326.739**	**100**

FUENTE: Departamento de Educación, Universidades e Investigación. Gobierno Vasco.

La Tabla 2 es indicativa de la progresión de los modelos B y D, así como de la reducción del modelo A en el sistema de enseñanza. Mientras en el conjunto del sistema educativo, el modelo D da cuenta del 47,18% de los alumnos, en la educación primaria representa el 55,18%. En el modelo B se encuentran cursando sus estudios el 21,38% del total de alumnos y el 30,61% de los estudiantes de primaria, mientras en el modelo A el 31,44% del general se reduce hasta el 14,21% de primaria.

La presión que de manera progresiva se ejerce desde los niveles bajos del sistema educativo hacia los más altos no se circunscribe al sistema obligatorio de enseñanza, alcanzando también al mundo universitario.

2.2.3. *El euskera en la Universidad Pública Vasca*

Las primeras clases de euskera en la Universidad del País Vasco/Euskal Herriko Unibersitatea (UPV/EHU) comienzan hacia finales de los 70 en la Facultad de Ciencias, pero no es hasta 1990 cuando se aprueba el primer Plan de Normalización del Euskera en la UPV/EHU. El objetivo fundamental de dicho Plan consistía en ordenar y regular la progresiva implantación de la docencia en euskera, estableciendo diferentes niveles de euskaldunización según las distintas ramas del saber.

El número de profesores bilingües ha pasado de 370 en el curso 1988-89 a 1111 en el curso 2002-03. Se imparten un 62,56% de asignaturas en euskera, con una gran diferencia entre las distintas áreas de conocimiento: en las Escuelas de Magisterio se imparte el 85% en euskera, en las de Humanidades y Ciencias Sociales y Jurídicas en torno al 65%, y en los estudios tecnológicos y Ciencias de la Salud en algo más del 30%.

Desde el punto de vista de los alumnos que cursan sus estudios en euskera, aunque las limitaciones en la oferta condicionan la elección, se ha producido un crecimiento constante a lo largo de los últimos años: el 40% de los alumnos de Magisterio estudian en euskera, el 26% en Humanidades, el 23% en Ciencias Naturales y Experimentales, el 19% en Ciencias Sociales y Jurídicas y en Estudios Tecnológicos y el 17% en Ciencias de la Salud. El 38% de los estudiantes cursaron sus estudios en euskera o bilingüe en el curso 2002-03 y el 62% en español[7].

2.2.4. *La enseñanza de euskera a adultos*

El Instituto para la euskaldunización y alfabetización de adultos (HABE) comienza a funcionar en 1981 con el objetivo de crear la infraestructura adecuada para hacer frente a las necesidades de extensión del euskera entre los adultos.

A lo largo de estos años se ha llevado a cabo un proceso de racionalización y profesionalización creciente de aquella iniciativa que bajo el amparo de Euskaltzaindia había aparecido en 1966 cuando se crea la Coordinadora de Alfabetización y Euskaldunización AEK. Durante casi 15 años, AEK fue una de las pocas instituciones que trabajó en la enseñanza a adultos, entrando en conflicto desde mediados de los 80 con HABE. Desde 1995 existe una creciente colaboración entre ambas entidades a través de la firma de convenios marco.

En Euskadi existen unos 160 euskaltegis. Cada año estudian euskera en ellos entre 43.000 y 45.000 alumnos, y hay entre 1.800 y 2.000 profesores trabajando en la enseñanza del euskera a adultos.

3. Del conflicto entre agentes sociales a la coexistencia

3.1. LAS RELACIONES ENTRE LOS AGENTES SOCIALES Y POLÍTICOS MÁS RELEVANTES

Según los teóricos del enfoque de la estructura de oportunidad política, el proceso de transformación del potencial de movilización en acción depende primeramente de las oportunidades políticas[8]. Si consideramos los cuatro aspectos variables de la estructura de oportunidad política podemos afirmar que:

---

[7] Los datos han sido extraídos de la Memoria de la UPV-EHU y de la página en internet del Vicerrectorado de Euskera: www.ehu.es/euskara-orria/cas/euskera/euskera.htm.

[8] S. Tarrow ha definido la estructura de oportunidad política como el conjunto de dimensiones del entorno político que proporciona incentivos para que se produzca una acción colec-

a) Las mayores posibilidades de participación que se abren con el estableci-miento de un sistema político democrático han tenido un resultado paradójico: por un lado, han contribuido a extender los objetivos del movimiento, reforzando su papel como interlocutor de la sociedad pero, por otro lado, han supuesto su progresivo debilitamiento y erosión como consecuencia de la confrontación con las instituciones políticas autonómicas. Al margen de las diferentes políticas de euskaldunización que se han ido implantando en diversas esferas y sectores sociales, entre el movimiento etnolingüístico y la Administración ha existido un divorcio, ha faltado capacidad de colaboración o de trabajo en común[9].

b) Los cambios en las alianzas dominantes han tenido una influencia ambi-gua sobre la marcha del proceso de recuperación lingüística. Esta ambigüedad se debe a que las relaciones entre el movimiento etnolingüístico y los partidos polí-ticos vienen condicionadas por la relación de éstos con el nacionalismo vasco y, por lo tanto, con la defensa de sus símbolos de identidad. Así, los vínculos entre organizaciones del movimiento y los partidos políticos son más fuertes cuanto más intensa es la defensa que éstos hacen del monolingüismo euskaldún. De la misma manera, los partidos más alejados del nacionalismo vasco mantienen unas

tiva, afectando sus expectativas de éxito o fracaso. Este enfoque enfatiza, sobre todo, la movi-lización de los recursos externos disponibles a un grupo determinado. Con este concepto se pretende ayudar a entender por qué los movimientos sociales obtienen temporalmente incenti-vos frente a las elites o las autoridades y, después, los pierden rápidamente a pesar de sus mejores esfuerzos (Tarrow 1994: 85).

Tarrow diferencia dos tipos de elementos en la estructura de oportunidad política, unos más estables y otros que responden más fácilmente a procesos de cambio. Entre los primeros, se subraya la importancia de la fortaleza del Estado, medida a través del grado de centraliza-ción/descentralización de su estructura administrativa, y la posibilidad de reprimir o facilitar (control social) la acción colectiva. Mientras un estado centralizado tiende a concentrar las demandas de los actores colectivos en la cima del sistema político, los estados descentraliza-dos proporcionan a los movimientos sociales un gran número de puntos de acceso para la rei-vindicación de sus objetivos en la base del sistema institucional. En referencia a las formas de represión y control social, el Estado puede optar por una estrategia más represiva, o por la uti-lización de medios más efectivos de control social como la legitimación y la institucionaliza-ción de la acción colectiva.

Entre los aspectos cambiantes de la estructura política que proporcionan oportunidades y recursos a los movimientos sociales, S. Tarrow enumera cuatro: el grado de apertura a la parti-cipación que repercute en la acción colectiva; los cambios en las alianzas dominantes sobre todo cuando se producen alianzas inestables; la existencia y disponibilidad de aliados influ-yentes; y la división entre elites que se manifiesta en conflictos dentro de y entre las elites. Estas cuatro dimensiones más coyunturales de la estructura política son otros tantos factores que pueden extender y difundir las oportunidades de ciertos grupos para llevar a cabo una movilización colectiva.

[9] Sobre las relaciones entre el movimiento etnolingüístico y la esfera política puede con-sultarse Tejerina (1995 y 1999).

relaciones más conflictivas o distantes con las organizaciones del movimiento etnolingüístico.

La gran fragmentación del espacio político vasco hace posible la existencia de una considerable diversidad de posturas ante el euskera. Esta diversidad se articula, básicamente, en torno a dos ejes: la aspiración a una situación de monolingüismo o de bilingüismo, y la promoción o no promoción del euskera. Más que atender a un autoposicionamiento de cada partido, uno de nuestros informantes[10] nos presenta los resultados de una encuesta donde los actores sociales ubican a los partidos políticos de la siguiente manera:

> No sé qué dirán los partidos y los movimientos adláteres, pero la gente es, desde luego, clarísimo que, por ejemplo, HB la sitúa en monolingüismo en euskera y en promoción del euskera; el PNV-EAJ, EA, EE o EUE estarían, si quieres, a favor del bilingüismo pero con promoción del euskera, no un bilingüismo conservador. Sin ninguna duda, el PSE y parte del PP, lo sitúan en favor del bilingüismo pero sin promoción del euskera, mantener lo que hay y que no se mueva. Luego, [otra parte del] PP, UA, lo sitúa en monolingüismo en castellano y no promoción del euskera (Tejerina/Fernández/Aierdi 1995: 149).

Un responsable de AEK redunda en la misma idea de la politización excesiva que existe en el mundo del euskera:

> Hay una politización con respecto al euskera, de utilizar por parte de unos y de otros; por parte de unos para la legitimación institucional y por parte de otros para la deslegitimación institucional. En todo ese juego quien ha salido perdiendo ha sido precisamente el euskera y todo el proceso de concienciación social (Tejerina/Fernández/Aierdi 1995: 147).

c) La división entre las elites (nacionalistas vascos/nacionalistas españoles) ha influido negativamente sobre la lengua y el movimiento, al limitar el alcance de sus apoyos políticos. Mientras el movimiento etnolingüístico ha encontrado escaso apoyo entre los partidos políticos de ámbito estatal (con la excepción de

---

[10] Algunos de estos testimonios forman parte de una investigación más amplia sobre la movilización social ecologista, feminista, pacifista y en favor de la recuperación de la lengua y cultura vascas realizada en la Comunidad Autónoma del País Vasco en 1992 y 1993. La investigación intentaba profundizar en las características de las organizaciones y activistas de cada movimiento, su discurso y estrategia, así como la red de relaciones que habían establecido con otros movimientos, organizaciones de carácter social y político, y con las diversas administraciones públicas. La información básica procedía de documentos de las organizaciones y de entrevistas individuales y reuniones de grupo con activistas de las organizaciones sociales más representativas de los movimientos mencionados.

Ezker Batua-Izquierda Unida), han sido los partidos nacionalistas vascos los que más cerca han estado del movimiento de recuperación lingüística, hasta el punto de que en algunos casos se ha llegado a producir una identificación entre defensa del euskera y nacionalismo vasco. Las relaciones entre las organizaciones del movimiento y HB han sido muy fluidas, pero no siempre han sido fáciles con otros partidos nacionalistas como PNV-EAJ, EE o EA.

d) Desde el punto de vista de la disposición de aliados influyentes el resultado ha sido ambivalente. Por un lado, el apoyo de los sectores nacionalistas ha contribuido a extender la conciencia sobre la situación de la lengua; por otro lado, ha supuesto una pérdida de apoyo en aquellos sectores que no estaban de acuerdo con esta creciente identificación. Hay que tener en cuenta que una de las características de la sociedad vasca durante la década de 1970, y buena parte de la de 1980, ha sido la existencia de una sobrepolitización, visible en numerosas manifestaciones cotidianas. A lo largo de los últimos años ese predominio de la política en la sociedad vasca ha impregnado las distintas manifestaciones de la vida social. La lengua no ha sido una excepción. Por el contrario, al ser uno de los símbolos centrales de la identidad colectiva vasca se ha convertido en objeto de disputa política. En algunos sectores de la sociedad vasca esa presencia de lo político ha estado más presente que en otros, llegando a alcanzar mayor relevancia que otro tipo de planteamientos como los lingüísticos o culturales. En tal sentido se manifiesta este informante de EKB:

> En este tema yo creo que existe un peligro, y en este momento un hecho, de que dentro de las componendas políticas que los partidos tienen que hacer para gobernar la lengua es una parcela. [...] En cuanto a partidos yo creo que el tema de la lengua es un tema conflictivo, evidentemente, y es un tema que realmente suscita adhesiones y si se quiere también oposiciones. [...] Y yo creo que ha habido, por otra parte, dentro del movimiento social esta politización, este predominio de lo político (Tejerina/Fernández/Aierdi 1995: 147).

3.2. Los presupuestos destinados a la promoción del euskera

No resulta sencillo cuantificar el esfuerzo económico realizado en la CAV en la promoción del euskera. A la diversidad de fuentes públicas y privadas de la procedencia de los recursos, habría que añadir la falta de una recogida sistemática de esta información a lo largo del tiempo, así como la diversidad de sectores sociales, culturales y económicos implicados. Desde la Viceconsejería de Política Lingüística se ha realizado una aproximación a lo que han destinado las administraciones públicas más importantes de la CAV en los años 2000 y 2002. Los datos se presentan en la Tabla 3 y el Gráfico 1. Según esta información, en el año 2000 los Departamentos de Cultura, Educación y Hacienda destinaron al euskera algo menos de 86 millones de euros, las tres Diputaciones Forales en torno a los 11 millones de euros, los tres Ayuntamientos de las capitales alrededor de 5 millones de euros, y los municipios con una población mayor de 5.000 habitantes cerca de 12,3 millones de euros, resultando un total aproximado de 114 millones de euros. Dos años después, las cantidades eran 94 millones destinados por los tres Departamentos del Gobierno Vasco, 11,8 millones las Diputaciones Forales, 4,6 millones las capitales, y 20,1 millones los municipios de más de 5.000 habitantes, con un total de 130,5 millones de euros.

TABLA 3
Presupuesto destinado al euskera por las instituciones públicas de la CAV
(2000 y 2002)

	2000	2002
Gobierno Vasco Total	**85.809.245**	**94.018.672**
GV Cultura	36.873.036	32.325.913
GV Educación	44.663.013	51.860.506
GV Hacienda	9.682.305	9.832.253
Diputaciones Forales Total	**10.981.878**	**11.836.109**
Diputación Foral de Araba	893.964	1.018.359
Diputación Foral de Bizkaia	6.144.541	6.925.997
Diputación Foral de Gipuzkoa	3.943.373	3.891.753
Capitales Total	**4.853.608**	**4.580.904**
Vitoria-Gasteiz	1.940.932	1.109.306
Bilbo-Bilbao	1.006.021	1.184.198
Donostia-San Sebastián	1.906.656	2.287.400
Municipios con población >5.000 habitantes	**12.277.131**	**20.104.346**
GASTO TOTAL	**113.921.862**	**130.540.031**

FUENTE: Viceconsejería de Política Lingüística. Gobierno Vasco.

En esta cuantificación, de carácter aproximativo, no están incluidos el resto de los Departamentos del Gobierno Vasco, ni los ayuntamientos con menos de 5.000 habitantes. También están ausentes otras entidades de carácter público, así como todas las entidades, asociaciones y organizaciones de carácter privado y los recursos utilizados por las personas individuales[11].

---

[11] Sobre la metodología utilizada para la realización de estos cálculos económicos puede consultarse Mateo 2003.

GRÁFICO 1
Presupuestos (en €) destinados al Euskera por las Instituciones Publicas
de la CAV (2000-2002)

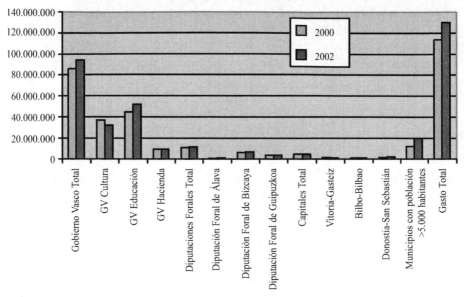

FUENTE: Viceconsejería de Política Lingüística. Gobierno Vasco.

4. Los resultados de la planificación lingüística I: La competencia

4.1. EL AUMENTO DE LA COMPETENCIA LINGÜÍSTICA GENERAL EN EUSKERA

El crecimiento del número de personas que han adquirido la competencia lingüística en lengua vasca es, posiblemente, uno de los aspectos más reseñables de los cambios experimentados durante los últimos años. Según el Censo de Población de 1981, había 447.776 euskaldunes en la CAV, el 21,56% del total de la población (ver tabla 4). En 2001, ese porcentaje había aumentado hasta alcanzar el 32,31%, es decir, 656.980 vascohablantes. En 20 años el número de euskaldunes se había incrementado en 209.204 personas, un 46,72%. Este cambio puede ser todavía más sorprendente si tenemos en cuenta que este crecimiento se había producido en un contexto de regresión demográfica, ya que la población total había disminuido en 43.201 personas.

A pesar del incremento del número total de conocedores del euskera, la situación territorial es de extrema debilidad como muestra su distribución geográfica: el 16,21% de vascohablantes en el Territorio Histórico de Araba, el 24,96% en

Bizkaia y el 51,45% en Gipuzkoa. El bilingüismo avanza, pero lo hace muy lentamente. El lugar donde más avanza es también aquel en el que mostraba el peor punto de partida, ya que en 1981 en Araba solo el 3,89% de su población era vascohablante y en 2001 era el 16,21%, pasando de 9.686 a 45.312 euskaldunes (un incremento del 468%). En Bizkaia, en 1981 había 171.522 vascohablantes (14,87%) y veinte años después eran 273.872 (24,96%), un crecimiento del 60%. En Gipuzkoa, en 1981 había 266.568 euskaldunes que representaban el 39,53% del total y en 2001 se habían incrementado hasta alcanzar 337.796 (51,45%), con un aumento del 27%. Gipuzkoa es el territorio que concentra mayor porcentaje y mayor número total de euskaldunes. La distribución por Comarcas de los vascohablantes señala una mayor densidad en torno a Gipuzkoa y las zonas fronterizas con Bizkaia, densidad que va disminuyendo a medida que nos alejamos, en dirección norte-sur y este-oeste, de la frontera entre estas dos provincias (Tejerina 2000).

En estos años también se ha incrementado el número de euskaldunes alfabetizados de 208.319 a 527.771 personas (Tabla 4), los considerados cuasi-euskaldunes de 300.394 a 470.124, sobre todo de los cuasi-euskaldunes alfabetizados (de 160.203 a 302.487), y de los cuasi-euskaldunes pasivos que han pasado de 56.081 a 95.926 personas. En el sentido opuesto encontramos que algunas categorías han visto descender el número de sus pertenecientes; así sucede con los euskaldunes parcialmente alfabetizados que han pasado de 179.296 a 106.433, los euskaldunes no alfabetizados (de 60.161 a 22.776), los cuasi-euskaldunes no alfabetizados, de 84.110 a 71.711 y, obviamente, los que son exclusivamente castellanohablantes que han descendido de 1.328.278 hasta 906.143. Lo que estos datos parecen señalar es que aumenta el número de los que han adquirido una completa competencia en lengua vasca (euskaldunes), los que han adquirido una competencia relativa –no completa– (cuasi-euskaldunes), y que es un fenómeno que tiene que ver con la capacitación literaria, incrementándose la alfabetización. El sistema educativo se sitúa en el centro de estos procesos de cambio lingüístico.

4.2. LA REPRODUCCIÓN DEL EUSKERA Y EL CAMBIO GENERACIONAL

Los procesos de cambio lingüístico que afectan a la adquisición de la competencia en lengua vasca tienen un marcado carácter generacional. Mientras el porcentaje de vascohablantes se va reduciendo en los grupos de mayor edad, ya que en 1981 el 33,14% de los mayores de 75 años eran euskaldunes y en 2001 solo el 28,82%, se incrementa, y de manera significativa, en los grupos de menor edad, pues si en 1981 el 20,03% de los que tenían entonces entre 5 y 9 años hablaba euskera, en 2001 lo hacía el 65,91% (Tabla 5 y Gráfico 2).

TABLA 4
Población de la CAV de 2 y más años según nivel de euskera (1981-2001)

Euskaldunes	1981	447.776
	2001	656.980
Euskaldunes alfabetizados	1981	208.319
	2001	527.771
Euskaldunes parcialmente alfabetizados	1981	179.296
	2001	106.433
Euskaldunes no alfabetizados	1981	60.161
	2001	22.776
Cuasi-euskaldunes	1981	300.394
	2001	470.124
Cuasi-euskaldunes alfabetizados	1981	160.203
	2001	302.487
Cuasi-euskaldunes no alfabetizados	1981	84.110
	2001	71.711
Cuasi-euskaldunes pasivos	1981	56.081
	2001	95.926
Erdaldunes	1981	1.328.278
	2001	906.143
Total	1981	2.076.448
	2001	2.033.247

FUENTE: Viceconsejería de Política Lingüística. Gobierno Vasco.

En 1981 los grupos de edad que mostraban mayor porcentaje de vascohablantes eran los de mayor edad. En concreto, todos los mayores de 45 años tenían mayor proporción de euskaldunes que los menores de esa edad. La relación de vascohablantes se iba reduciendo, hasta llegar a los comprendidos entre 25 y 29

TABLA 5
Evolución de vascohablantes de la CAV por grupos de edad (1981-2001)

EDAD	1981		1986		1991		1996		2001	
	TOTAL	%	TOTAL	%	TOTAL	%	TOTAL	%	TOTAL	%
02-04	15.913	14,94	16.513	22,4	11.651	21,54	14.998	31,57	17.684	36,62
05-09	38.064	20,03	47.091	28,97	46.368	40,69	50.197	57,45	51.394	65,91
10-14	36.231	19,41	48.210	26,24	59.510	37,32	63.610	55,54	57.202	65,53
15-19	35.091	18,59	42.283	23,25	53.645	29,74	71.103	44,56	64.430	56,26
20-24	33.007	19,04	42.949	23,4	44.266	25,1	61.324	34,35	70.918	44,37
TOTAL (2-24)	158.306	18,73	197.046	25,09	215.440	31,49	261.232	44,46	261.628	53,63
25-29	28.834	18,60	39.005	22,86	42.699	24,45	49.577	28,63	60.506	34,35
30-34	29.773	19,17	31.567	20,89	37.421	22,6	46.335	26,88	47.517	28,01
35-39	26.628	18,98	31.740	21,1	30.426	20,68	41.582	25,19	44.904	26,29
40-44	24.215	19,79	27.703	20,64	30.377	20,82	33.304	22,74	40.021	24,53
45-49	30.801	21,56	24.875	21,05	26.317	20,21	32.440	22,41	31.657	21,94
50-54	31.867	24,08	31.352	22,87	23.665	20,76	27.699	21,69	30.364	21,46
55-59	29.122	26,49	31.557	25,43	29.226	22,44	24.365	22,12	25.604	20,79
TOTAL (25-59)	201.240	21	217.799	22,1	220.131	21,84	255.302	24,58	280.573	25,77
60-64	24.119	29,8	28.121	27,92	29.148	25,13	29.659	24,02	22.235	21,52
65-69	21.898	31,8	22.430	31,23	25.738	27,77	28.584	26,43	26.654	23,36
70-74	18.673	33,19	19.564	32,76	19.711	30,8	23.951	28,53	24.770	25,58
≥75	23.920	33,14	28.864	33,3	33.449	31,95	38.088	31,46	41.120	28,82
TOTAL (60-≥75)	88.610	31,85	98.979	31,04	108.046	28,63	120.282	27,55	114.779	25,12
C.A. VASCA	448.156	21,53	513.824	24,58	543.617	26,27	636.816	30,87	656.980	32,31

FUENTE: Elaboración propia a partir de censos y padrones de 1981, 1986, 1991, 1996 y 2001.

años que con un 18,60% era el grupo con menor porcentaje de bilingües, para ir incrementándose en los grupos de menor edad. Así, los mayores de 60 años tenían una media del 31,85% de euskaldunes, los comprendidos entre 25 y 59 años un 21% y los menores de 25 años un 18,73%. En este último grupo comenzaba a observarse el efecto recuperador de las ikastolas que habían comenzado su andadura a finales de la década de 1950.

La situación en 2001 es bien distinta. La relación de bilingües se ha reducido entre los mayores de 60 años hasta el 25,12%; la de los comprendidos entre 25 y 59 años se había incrementado ligeramente hasta el 25,77%, y los menores de 25 años mostraban un 53,63% de euskaldunes. Mientras en 1981 el número total de euskaldunes mayores de 24 años era de 289.850, en 2001 los vascohablantes por debajo de esa edad se aproximaban a esa cantidad sumando 261.628 personas. Los grupos de edad más joven (hasta 24 años) duplican el porcentaje de vascohablantes de los mayores de 60 años, 53,63% frente a 25,12%. La relación de euskaldunes entre los menores de 25 años ha ido pasando del 18,73% en 1981, al 25,09% en 1986, al 31,49% en 1991, al 44,46% en 1996, para alcanzar el señalado 53,63% en 2001. Este cambio supone una transformación generacional sin precedentes conocidos en la recuperación del euskera, y puede tener resultados considerables en el proceso de construcción de una sociedad bilingüe cuyo alcance no podemos todavía vislumbrar.

GRÁFICO 2
Evolución de vascohablantes en % por grupos de edad
en la CAV 1981-2001

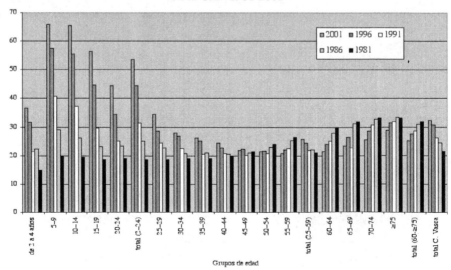

4.3. La lengua materna

Si el incremento de la competencia lingüística ha experimentado un importante crecimiento a lo largo de los últimos años, no ha sucedido lo mismo con la transmisión familiar de la lengua vasca. Como puede observarse en la Tabla 6 y en el Gráfico 3, los que tienen el euskera como lengua materna superan ligeramente los 400.000, mostrando una ligera tendencia a la disminución en términos absolutos, ya que han pasado de ser 434.710 en 1986 a 415.23 en 2001. Las personas que tienen tanto el castellano como el euskera como lenguas maternas eran

TABLA 6
Evolución de la lengua materna en la CAV (1986-2001)

	1986	1991	1996	2001
Euskera	434.710	431.806	425.524	415.623
Castellano	1.580.048	1.565.853	1.554.312	1.543.259
Las dos	84.843	75.325	84.182	87.012

FUENTE: Viceconsejería de Política Lingüística. Gobierno Vasco.

GRÁFICO 3
Evolución de la lengua materna en la CAV (1986-2001)

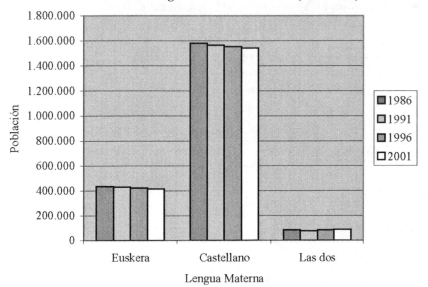

84.843 en 1986 y 87.012 en 2001. Parece ser un dato más que afianza la idea de que no es la transmisión familiar la responsable del incremento de nuevos euskaldunes –más si tenemos en cuenta que vivimos momentos de bajos índices de natalidad y regresión demográfica– sino que es el sistema educativo el mecanismo de la reproducción lingüística ampliada.

5. Los resultados de la planificación lingüística II: La visibilidad del euskera

La utilización del euskera muestra una serie de características distintivas según el ámbito geográfico, la densidad de bilingües, el lugar de la interacción lingüística y la familiaridad con la lengua. En líneas generales se usa más allí donde hay mayor presencia de euskaldunes.

El número de los que declaran utilizar únicamente el euskera en casa no ha sufrido grandes variaciones entre 1991 y 2001, ya que eran 290.329 en 1991, 286.092 en 1996 y 284.084 en 2001. Los que utilizan el castellano como lengua de comunicación se mantienen en torno a 1.600.000, y los que utilizan ambas se sitúan en torno a las 170.000 personas. Esto significa que más de tres cuartas partes de la población de la CAV usa el castellano para comunicarse en casa, y únicamente una de cada cuatro personas lo hace en euskera o en ambas lenguas (Tabla 7 y Gráfico 4). Es difícil saber qué sucede en el interior de los hogares, pero todo parece indicar que el incremento de la población competente en euskera no está suponiendo, al menos hasta el momento, una sustitución del castellano como medio de comunicación en el ámbito privado y familiar. Parece necesaria una aproximación más detenida a cómo las personas usan sus competencias lingüísticas en las diversas situaciones de la vida cotidiana.

En Euskadi, en 1996, declaraban hablar euskera en casa 286.092 personas, el 14% de la población y dos de cada tres de los que tenían el euskera como lengua

TABLA 7
Evolución de la lengua hablada en casa en la CAV (1991-2001)

	1991	1996	2001
Euskera	290.329	286.092	284.084
Castellano	1.633.265	1.622.178	1.608.666
Las dos	169.654	178.663	175.157

FUENTE: Viceconsejería de Política Lingüística. Gobierno Vasco.

GRÁFICO 4
Evolución de la lengua hablada en casa en la CAV (1991-2001)

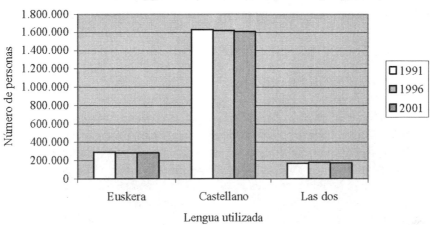

Lengua utilizada

materna. Además, había 178.663 ciudadanos que usaban el euskera y el castellano, el 8,5% de la población total y más del doble de los que tenían las dos lenguas como maternas. Si tomamos en cuenta todos los que dicen hablar euskera en casa, ya sea exclusivamente o junto al castellano, nos encontramos con que más de nueve de cada diez de los que tienen el euskera como lengua materna lo utilizan en casa. Por otro lado, el 73% de todos los euskaldunes, tengan o no el euskera como lengua materna, lo habla en casa. Por edades se observa un incremento del euskera como vehículo de comunicación en casa.

Los Censos de Habitantes no nos permiten ir más allá en el conocimiento de las distintas situaciones en las que se utiliza una determinada lengua, pero sí lo podemos saber a través de las Encuestas Sociolingüísticas que se han realizado en 1991 y 1996[12]. En ellas se han entrevistado a 3.495 euskaldunes sobre sus hábitos lingüísticos en tres ámbitos: en el hogar y la vida familiar, en el trabajo y la comunidad próxima, y en distintas situaciones de la vida cotidiana.

En relación con la vida familiar se preguntaba sobre la frecuencia con que cada entrevistado usaba el euskera con sus abuelos, madre, padre, pareja, hermanos, hijos y en el hogar. El segundo ámbito de indagación se interesaba por las prácticas lingüísticas con los amigos, los compañeros de trabajo, los superiores, en el mercado y en los comercios. En tercer lugar, los usos en algunos encuen-

---

[12] Características técnicas del estudio: Se realizaron 3.495 encuestas a mayores de 15 años en la CAV. Los resultados se han proyectado a la población mayor de 15 años de cada territorio a partir del Censo de 1991.

tros sociales institucionalizados o formalizados: banco, ayuntamiento, profesores de los hijos, sacerdote y centro de salud. Las frecuencias manifestadas por los entrevistados se pueden relacionar con su mayor o menor destreza en euskera, las zonas sociolingüísticas donde residen (densidad lingüística) y la edad.

5.1. LA UTILIZACIÓN DEL EUSKERA EN LA ESFERA FAMILIAR

La frecuencia de utilización del euskera en la intimidad familiar se mueve entre el 48% de los que declaran que usan siempre o casi siempre el euskera en casa y el 74% que lo hace para dirigirse a los hijos. Las otras situaciones por las que se ha interrogado a los entrevistados presentan los siguientes porcentajes: el 48% usa el euskera para hablar con sus abuelos, el 51% con su pareja, el 53% con su padre, el 56% con su madre y el 59% con sus hermanos. Tres de cada diez bilingües entrevistados manifiesta comunicarse con los familiares preferentemente en castellano.

Si nos centramos en algunos de los factores que influyen en el hecho de que un euskaldún pueda o se vea obligado a hablar en euskera o castellano encontramos aspectos como la competencia y facilidad para comunicarse en una u otra lengua, pudiendo ser bilingüe con predominio del euskera, bilingüe equilibrado o bilingüe con predominio del castellano.

La utilización del euskera en las comunicaciones con los miembros de la familia son significativamente más elevadas entre los bilingües con predominio del euskera: casi nueve de cada diez cuando hablan en casa o con su pareja, el 97% cuando lo hace con la madre y el 95% con los hermanos y los abuelos. Los bilingües equilibrados usan menos el euskera con la familia, aunque lo hacen en mayor medida que el castellano: uno de cada dos en casa y con la pareja, el 53% con los abuelos, el 66% con los hermanos, el 63% con el padre, el 65% con la madre y casi cuatro de cada cinco con los hijos. Sin embargo, en el grupo de los bilingües con predominio del castellano el medio de comunicación habitual suele ser este en dos de cada tres encuentros con hermanos y la pareja. Solamente en la comunicación con los hijos tiende a predominar el euskera entre la mitad de los entrevistados.

Si nos fijamos ahora en la incidencia de la densidad demolingüística existente en los lugares donde residen los euskaldunes, es decir, el porcentaje de personas bilingües, se puede constatar su notable influencia en las prácticas lingüísticas. En las zonas donde hay una mayor presencia de euskaldunes (más de la mitad) la comunicación tiende a hacerse mayoritariamente en euskera, descendiendo el grado de su uso a medida que desciende el porcentaje de euskaldunes. En la mayor parte de los encuentros entre miembros de la familia en las áreas con un índice de euskaldunes inferior al 20% la comunicación se realiza casi siempre en castellano, con la excepción de las situaciones en que se habla a los hijos, donde predomina el euskera en el 40% de los casos.

En las áreas con una mayor presencia de bilingües (más del 80%) en cuatro de cada cinco ocasiones los diálogos familiares se producen en euskera. Cuando nos trasladamos a las zonas que tienen entre un 45% y un 80% de bilingües, los porcentajes se mueven entre el 56% de uso en casa o con la pareja y el 78% con los hijos. En las áreas que presentan entre un 20% y un 45% de euskaldunes el uso del euskera en la familia sigue descendiendo para situarse entre el 38% con la pareja y el 68% con los hijos. Por último, donde los euskaldunes no alcanzan el 20%, el uso del castellano domina la escena familiar salvo en el caso de encontrarse ante los hijos, como ya hemos apuntado anteriormente. Es muy posible que una parte de esta situación se deba al hecho de que muchos de estos bilingües sean neo-vascófonos.

La edad es otro de los factores que incide significativamente en el uso del euskera en el ámbito familiar. Como dato general podemos afirmar que a mayor edad mayor utilización del euskera en la familia. Cuando se trata de hablar con los hijos esta ecuación se mantiene: a mayor edad mayor frecuencia de uso del euskera con los hijos. Entre los mayores de 65 años, la frecuencia de utilización del euskera con sus padres es o era casi absoluta, descendiendo cuando se trata de hablar con la pareja o en casa o con los hijos, manteniéndose en todos los casos entre el 62% y el 79% de uso.

Los porcentajes de uso del euskera de los comprendidos entre 25 y 64 años se reducen paulatinamente a medida que desciende la edad. Los comprendidos entre 16 y 24 años son los que menor frecuencia de uso del euskera declaran realizar con la familia: la mitad usa siempre o casi siempre el castellano con sus abuelos, el 53% con su madre, el 59% con su padre, el 45% con sus hermanos. Dado que entre el 31% y el 41% utiliza siempre o casi siempre el euskera en la familia, este cambio en los usos lingüísticos en relación a las cohortes de mayor edad puede estar siendo influenciado por la significativa incorporación al mundo del euskera de nuevos vascohablantes a través del sistema educativo pero cuyo ambiente lingüístico familiar no es euskaldún.

5.2. EL USO DEL EUSKERA EN LA COMUNIDAD MÁS PRÓXIMA

La utilización del euskera en el ámbito laboral, de amistad y comunitario cercano sigue las mismas pautas que en el caso de la familia, aunque mostrando una presencia más reducida. Los euskaldunes hablan siempre o casi siempre en euskera con los amigos en el 50% de las situaciones, el 45% con los compañeros, el 46% con los superiores, el 48% con los comerciantes y el 78% en el mercado.

La diversidad de los euskaldunes en cuanto a su dominio lingüístico tiene una gran influencia en la mayor o menor utilización del euskera o del castellano. Los bilingües con mayor facilidad para el euskera hablan mayoritariamente en esta lengua: nueve de cada diez veces con amigos, ocho con los comerciantes, más de nueve en el mercado, y algo menos, siete de cada diez encuentros, en el trabajo y con los superiores.

Cuando preguntamos a los bilingües equilibrados sobre sus hábitos lingüísticos declaran hablar algo menos en euskera que los anteriores: el 50% con los amigos, el 46% con los comerciantes, el 45% en el trabajo, el 48% con los superiores y el 81% en el mercado. En todos los casos hacen mayor frecuencia de uso del euskera que del castellano. Esta tendencia se invierte en las situaciones donde participan los bilingües con predominio del castellano. Solo en el mercado siguen haciendo un uso mayoritario del euskera, 60%, y hablan en castellano con los amigos en el 57% de los casos, en el 63% con los comerciantes, en el 52% en el trabajo y en el 59% con los superiores. La densidad de euskaldunes desempeña un papel muy importante en la utilización del euskera. Si en las zonas donde existe más de un 80% de euskaldunes la lengua hablada es según los entrevistados el euskera, la frecuencia de utilización va disminuyendo hasta su sustitución por el castellano cuando variamos de zona. La presencia del euskera en las conversaciones entre amigos es la norma en ocho de cada diez encuentros en las zonas con más de un 80% de euskaldunes, reduciéndose al 55% en las zonas con un 45-80% de vascohablantes, al 40% en áreas en las que hay entre un 20 y un 45% de bilingües y al 15% donde hay menos de un 20%. En este último caso, los entrevistados afirman utilizar el castellano en seis de cada diez casos.

La misma situación se repite en los intercambios lingüísticos en los comercios pasando del 86% de uso del euskera en las zonas donde casi existe un bilingüismo social al 90% de utilización del castellano en las áreas donde el número de bilingües es muy reducido. En las zonas con más de un 45% de bilingües el euskera tiende a predominar sobre el castellano en el mundo laboral en conversaciones con compañeros y superiores (64% y 59% respectivamente), mientras en el resto de áreas tiende a predominar el castellano (56% y 71% respectivamente). Únicamente el espacio público del mercado muestra un predominio del euskera sobre el castellano en las zonas con más de un 20% de bilingües: 96%, 87% y 67% según las zonas de más a menos densidad euskaldún y una presencia muy importante, del 45%, en las áreas con menos de un 20% de bilingües.

La edad es otro factor relevante cuando se trata de explicar la utilización del euskera. Los entrevistados que más usan el euskera son los mayores de 65 años, descendiendo la frecuencia de los que declaran hablar siempre o preferentemente en euskera a medida que disminuye la edad de los vascohablantes. Los comprendidos entre 16 y 24 años son los que muestran menor utilización entre los amigos (del 68% de los mayores de 65 años al 38% entre los menores de 24 años), en el comercio (del 58% al 37%), con los compañeros de trabajo y con los superiores, y en el mercado (86% versus 67%).

5.3. La utilización del euskera en los ámbitos formales

No disponemos de estudios sistemáticos sobre la presencia del euskera en los espacios más formalizados, pero sí sobre algunas de las situaciones cotidianas más frecuentes como ir al banco, al médico, al ayuntamiento, etc. También en este tipo de encuentros los vascohablantes hacen un uso mayoritario del euskera, con excepción de las conversaciones con el médico. Tres de cada cuatro euskaldunes se comunican en euskera con el sacerdote, uno de cada dos cuando van al banco o caja de ahorros, el 59% en el ayuntamiento, el 85% con los profesores de sus hijos y solo uno de cada tres cuando acuden a un centro de salud.

Las diferencias en la utilización del euskera en función del tipo de bilingüismo son importantes. Así, mientras casi la totalidad de los bilingües con predominio del euskera lo hablan con el sacerdote, este porcentaje desciende al 73% entre los bilingües equilibrados, para reducirse al 48% entre los que muestran una tendencia mayor al castellano. Con los profesores de los hijos se produce el mismo proceso de menor utilización pero poco pronunciado, con porcentajes del 94%, 83% y 80% entre los bilingües de los tres grupos.

Estas diferencias se acrecientan en situaciones de mayor formalidad como ir al banco o al ayuntamiento. Mientras más de cuatro de cada cinco bilingües con predominio del euskera hablan euskera cuando acuden a una entidad financiera y al ayuntamiento, solo la mitad de los bilingües equilibrados manifiestan utilizar el euskera en dichas situaciones.

Si tomamos las respuestas de los bilingües con tendencia al castellano la utilización del euskera se reduce a un tercio de los casos, pasando a usar el castellano siempre o preferentemente la mitad de los entrevistados. Esta tendencia se acentúa cuando los euskaldunes acuden a un centro de salud ya que solo el 57% de los bilingües con predominio del euskera lo usan con los trabajadores de Osakidetza, y el 49% y 77% de los otros grupos de bilingües usan el castellano.

La densidad de euskaldunes presente en las áreas donde residen los entrevistados es otro factor fundamental para comprender cómo las prácticas lingüísticas de los hablantes tienen una alta correlación con situaciones estructurales. Los mayores porcentajes de utilización del euskera en estas situaciones formales los encontramos en las zonas con más de un 80% de vascohablantes, y dichos porcentajes se van reduciendo cuando observamos estos hábitos en las otras zonas con menor presencia de bilingües.

Los contactos con el sacerdote se hacen en las zonas euskaldunes en euskera entre el 91% de los entrevistados, mientras en las áreas con menos de un 20% de vascohablantes el 65% de los encuentros lingüísticos se produce en castellano. Algo similar ocurre en las entidades financieras, ya que el 82% de utilización del euskera se transforma en el 76% de uso del castellano al pasar de una a otra zona; y cuando se trata de acudir al ayuntamiento el predomino euskaldún en cuatro de cada cinco contactos se transforma en un predominio del castellano en la misma proporción entre los bilingües residentes en zonas con pocos vascohablantes.

Cuando se trata de hablar con los profesores de los hijos, sin embargo, el uso del euskera se mueve entre el 65% de las zonas con menos de un 20% de euskaldunes y el 88% de las zonas más vascófonas. La situación en cuanto al uso en los centros de Osakidetza refleja una presencia mayoritaria del castellano, excepto en las zonas con más de un 80% de bilingües donde más de seis de cada diez entrevistados manifiestan comunicarse preferentemente en euskera.

Teniendo presente la edad de los entrevistados y la utilización del euskera en estas situaciones se repiten las pautas anteriormente descritas. Para hablar con el sacerdote, a mayor edad mayor uso del euskera (del 78% entre los mayores de 65 años desciende al 63% entre los menores de 24), al igual que en las transacciones financieras (del 64% al 44%) y en el ayuntamiento (63% versus 52%). Con los profesores de los hijos se produce la tendencia a utilizar casi exclusivamente el euskera en todas las edades, mientras los centros de salud aparecen siempre como espacios de predominio castellano ya que tanto dos de cada cinco mayores de 65 años cuanto tres de cada cinco menores de 24 usan dicho idioma para sus comunicaciones.

5.4. Tipos de euskaldunes según el uso que hacen del euskera

Si tomamos en consideración la utilización del euskera que los bilingües realizan en la familia y con los compañeros es posible establecer una tipología que nos permita saber cuáles son las características que presentan estos tipos: ¿quiénes son?, ¿dónde residen?, ¿cuál es su interés por el euskera? Desde la Dirección de Política Lingüística se han elaborado siete tipos diferentes que al estilo de los tipos ideales weberianos muestran peculiaridades distintivas. Los tipos serían los siguientes: a) los que usan siempre euskera, b) preferentemente el euskera, c) las dos lenguas por igual, d) en la familia el euskera y el castellano con los amigos, e) el euskera con los amigos y el castellano con la familia, f) preferentemente el castellano y, g) siempre el castellano[13].

---

[13] Esta tipología de los euskaldunes según el uso que realizan del euskera puede encontrarse en *"La Continuidad del Euskera II"* (Gobierno Vasco, 1999a).

¿Quiénes son los que siempre utilizan el euskera? El retrato social sería una persona mayor de 35 años cuya lengua de la infancia fue el euskera, que se encuentra más cómodo al usar el euskera, residente en la provincia de Gipuzkoa en una zona con más de un 45% de bilingües, muy interesada por el euskera y con una actitud muy favorable hacia dicho idioma. Vive en una familia en la que todos conocen el euskera, la mayoría de sus amigos saben euskera y siempre habla euskera en casa y con los amigos.

Las personas que casi siempre hablan euskera están comprendidas entre 35 y 64 años, cuya lengua de la infancia fue el euskera, con una buena desenvoltura tanto en euskera como en castellano, residentes en Gipuzkoa en una zona con más de un 20% y menos de un 80% de bilingües, muy interesadas en el euskera y con una actitud favorable hacia el euskera. En sus familias prácticamente todos saben euskera y al menos la mitad de las conversaciones son siempre en euskera, más de la mitad de sus amigos saben euskera, y las conversaciones con ellos se realizan en euskera en la mitad de los casos y tanto en euskera como en castellano en la otra mitad.

Los que usan ambas lenguas por igual son jóvenes mayores de 25 años y adultos menores de 49 años, de lengua infantil euskera y buena competencia en ambos idiomas. Residen en Gipuzkoa en zonas con más del 20% y menos del 80% de bilingües, están bastante interesados en el euskera y muestran una actitud favorable a esta lengua. Además, todos los familiares saben euskera pero en casa se habla tanto en euskera como en castellano, y más de la mitad de los amigos sabe euskera pero con ellos se habla en los dos idiomas.

El tipo euskaldún que reduce la utilización del euskera al ámbito familiar y que con los amigos se comunica en castellano tiene entre 25 y 49 años, es euskaldunzarra, bilingüe equilibrado o con tendencia a que predomine el castellano, residente en Bizkaia en una zona con más del 45% y menos del 80% de bilingües. Está muy interesado en el euskera, teniendo una actitud favorable hacia este idioma. Además, en casa todos saben euskera, pero muchos de sus amigos no y casi siempre habla con ellos en castellano.

Algunos invierten este orden para hablar castellano en casa y euskera con los amigos. Son jóvenes entre 16 y 24 años, que usaban el euskera en la infancia pero que tienen tendencia a que predomine el castellano. Residentes en Gipuzkoa y en Bizkaia en zonas con menos de un 80% de euskaldunes. Tienen gran interés y una actitud positiva ante el euskera. Sin embargo, en casa algunos no saben euskera y mayoritariamente se habla en castellano, pero dado que casi todos los amigos saben euskera, prácticamente solo se utiliza dicha lengua entre ellos.

Los bilingües que usan preferentemente el castellano son jóvenes entre 16 y 34 años con euskera como lengua de la infancia, pero con más facilidad para hablar en castellano, residentes en Gipuzkoa y Bizkaia en zonas con menos de un 80% de bilingües, están bastante interesados en la lengua teniendo hacia ella una actitud positiva. En su familia se hablan las dos lenguas aunque la mayoría sabe euskera, con tendencia a usar más el castellano con los amigos, aunque puedan comunicarse en euskera.

Finalmente los euskaldunes pasivos que hablan todo en castellano son jóvenes entre 16 y 24 años con el castellano como lengua de la infancia y más facilidad para hablar castellano, residentes en Bizkaia en zonas con menos de un 45% de euskaldunes, con cierto interés por el euskera y una actitud favorable hacia él, pertenecientes a familias en las que menos de la mitad de sus miembros saben euskera, y que hablan siempre en castellano tanto en casa como con los amigos.

5.5. TIPOLOGÍA DE LENGUA DE USO EN CASA

Casi la mitad de los euskaldunes[14] utiliza habitualmente el euskera en casa, mientras uno de cada cuatro se comunica tanto en euskera como en castellano, y uno de cada tres lo hace solo en castellano. El hecho de usar una u otra lengua depende de diferentes factores, pero los más importantes son el grado de competencia lingüística (muy relacionado con el hecho de que el euskera sea o no la lengua materna), el mayor o menor número de euskaldunes en el hogar y la presencia del euskera en el lugar de residencia. Mientras el primero de los factores remite a las habilidades personales para comunicarse en euskera, los otros dos se refieren a la densidad demolingüística en el ámbito familiar y en el entorno geográfico más amplio.

Los que más utilizan el euskera son los vascófonos, casi siete de cada diez se comunican solo en euskera mientras que no llegan a uno de cada diez los que utilizan el castellano. Los bilingües de origen tienden a usar las dos lenguas aunque casi uno de cada tres utiliza habitualmente el castellano. Uno de los tipos más interesantes de analizar es el del neo-vascófono, pues la extensión del euskera en el uso cotidiano depende en buena medida de su comportamiento. Sin embargo, los que se comunican preferentemente en euskera no sobrepasan el 3%, y más de ocho de cada diez se expresan en castellano. Tanto los neo-vascófonos parciales cuanto los parcialmente castellanizados hacen un uso todavía menor del euskera.

La utilización del euskera desciende más cuanto mayor es el número de castellanohablantes en el entorno. Así más de siete de cada diez vascófonos en

---

[14] Estos resultados proceden de los datos del Padrón Municipal de la Comunidad Autónoma Vasca de 1996. Tomado del *II Mapa Sociolingüístico*, Tercer Tomo, 1999, 48.

Gipuzkoa, seis de cada diez en Bizkaia y cuatro de cada diez en Araba se comunican principalmente en euskera. Cuando en una familia el número de euskaldunes está por encima del 80% de sus miembros, la mayoría de las comunicaciones se realiza en esta lengua, pero por debajo de este porcentaje la frecuencia de utilización se reduce drásticamente. El incremento del número de euskaldunes en las familias mediante la incorporación de los neo-vascófonos está lejos de suponer un crecimiento significativo en el uso del euskera, ya que éstos siguen usando el castellano. Como se afirma en el *II Mapa Sociolingüístico*:

> esto se debe a dos razones. Por un lado, los neo-vascófonos poseen una mayor facilidad para desenvolverse en castellano. Por otro lado, estos neo-vascófonos suelen ser los más jóvenes de la familia y deben el aprendizaje del euskera al sistema educativo. Esto supone que sus padres, por lo general, son erdaldunes, por lo que la lengua de uso en casa sigue siendo el castellano (Gobierno Vasco 1999b: 53).

Si analizamos los datos de 2001 (Tabla 8) sobre el uso del euskera y otras lenguas en diferentes situaciones cotidianas de interacción, la situación no cambia sustancialmente. Los que hablaban en euskera o en euskera principalmente continúan haciéndolo. La diferencia más notable, y que se va acentuando con el paso de los años, es el incremento paulatino de los que utilizan una lengua diferente del euskera. La causa habría que buscarla no tanto en una disminución de la utilización por quienes ya utilizaban el euskera como en un incremento de quienes han aprendido euskera pero continúan usando la lengua que utilizaban con anterioridad.

En todo caso, en 2001, según los datos presentados en la Tabla 8, 322.565 personas hacían uso del euskera en distinto grado en casa, y una cantidad parecida con sus padres, hermanos y amigos, así como en los comercios. La mayoría de los bilingües utiliza siempre el euskera con los hijos, hermanos, amigos, en el banco o caja de ahorros, con los profesores de los hijos y con los trabajadores del Ayuntamiento; y la mayoría de los bilingües utiliza siempre otra lengua distinta del euskera en casa, con la madre y el padre, con su pareja, con los compañeros de trabajo, en los comercios habituales y con los trabajadores de servicios sanitarios.

6. Las actitudes de los vascos hacia la promoción del euskera

6.1. LA PROMOCIÓN DEL EUSKERA EN LA CAV

Cuestiones sobre la actitud de la población con respecto a algunas medidas de apoyo al euskera se vienen planteando desde inicios de los 80. Consistentemente la mayoría de la población manifiesta su apoyo hacia medidas como incentivar el

TABLA 8
Usos lingüísticos en diversas situaciones sociales de la población bilingüe de la CAV ≥16 años en 2001

	Siempre en euskera	Más en euskera que en lengua distinta	Tanto en euskera como en lengua distinta	Más en lengua distinta que en euskera	Siempre en lengua distinta de la vasca
En casa	142.732	51.322	63.552	64.959	167.974
Con la madre	125.780	18.368	21.868	20.373	168.687
Con el padre	100.928	14.028	15.781	9.328	157.901
Con marido/mujer/pareja	89.411	18.697	22.505	31.710	100.061
Con hijos/as	143.484	27.816	33.821	21.881	25.698
Con hermanos/hermanas	200.600	32.784	60.416	59.434	133.507
Con amigos	152.843	69.680	94.014	105.651	106.222
Con compañeros de trabajo	67.832	29.100	48.456	37.312	69.730
Con comerciantes habituales	136.602	63.482	74.999	59.683	141.122
Con trabajadores de sucursales de banco o caja	223.955	50.413	59.662	40.008	131.127
Con profesores de los hijos	63.157	4.288	4.450	2.260	5.735
Con trabajadores del Ayuntamiento	213.827	43.006	43.387	36.458	93.257
Con trabajadores de servicios sanitarios	103.385	64.161	68.772	65.588	206.839

FUENTE: Viceconsejería de Política Lingüística. Gobierno Vasco.

euskera en el sistema educativo, en las administraciones públicas o en los medios de comunicación[15]. En *La continuidad del euskera II* leemos:

[15] Para mayor información puede consultarse *La lucha del euskera* (1983), *La Continuidad del Euskera* (1995), *La Continuidad del Euskera II* (1999) y *La Continuidad del Euskera III* (2004).

Las medidas que mayor apoyo reciben son las dirigidas a la euskaldunización de los más jóvenes, seguidas de las de introducción del euskera en la Administración Pública y en los medios de comunicación. Además uno de cada dos ciudadanos se muestra total o parcialmente en desacuerdo con la afirmación 'prefiero aprender inglés antes que aprender o perfeccionar el euskera'. Preguntados sobre el modelo lingüístico que quisieran para sus hijos dentro del sistema educativo, casi todos (82%) los ciudadanos de la Comunidad Autónoma Vasca optan por el modelo bilingüe o solo en euskera (1997: 30).

Agrupando las respuestas de los entrevistados ante la promoción del uso del euskera tendríamos que el 14% manifiesta una actitud muy favorable, el 32% favorable, un 38% ni favorable ni desfavorable, el 14% desfavorable y el 2% muy desfavorable (Tabla 9). La mitad de las personas entrevistadas se situarían en una posición de apoyo a la promoción y la otra mitad no mostraría una postura definida o mantendría una postura contraria a la promoción.

Como puede observarse en la Tabla 9, son mayoría los que están a favor de la promoción del uso del euskera, seguidos de los que muestran una posición de indecisión o de indiferencia (ni favorable, ni desfavorable). Los que muestran una actitud muy favorable son casi tantos como los que se manifiestan desfavorables, con 47.534 personas que son muy desfavorables. Si nos fijamos en los polos, son 907.947 los que estarían a favor y 291.710 quienes estarían en contra. La relación entre los que están a favor y en contra de la promoción del uso del euskera es más favorable a ésta entre los mayores de 65 y entre los menores de 25 años.

TABLA 9
Actitud ante la promoción del uso del euskera
entre los ≥16 años de la CAV (2001)

	16-24	25-34	35-49	50-64	≥65	Total
Muy favorable	37.839	43.305	61.506	53.017	47.351	243.019
Favorable	92.289	114.452	173.040	136.927	148.220	664.928
Ni favorable, ni desfavorable	83.025	130.062	164.984	112.135	116.827	607.034
Desfavorable	26.513	44.555	68.499	66.846	37.763	244.176
Muy desfavorable	8.641	14.523	10.519	9.509	4.342	47.534

FUENTE: Viceconsejería de Política Lingüística. Gobierno Vasco.

6.2. La promoción del euskera entre los euskaldunes

La identificación entre hablar euskera y ser vasco es rechazada por más de la mitad de los entrevistados en la CAV. De los preguntados, siete de cada diez alaveses y la mitad de los vizcaínos y guipuzcoanos se manifiestan en contra de la necesidad de dicha relación. Sin embargo, mientras tres de cada cuatro residentes en zonas con más del 80% de bilingües y más de la mitad de los que viven en áreas con 45-80% se muestran de acuerdo con aquella afirmación, seis de cada diez residentes en las otras zonas dicen estar en contra. A mayor edad de los entrevistados mayor apoyo a la relación entre ser vasco y hablar euskera, y a menor edad mayor rechazo.

Únicamente el grupo de los nativos manifiesta algo más de apoyo que rechazo a dicha relación, encontrando un rechazo mayoritario entre los no nativos y los nativos con alguno de sus progenitores nacido fuera del País Vasco. Cuanto mayor uso del euskera dicen hacer los entrevistados mayor apoyo a la identificación euskera/ser vasco y a mayor uso del castellano mayor rechazo. Finalmente, los que se definen como euskaldunes se muestran conformes con dicha asociación en el 73% de los casos, y el 66% de los castellanohablantes la rechazan.

La mitad de los entrevistados afirma preferir aprender euskera antes que inglés. Esta posición favorable hacia el euskera es un poco menor en Araba y mayoritaria en Bizkaia y Gipuzkoa, con un apoyo más intenso en las zonas más vascófonas. Los que se muestran a favor aumentan progresivamente desde los mayores de 65 años hasta los menores de 24 años. Los nativos e, incluso, los nacidos en la CAV de padre/madre inmigrante y los emigrantes también responden positivamente al euskera frente al inglés. A mayor grado de utilización de euskera mayor intensidad en la oposición a dar prioridad al inglés.

La necesidad de que todos los niños aprendan euskera tiene el apoyo de 7 de cada 10 entrevistados, siendo mayor entre los guipuzcoanos y menor entre los alaveses, pero con un gran consenso en todas las zonas lingüísticas: el 64% en las que tienen menos de un 20% de euskaldunes y en 8 de cada diez personas en las áreas donde hay más de un 80%. No hay diferencias entre las distintas edades ya que en todas ellas se produce un acuerdo a dicha medida en torno al 70% de los entrevistados. También aumenta el apoyo entre los nativos y a mayor utilización del euskera, siendo mayoritario tanto entre los euskaldunes como entre los castellanohablantes.

El incremento de los programas de radio y TV en euskera recibe el doble de conformidad que de rechazo, siendo mayor en Gipuzkoa y en las zonas de mayor porcentaje de euskaldunes. Estas medidas de promoción son más apoyadas por los más jóvenes, por los nativos más que por los inmigrantes, por aquellos que hacen mayor uso del euskera y por los que se definen como euskaldunes.

Sobre la necesidad de saber euskera para entrar en la Administración Pública, 6 de cada 10 entrevistados se muestran conformes con dicha medida, con apoyo mayoritario en los tres Territorios Históricos, más intenso en las zonas con más densidad de euskaldunes, mayor acuerdo cuanto más jóvenes son los entrevistados, más elevado entre los nativos que entre los no nacidos en la CAV, con un amplísimo apoyo (más de 7 de cada 10) entre los euskaldunes y los que utilizan más el euskera, aunque también se muestra conforme la mitad de los castellanohablantes.

7. Conclusiones

La aceptación de la recuperación de la lengua como paso fundamental en el proceso de reafirmación de la identidad colectiva vasca es el resultado del éxito alcanzado por el movimiento etnolingüístico durante los últimos años del franquismo y el período de transición a la democracia. Esta reivindicación ha sido asumida por amplios sectores de la sociedad vasca, aunque su defensa alcanza mayor intensidad entre quienes se inscriben dentro del nacionalismo vasco. Si bien existe una gran pluralidad de definiciones sobre la identidad vasca, la definición de raíz etnolingüística se ha extendido en la sociedad hasta llegar a ser hegemónica. Aunque sectores alejados del nacionalismo vasco se están incorporando progresivamente a esta definición del nosotros mediante el aprendizaje de la lengua y, por lo tanto, participan en su normalización práctica y simbólica, ello no implica que terminen compartiendo los valores y creencias del nacionalismo vasco. Por el contrario, están contribuyendo a que la relación entre identidad colectiva y lengua se pueda interpretar de manera más plural. Mientras para los que se identifican con el nacionalismo vasco el euskera como atributo ocupa una centralidad tanto práctica como simbólica en la definición del nosotros, entre los no nacionalistas ambas dimensiones no van unidas: se acepta con mayor facilidad el símbolo que la práctica. Esta hegemonía de la definición esencialista comparte el protagonismo, de manera creciente, con una definición de carácter más abierto, formulada en términos de ciudadanía, inclusive entre numerosos vascohablantes. Son las condiciones de compatibilidad de esta pluralidad las que requerirán una mayor investigación en el futuro.

Desde un punto de vista teórico, el estudio de las relaciones entre identidad colectiva y lengua resulta clave para la comprensión del proceso seguido por el movimiento etnolingüístico vasco entre 1950 y 1975. Durante esta etapa la existencia de un contexto político de represión tuvo consecuencias paradójicas, pues repercutió negativamente sobre la posibilidad de utilización práctica del euskera entre los vascohablantes, pero también desencadenó una progresiva toma de conciencia de la situación agónica de la lengua y la reaparición del movimiento de recuperación lingüística.

Con el cambio a una estructura política abierta a partir de 1975, las nuevas instituciones vascas que aparecen como resultado del proceso de descentralización del Estado y del reconocimiento de una identidad territorial propia en el País Vasco han asumido el objetivo principal del movimiento etnolingüístico, que consiste en la recuperación del euskera en tanto que medio de comunicación y como símbolo de la identidad colectiva vasca.

El resultado después de más de dos décadas de planificación pública ha sido una progresiva institucionalización del movimiento. Esta institucionalización se ha producido en un doble sentido: a) a nivel de conciencia, la relación entre recuperación de la lengua e identidad colectiva no se cuestiona seriamente en la sociedad vasca; b) a nivel estructural observamos un progresivo control institucional del movimiento etnolingüístico por su dependencia de los recursos económicos procedentes de las instituciones públicas.

Esta nueva situación ha introducido también transformaciones importantes en el interior del movimiento. Las dos más relevantes han sido: a) la aparición de un creciente pluralismo organizativo fruto tanto de los conflictos internos en AEK, la organización que fue durante largo tiempo el motor del movimiento, como de una progresiva especialización de la esfera lingüística; b) la paulatina profesionalización del movimiento etnolingüístico que reduce la movilización y la espontaneidad e incrementa el pragmatismo y la planificación.

El conocimiento de euskera se ha extendido en las dos últimas décadas. Uno de cada tres vascohablantes ha adquirido el euskera en este periodo. El conocimiento de euskera avanza en todas las Comarcas de los tres Territorios Históricos: el porcentaje de euskaldunes se ha incrementado en 10 puntos porcentuales. El peso mayor de los nuevos euskaldunes está en el Territorio de Araba.

Los cambios de una generación a la siguiente también son notables. Mientras el porcentaje de euskaldunes se reduce en las edades más altas, se mantiene estable en las edades intermedias, y se recupera intensamente entre los más jóvenes.

La disminución del porcentaje de vascohablantes existente en la CAV se produjo en las décadas centrales del siglo pasado como resultado de la presión social y política ejercida contra el euskera en el marco de un régimen político no democrático, del abandono voluntario o forzado del euskera por parte de algunos euskaldunes fruto de la presión ejercida en el sistema educativo y cultural (un aspecto importante en este proceso de desapego por el euskera fue la ausencia o el bajo prestigio social de la lengua frente a otras alternativas), las migraciones internas de zonas rurales a urbanas y hacia el exterior, y el incremento demográfico que posibilitó la incorporación a la CAV de significativos flujos de población durante las décadas de 1950 y 1960 que impulsaron el desarrollo industrial y económico vasco.

En los últimos años se ha mantenido la transmisión del euskera de padres a hijos, aunque existen grandes diferencias territoriales ya que la mayoría de los que tienen el euskera como lengua materna residen en Gipuzkoa y los que residen en Araba no alcanzan el 3%. La reproducción familiar de la lengua es mayor cuanto mayor es el contexto euskaldún en el que se reside. Las pérdidas de vascohablantes se mantienen por debajo del 1%, mientras las incorporaciones de neo-vascófonos no han dejado de crecer.

El importante incremento de las personas bilingües no habría sido posible sin la contribución de la escuela en la enseñanza del euskera a las nuevas generaciones. En las nuevas generaciones el porcentaje de euskaldunes es significativamente mayor que el de la generación de mayor edad. Como resultado de la incorporación del euskera al sistema obligatorio de enseñanza seis de cada diez menores de 10 años son bilingües.

El cambio lingüístico que está protagonizando la nueva generación de los menores de 20 años se debe a la transmisión del euskera en el seno de las familias euskaldunes pero, sobre todo, a la contribución del sistema educativo en la producción de nuevos vascohablantes. El sistema informal de enseñanza y las ikastolas frenaron la pérdida del euskera entre los adultos, mientras entre los más jóvenes la generalización de los modelos lingüísticos es responsable de la existencia de uno de cada tres vascohablantes. La importancia de las prácticas lingüísticas de estos neo-vascófonos es de la mayor significación para el porvenir del euskera tanto porque en el futuro tendrán que decidir si transmiten o no el euskera como lengua materna a sus descendientes cuanto por su relevancia para que el uso del euskera alcance mayores cotas. La significación de este grupo de vascohablantes es realmente elevada en el caso de Araba y Bizkaia, mientras cuantitativa y cualitativamente se reduce en el caso de Gipuzkoa.

La progresiva incorporación del euskera al sistema educativo en general y a la Universidad del País Vasco ha contribuido a su presencia en los niveles más altos de la elaboración científica y cultural. El ámbito de la enseñanza de euskera a adultos ha experimentado un importante impulso como resultado de la colaboración entre el movimiento de recuperación lingüística (AEK), otras organizaciones privadas (BERTAN e IKA) y la Administración Pública (HABE).

El sistema educativo es el ámbito estratégico central sobre el que descansa la posibilidad de extensión del euskera para las próximas generaciones. El crecimiento constante de los modelos bilingüe (B) y euskaldún (D) puede interpretarse como una apuesta firme de los padres por las posibilidades del euskera, por el deseo de una situación lingüística normalizada y, en muchos casos, por un cálculo pragmático sobre el valor de cambio del euskera en el mercado laboral. No parece que las razones instrumentales, afectivas o políticas vayan a suponer un cambio inmediato en la sustitución progresiva del modelo castellanófono (A) por los vascófonos, más bien existen numerosos indicadores para poder afirmar lo contrario. Si observamos la evolución de dichos modelos lingüísticos en las dos últimas décadas, podemos mantener que la presión del bilingüismo se desplazará paulatinamente desde la educación infantil y primaria a la secundaria obligatoria y a la universidad, al menos en el sector público. El sector privado de la enseñanza se ha mostrado, hasta el momento, algo menos permeable que el público ante la euskaldunización.

Los colectivos de neo-vascófonos y neo-vascófonos parciales representan el futuro del euskera y la posibilidad cierta de su recuperación intensiva. De su respuesta a los estímulos sociales y políticos ante el euskera dependerá la progresión inmediata y la transmisión del euskera a las generaciones futuras, si damos por supuesto que los vascófonos y los bilingües de origen mantendrán su fidelidad lingüística hacia el euskera.

Los ámbitos de la intimidad resultan ser los lugares en los que los euskaldunes realizan un uso más frecuente del euskera. A medida que salimos de la familia y el grupo de amistades, la intensidad en la utilización del euskera se va paulatinamente reduciendo. Los espacios más institucionalizados y formales son los que generan mayor resistencia al uso del euskera.

Tanto si nos aproximamos a la utilización del euskera mediante información censal como si lo hacemos a través de encuestas, las prácticas lingüísticas de los euskaldunes varían en función de cuatro variables: la edad, la habilidad y facilidad lingüísticas en el manejo del euskera, la densidad de euskaldunes en la familia y la densidad demolingüística del lugar de residencia. Los jóvenes hablan menos en euskera que los adultos y mayores, tienden a utilizarlo menos a medida que se posee menos facilidad que para expresarse en otras lenguas –menor habilidad equivale a menor uso–, se habla poco euskera en aquellas familias donde menos del 80% lo conoce y, finalmente, existe menos comunicación en euskera entre euskaldunes que residen en áreas geográficas donde menos de la mitad de la población es bilingüe.

Las características del proceso de recuperación del euskera y las condiciones estructurales del punto de partida son los límites sociales con los que tropiezan las políticas lingüísticas encaminadas hacia la consecución de una sociedad bilingüe. Los más jóvenes –neo-vascófonos en gran medida– utilizan menos el euskera que los adultos porque también son bilingües pero con un mayor grado de competencia en castellano. La habilidad diferencial para comunicarse en castellano les lleva a una economía lingüística que les aleja más y más del euskera en ausencia de otros incentivos personales o colectivos. Muchos de los neo-vascófonos no encuentran con quién hablar euskera en casa, ya que la mayoría de sus familiares son exclusivamente o mayoritariamente castellanohablantes, y cuando ello no es así la costumbre y los hábitos lingüísticos hacen el resto. Además, la mayoría de los neo-vascófonos reside en áreas geográficas de claro predominio del castellano, por lo que resulta complicado mantener, o simplemente encontrar, un ambiente social euskaldún. En cualquier caso, competir con la presencia ambiental del castellano cuando previamente se han interiorizado las reducidas fronteras lingüísticas dentro de las que se mueve el euskera en buena parte de la CAV resulta difícil y complicado.

El futuro del euskera parece prometedor, aunque existen dificultades objetivas y subjetivas. Por primera vez en muchas décadas, el devenir de la lengua depende de las intenciones y tentaciones de la comunidad euskaldún y, de manera creciente, del colectivo de los neo-vascófonos, ámbito estratégico y privilegiado del cambio lingüístico merecedor de una profunda investigación científica en el futuro.

A pesar de los avances cuantitativos mostrados en el conocimiento del euskera, no podemos afirmar que estemos ante un retroceso generalizado del castellano. Por el contrario, los datos aportados señalan que los procesos de sustitución de la lengua materna y de la lengua habitual de comunicación por otra no son una mera proyección de los cambios en el conocimiento. Las políticas lingüísticas impulsadas por las administraciones públicas tienen límites estructurales de los que depende su grado de eficacia: a) la diversidad de contextos sociolingüísticos en los que tiene lugar el incremento de personas bilingües, y b) las biopolíticas que ponen en funcionamiento los hablantes en situaciones de bilingüismo que dependen de sus hábitos lingüísticos, preferencias, inscripciones y valoraciones sociales sobre sus disponibilidades lingüísticas y su particular ubicación en las coordenadas de los proyectos lingüístico-identitarios deseables.

Los proyectos lingüístico-identitarios marcaron los derroteros de la recuperación del euskera en los momentos difíciles de buena parte del siglo pasado, supusieron el empuje necesario para el posterior desarrollo de las políticas lingüísticas públicas emprendidas a partir de la década de 1980, y son el combustible imprescindible para que el proceso de cambio lingüístico continúe desarrollándose en la Comunidad Autónoma Vasca.

8. Glosario

AED	Arrasate Euskaldun Dezagun [Euskaldunizemos Arrasate-Mondragón]
AEK	Coordinadora para la alfabetización y euskaldunización de adultos
BERTAN	Asociación de centros privados de enseñanza de euskera
EA	Eusko Alkartasuna [Alianza Vasca]
EEk	Euskera Elkarteak. Asociaciones en favor del euskera

EE	Euskadiko Ezkerra [Izquierda de Euskadi]. Partido político de carácter nacionalista y socialdemócrata fusionado con el PSE-PSOE
EKB	Federación de asociaciones que trabajan en favor de la cultura vasca
ERDELDUN	Persona que no habla euskera
ETA	Euskadi ta Askatasuna [Euskadi y Libertad]. Organización nacionalista que utiliza la violencia para alcanzar la independencia de Euskal Herria
EUSKALDUNZARRA	Persona con el euskera como lengua materna
EUSKALTZAINDIA	Real Academia de la Lengua Vasca
HABE	Instituto de alfabetización y euskaldunización de adultos dependiente del Gobierno Vasco
HB	Herri Batasuna [Unidad Popular]. Coalición de partidos nacionalistas de carácter independentista ilegalizada por su relación orgánica con ETA. Sustituida por Euskal Herritarrok y, posteriormente, por Batasuna
IKA	Asociación de centros privados de Araba y Navarra de enseñanza de euskera
IKASTOLA	Centro educativo que enseña en euskera
EB-IU	Ezker Batua-Izquierda Unida. Coalición de partidos de la izquierda socialista
OSAKIDETZA	Servicio Vasco de Salud
PNV-EAJ	Partido Nacionalista Vasco-Eusko Alderdi Jeltzalea. Partido nacionalista de inspiración socialcristiana
PP	Partido Popular. Partido de ámbito estatal de carácter conservador
PSE-EE	Partido Socialista de Euskadi-Euskadido Ezkerra. Forma parte del Partido Socialista Obrero Español de ámbito estatal
UA	Unidad Alavesa. Partido regionalista de inspiración conservadora que propone la desvinculación del Territorio de Araba de la Comunidad Autónoma Vasca

9. Anexo: Evolución de la población de la CAV de 2 y más años por nivel de euskera y territorio

	Año	CAV	Araba	Gipuzkoa	Bizkaia
Total	1981	2.076.448	249.056	674.361	1.153.031
	1986	2.089.995	261.228	674.778	1.153.989
	1991	2.068.927	267.557	665.012	1.136.358
	1996	2.062.525	277.011	663.914	1.121.600
	2001	2.033.247	279.460	656.499	1.097.288
Euskaldunes	1981	447.776	9.686	266.568	171.522
	1986	513.804	17.422	294.693	201.689
	1991	543.617	22.995	305.403	215.219
	1996	636.816	40.479	330.230	266.107
	2001	656.980	45.312	337.796	273.872
Euskaldunes alfabetizados	1981	208.319	5.653	132.253	70.413
	1986	318.941	12.946	193.302	112.693
	1991	368.921	18.332	212.875	137.714
	1996	484.007	35.379	249.162	199.466
	2001	527.771	39.499	273.989	214.283
Euskaldunes parcialmente alfabetizados	1981	179.296	2.955	105.385	70.956
	1986	138.984	3.003	75.425	60.556
	1991	127.068	3.285	69.952	53.831
	1996	113.985	3.280	63.389	47.316
	2001	106.433	4.532	53.423	48.478
Euskaldunes no alfabetizados	1981	60.161	1.078	28.930	30.153
	1986	55.879	1.473	25.966	28.440
	1991	47.628	1.378	22.576	23.674
	1996	38.824	1.820	17.679	19.325
	2001	22.776	1.281	10.384	11.111
Cuasi-euskaldunes	1981	300.394	23.785	122.058	154.551
	1986	364.162	43.999	114.419	205.744
	1991	410.536	53.581	123.691	233.264
	1996	406.810	54.366	119.217	233.227
	2001	470.124	68.907	129.183	272.034
Cuasi-euskaldunes alfabetizados	1981	160.203	14.629	55.513	90.061
	1986	222.124	31.282	55.542	135.300
	1991	263.908	38.670	64.581	160.657
	1996	266.112	40.650	62.486	162.976
	2001	302.487	49.205	67.468	185.814

	Año	CAV	Araba	Gipuzkoa	Bizkaia
Cuasi-euskaldunes	1981	84.110	4.746	45.494	33.870
no alfabetizados	1986	76.567	6.105	35.379	35.083
	1991	72.262	6.307	33.285	32.670
	1996	65.843	5.418	29.411	31.014
	2001	71.711	6.771	30.830	34.110
Cuasi-euskaldunes pasivos	1981	56.081	4.410	21.051	30.620
	1986	65.471	6.612	23.498	35.361
	1991	74.366	8.604	25.825	39.937
	1996	74.855	8.298	27.320	39.237
	2001	95.926	12.931	30.885	52.110
Erdaldunes o	1981	1.328.278	215.585	285.735	826.958
castellano-hablantes	1986	1.212.029	199.807	265.666	746.556
	1991	1.114.774	190.981	235.918	687.875
	1996	1.018.899	182.166	214.467	622.266
	2001	906.143	165.241	189.520	551.382

FUENTE: Viceconsejería de Política Lingüística. Dep. de Cultura. Gobierno Vasco.

10. Bibliografía

ARPAL, Jesús/ASÚA, Begoña/DÁVILA, Pauli (1982): *Educación y sociedad en el País Vasco*. San Sebastián: Txertoa.

COBARRUBIAS, Juan/FISHMAN, Joshua (eds.) (1983): *Progress in Language Planning: International Perspectives*. Berlin: Mouton.

COULMAS, Florian (ed.) (1991): *A Language Policy for the European Community: Prospects and Quandaries*. Berlin/New York: Mouton de Gruyter.

EDWARDS, John (1985): *Language, Society and Identity*. Oxford: Blackwell.

EUSKALTZAINDIA (1977): *El libro blanco del euskera*. Bilbao: Euskaltzaindia.

— (1979): *Conflicto lingüístico en Euskadi*. Bilbao: Ediciones Vascas.

EUSTAT (1984): *Educación y euskara. Padrón Municipal de Habitantes 1981 de la C. A. de Euskadi*. Bilbao: Gobierno Vasco.

— (1988): *Educación y euskara. Padrón Municipal de Habitantes 1986 de la C. A. de Euskadi*. Vitoria-Gasteiz: Gobierno Vasco.

— (1994): *Educación y euskara. Censos de Población y Viviendas 1991 de la C. A. de Euskadi*. Vitoria-Gasteiz: Gobierno Vasco.

FISHMAN, Joshua A. (1989): *Language and Ethnicity in Minority Sociolinguistic Perspective*. Clevedon, Philadelphia: Multilingual Matters.

GOBIERNO VASCO (1989): *Mapa sociolingüístico. Análisis demolingüístico de la Comunidad Autónoma Vasca derivado del Padrón de 1986*. Vitoria-Gasteiz: Secretaría General de Política Lingüística.

— (1995): *La Continuidad del Euskera I*. Vitoria-Gasteiz: Servicio Central de Publicaciones del Gobierno Vasco.

— (1996): *Evaluación del proceso de normalización del uso del euskera en las Administraciones Públicas vascas*. Vitoria-Gasteiz: Servicio Central de Publicaciones del Gobierno Vasco.

— (1997): *La Continuidad del Euskera II (Resumen)*. Gobierno de Navarra e Instituto Cultural Vasco.

— (1999a): *La Continuidad del Euskera II*. Vitoria-Gasteiz: Servicio Central de Publicaciones del Gobierno Vasco.

— (1999b): *II Mapa Sociolingüístico*, Tercer Tomo. Vitoria-Gasteiz: Servicio Central de Publicaciones del Gobierno Vasco.

— (2004): *La Continuidad del Euskera III*. Vitoria-Gasteiz: Servicio Central de Publicaciones del Gobierno Vasco.

— (2005): *III Mapa Sociolingüístico*. Vitoria-Gasteiz: Servicio Central de Publicaciones del Gobierno Vasco.

GUMPERZ, John (1982): *Language and Social Identity*. Cambridge: Cambridge University Press.

HAUGEN, Einar (1966): *Language Conflict and Language Planning: The Case of Modern Norwegian*. Cambridge, Mass.: Harvard University Press.

MATEO, Miren (2003): "Indicadores de valutazione de s'efetu e de sa valididade de sas politicas linguisticas". Ponencia presentada en el congreso: *Sa limba, richesa naturale de sa terra nostra*. Mamujada, Nùgoro, Cerdeña.

MICHELENA, Luis (1977): "El largo y difícil camino del euskera", en: EUSKALTZAINDIA: *El libro blanco del euskera*. Bilbao: Euskaltzaindia.

PÉREZ-AGOTE, Alfonso (1984): *La reproducción del nacionalismo vasco*. Madrid: CIS-Siglo XXI.

— (1987): *El nacionalismo vasco a la salida del franquismo*. Madrid: CIS-Siglo XXI.

RUIZ OLABUENAGA, Jose Ignacio (1983): *La lucha del euskera en la Comunidad Autónoma Vasca*. Vitoria-Gasteiz: Gobierno Vasco.

— (1984): *Atlas Lingüístico Vasco*. Vitoria-Gasteiz: Gobierno Vasco.

SHAPIRO, Michael (ed.) (1984): *Language and Politics*. Oxford: Blackwell.

TARROW, Sidney (1994): *Power in Movement: Social Movements, Collective Action and Politics*, Cambridge: CUP (trad.: *El poder en movimiento. Los movimientos sociales, la acción colectiva y la política*. Madrid: Alianza, 1997).

TEJERINA, Benjamín (1992): *Nacionalismo y lengua. Los procesos de cambio lingüístico en el País Vasco*. Madrid: CIS/Siglo XXI.

— (1999): "El poder de los símbolos. Identidad colectiva y movimiento etnolingüístico en el País Vasco", en: *Revista Española de Investigaciones Sociológicas* 88, Octubre-Diciembre, 75-105.

— (2000): "Euskera", en: *Panorámica social de la Comunidad Autónoma de Euskadi*. Vitoria-Gasteiz: Instituto Vasco de Estadística-Eustat, 203-244.

— (2004): "Le lingue minoritarie come fattore di sviluppo: Intervento e mercato nel caso dell'euskara", en: Cisilino, William (ed.): *Lingue minoritarie e identità locali come risorse economiche e fattori di sviluppo*. Udine: Forum editrice universitaria udinese, 149-167.

TEJERINA, Benjamín/FERNÁNDEZ, José Manuel/AIERDI, Xabier (1995): *Sociedad civil, protesta y movimientos sociales en el País Vasco*. Vitoria-Gasteiz: Servicio Central de Publicaciones del Gobierno Vasco.

TORREALDAY, J. M. (1977): *Euskal idazleak gaur. Historia social de la lengua y literatura vascas*. Oñate-Arantzazu: Jakin.

VALLE, Teresa del (1988): *Korrika. Rituales de la lengua en el espacio*. Barcelona: Anthropos.

http://www1.euskadi.net/euskara_adierazleak/indice.apl "Sistema de indicadores lingüísticos de Euskal Herria".

http://www.eustat.es/bancopx/spanish/indiceasp "Información estadística sobre el Euskera a partir de los Censos de Población y Vivienda".

http://www.ehu.es/euskara-orria/cas/euskera/euskera.htm

REQUISITOS PARA SER LENGUA: EL CASO DEL ASTURIANO
Y DE OTRAS MODALIDADES LINGÜÍSTICAS DE ESPAÑA

JOHANNES KABATEK

1. Los discursos acerca de las lenguas de España

Los discursos acerca de las lenguas, como los discursos acerca de los objetos en general, se generan en determinadas situaciones, a partir de las cuales se vuelven en parte autónomos y adquieren su tradición propia. La autonomía de los discursos metalingüísticos permite su transformación y su aplicación en lugares o situaciones distintas, ajenos al lugar original de creación. Por mucha que sea la diferenciación interna del espacio comunicativo de España, también se pueden observar, al menos desde el siglo XVIII, redes comunicativas que permiten la migración de los discursos metalingüísticos, en nuestro caso de los discursos acerca de las modalidades lingüísticas. Son esas redes comunicativas las que generan la supuesta poligénesis del discurso de la ilustración y su postulado de respeto por las modalidades lingüísticas maternas de los diferentes pueblos dentro de España. Y son ellas las que llevan al paralelismo de los diferentes movimientos de reivindicación regional en el siglo XIX. Se podría escribir una historia de las lenguas y variedades lingüísticas de España en términos de una historia de génesis y migración de discursos, incluyendo evidentemente los discursos generados fuera de España, en Francia y Alemania, sobre todo.

Nos parece un aspecto de suma importancia, a la hora de presentar un balance de la política lingüística en España desde la Constitución de 1978, hacer hincapié en ese espacio discursivo común, con marco legal explícito en la propia Carta magna. Con todo, aunque los discursos viajen, las situaciones a las que se aplican son bien diversas, y la cuestión que hay que plantearse es cuáles son los efectos de la adopción de un discurso creado en ciertas zonas de Cataluña, por ejemplo, en el País Vasco o en Galicia. Y más allá de las tres comunidades "históricas", ¿cuál será el efecto de adopción de discursos como el de la "normalización lingüística", de la "lengua propia", de los "derechos a la lengua materna" en otras regiones, como en Aragón, en Canarias o en Asturias? Está claro que la adopción de esos discursos tiene límites, y que hace falta una mínima base histórica, lingüística y de conciencia lingüística para que esta adopción sea posible. En este artículo me limitaré básicamente al caso del asturiano, quizá el más discutido de los mencionados, ya que para algunos su situación es bien comparable a la del catalán, del éuscaro y más aún del vecino gallego, mientras que para otros se trata de una situación claramente distinta y sin fundamento comparable a las otras tres. Esta falta de unanimidad en la valoración de la situación lingüística asturiana deriva, como veremos, de la interpretación de los hechos históricos y actuales y no permite una decisión "objetiva" derivable del análisis sociolingüístico. El análisis únicamente puede enumerar los factores de los cuales derivan los diferentes juicios y preguntarse por las posibilidades de cada una de las tendencias. En las siguientes líneas, reflexionaremos sobre la base histórica, la base lingüística y las actitudes de los asturianos con respecto a la actual situación lingüística de Asturias.

2. La base histórica del asturiano

La *Academia de la Llingua Asturiana* da la siguiente descripción definitoria del asturiano:

> L'asturianu ye una llingua románica que se fala nel Principáu d'Asturies –comunidá autónoma del noroeste d'España–, anque tamién se caltién, con mayor o menor puxu, en fasteres más aisllaes de Lleón y Zamora, arriendes d'en Miranda del Douru (Portugal), u se fala'l "mirandés", variedá llingüística del dominiu ástur qu'apocayá tien reconocencia como idioma "oficial" nes tierres de Miranda (Academia de la Llingua, 2002).

Esta definición considera el asturiano como lengua románica en el concierto de las demás lenguas románicas. Mientras que la tradición de la filología románica o no planteaba la cuestión lengua-dialecto en sus menciones acerca del asturiano o bien lo consideraba *dialecto* iberorrománico y no lengua, desde hace algún tiempo van apareciendo cada vez más menciones sobre el asturiano como *lengua* al lado de otras lenguas románicas. Así por ejemplo, aparece el asturiano como lengua en el prestigioso *Lexikon der Romanistischen Linguistik*, en algunas recientes introducciones y en el catálogo *Ethnologue* de las lenguas del mundo[1]. Para algunos, queda así aclarada la cuestión de clasificación y el asturiano se ha ganado un lugar entre las lenguas romances. Aún así, no se trata de un mero problema de etiquetaje por parte de algún editor o autor determinado, sino de la cuestión del estatus del asturiano como modalidad lingüística y su estatus en la sociedad asturiana, por lo que conviene buscar más información en este sentido.

---

[1] <http://www.ethnologue.com/>.

El análisis de la base histórica del asturiano exige dos comentarios previos: en primer lugar, aunque la base histórica aparezca muchas veces como argumento de apoyo en los movimientos de normalización lingüística actuales, la historia lejana solo juega un papel indirecto para la realidad actual, un papel de apoyo discursivo, pero no de hechos inmediatos. Así, por ejemplo, de poco le sirve al occitano su glorioso pasado medieval si en el presente solo pocos lo aprecian y lo hablan. Por otro lado, una lengua sin pasado literario medieval como la vasca no tiene por qué ser menos importante en la actualidad que otras que sí lo tienen. El segundo comentario se refiere al estatus de las lenguas en la Edad Media: los romances medievales, inclusive los más desarrollados como el castellano y el catalán, no eran ni lenguas uniformizadas ni lenguas "plenamente normalizadas", como a veces se lee. Todos los romances medievales existían en convivencia diglósica con el latín y carecían de una unidad comparable a la de los estándares modernos. Nuestra concepción de lengua suele ser, por lo menos en parte, una concepción moderna que se refiere más a un estándar unitario que a un conjunto de variedades; sin embargo, tal estándar no existe en la Edad Media y la idea de "la lengua medieval" con respecto a los romances es peligrosamente anacrónica.

En la Edad Media, el romance de Asturias forma parte del continuo de los dialectos del Norte de la Península a partir de los cuales, básicamente por el desarrollo territorial de la Reconquista, se van formando los espacios lingüísticos de la Península Ibérica. Entre los dialectos del norte, el romance asturiano tiene una posición privilegiada ya que es el primer romance al que corresponde una entidad estatal. De hecho es en Asturias y, posteriormente, en el reino de León donde aparecen, de forma más destacada que en otras zonas de la Península Ibérica, textos latinos de fuerte influencia romance local, el llamado y discutido "latín vulgar leonés" de Menéndez Pidal[2]. A partir del siglo XII hay testimonios del empleo del romance local en textos jurídicos con tradiciones más o menos estables, textos de lengua mezclada como el *Fuero de Avilés*; otros como el *Fuero de Oviedo*, el *Fuero de Campomanes* o la traducción leonesa del *Liber iudiciorum* como *Fueru Xulgu*. Pero pronto el "hermano pequeño" del conjunto León y Castilla interrumpe el desarrollo de la lengua en Asturias y el castellano se superpone a la lengua escrita local. Más importante para el desarrollo posterior que la reducida continuidad de producción escrita a través de los siglos siguientes será, pues, como en Galicia, la continuidad del asturiano en la oralidad y la superficialidad de la castellanización fuera de ciertos ámbitos sociales (iglesia, nobleza) y locales (urbanos). A diferencia del gallego, sin embargo, la geografía de Asturias y la escasa comunicación interdialectal fomentaron la fragmentación dialectal (o

---

[2] Menéndez Pidal (1926: 454-455); Wright (1989: 250-264).

impidieron la unidad). La diglosia entre lengua escrita y dialectos locales es observada repetidas veces y criticada por intelectuales como Antón González Reguera en el siglo XVII o en el círculo de Jovellanos en el siglo XVIII. Jovellanos es considerado en la actualidad como el fundador del regionalismo asturianista ya que en parte la ilustración de Asturias también comprendía el estudio de la lengua local. Aunque el encargo que Jovellanos dio a Francisco de Paula Caveda en el marco del *Instituto Asturiano* fundado por Jovellanos en los años 1790 de escribir una gramática y un diccionario asturiano no se lleva a cabo, en su entorno hay una cierta actividad literaria cuyo testimonio es la colección de poesía asturiana publicada en 1839 por el hijo de Francisco de Paula Caveda, José Caveda y Nava. Son las primeras décadas del siglo XIX, sobre todo después de las invasiones francesas y en parte como consecuencia de las ideas de la Ilustración, las que producen un cierto número de ejemplos de producción literaria, sobre todo poética. Esta nueva producción literaria local se enmarca dentro del contexto del romanticismo europeo y representa en parte una reacción particularista ante las ideas uniformadoras de la Revolución Francesa[3]. Además, la mayor presencia de la escuela y, sobre todo a partir de la segunda mitad del siglo XIX, la inmigración obrera castellanoparlante, llevan a una mayor extensión del castellano fundamentalmente en las zonas urbanas y mineras.

Como en el caso de otros movimientos regionalistas europeos, la lengua local aparece prácticamente solo como instrumento literario, pero acompaña un regionalismo que enfoca también intereses económicos y políticos sin que el vínculo entre esa expresión y el uso de la lengua local sea directo. Si comparamos el movimiento literario asturiano de mediados del siglo XIX con el de la vecina Galicia, más exitoso a largo plazo cuando se piensa en la situación del siglo siguiente, es sorprendente ver cómo en parte avanza más el asturiano que el gallego en la fase inicial en cuanto a la consolidación de la lengua escrita y la homogeneidad de las tendencias literarias[4]. Un caso emblemático en este contexto es el de las traducciones gallega y asturiana del evangelio de San Mateo encargadas a mediados del siglo desde Londres por el príncipe Luis Luciano Bonaparte, sobrino de Napoleón y coleccionista de muestras de lenguas y dialectos de Europa para fines lingüísticos[5]. Los encargos de Bonaparte llevan, en ambos

---

[3] Se trata aquí de una constante en la historia de las lenguas: las reformas carolingias y cluniacences, cuyo objetivo es la uniformización del latín, llevan al surgimiento de las lenguas románicas; el jacobinismo lingüístico lleva a los movimientos de reivindicación lingüística del siglo XIX; y la europeización y el uniformismo globalizante de la actualidad llevan a un mayor deseo por acentuar la particularidad.

[4] Véase a este respecto Bauske (1991).

[5] *Cf.* Kabatek (2003a).

casos, a la creación del primer texto extenso en prosa desde de la Edad Media. Pero mientras que la primera traducción gallega encargada por Bonaparte es rechazada por el príncipe dado su alto grado de dependencia del castellano y su falta de criterio autóctono, en Asturias Bonaparte encuentra un traductor ideal en el personaje de Manuel Fernández de Castro (1825-1895). Fernández de Castro aprovecha el encargo para la construcción de una especie de koiné literaria, con el criterio de la representatividad de las formas elegidas y el intento de recogida amplia del léxico dialectal. En el caso del gallego, Bonaparte publica después otra versión revisada en Londres sin que en Galicia se sepa de la publicación del primer libro de prosa religiosa gallega del siglo XIX, que pudo haber servido de modelo ortográfico para los textos posteriores. En Asturias, en cambio, la versión de Fernández de Castro es conocida[6] y forma así parte de la tradición literaria asturiana, poniendo a disposición de los escritores un modelo de orientación elaborado con criterios conscientes de una especie de planificación lingüística y ortográfica. Dice Fernández de Castro, en un comentario de su traducción, que "estamos dando principio ahora á la gramática asturiana" y que ha intentado solucionar el problema de la heterogeneidad dialectal eligiendo elementos de distintas hablas:

> creo que recogí de todas las prov. alguna cosa, eligiendo siempre entre los distintos términos aquellos que tenian mas afinidad con la lengua madre (*apud* Kabatek 2003a: 34).

Evidentemente, en esto también siempre hay algo de casualidad, y por mucho que haya individuos brillantes como Fernández de Castro, su éxito siempre dependerá de la capacidad que tenga su entorno de querer dar continuidad a sus proyectos. En Galicia tenemos en la misma época con Rosalía de Castro una personalidad de gran prestigio literario aunque de criterio lingüístico más defectuoso, pero encontramos al mismo tiempo más continuidad, y el galleguismo se consolida de generación en generación. Mientras en Cataluña, el País Vasco y Galicia se van articulando y consolidando los nacionalismos locales a finales del siglo XIX con las ilustres personalidades de Enric Prat de la Riba, de Sabino Arana y de Manuel Murguía, en Asturias ni hay un nacionalismo organizado ni se construye una mitología comparable a la de los tres otros casos[7]. Evidentemente hay continuadores del regionalismo asturiano también en el siglo XX, con el *Catecismo*

---

[6] Como lo es también su versión de la *Bula ineffabilis*, otro texto cuya versión gallega solo se conoce en Galicia un siglo más tarde mientras que la asturiana está presente en los movimientos literarios asturianos del XIX.

[7] Para lo que sigue, nos apoyaremos en el excelente resumen de Bauske (1995).

regionalista de 1918 en la línea de las ideas de Prat de la Riba, o la idea de crear una Academia de la lengua. Sin embargo, el regionalismo asturiano no tiene la fuerza que tienen los otros tres, y además, se desvincula cada vez más de la cuestión lingüística. Frente a una burguesía catalana que se expresa en catalán, un nacionalismo vasco para el que la lengua, aunque poco hablada, es el máximo exponente de la milenaria particularidad de los vascos y un galleguismo que cuenta con la casi totalidad de la población que habla un gallego relativamente uniforme, en las ciudades asturianas predomina la conciencia dialectal, de una pluralidad de hablas al lado de la lengua de prestigio uniforme que predomina en las ciudades. Cuando Sabino Álvarez Gendín describe en 1932 los problemas fundamentales de Asturias desde una perspectiva regionalista[8], no se menciona el asturiano ni como lengua ni como dialecto y únicamente se habla de la necesidad de "fomentar la cultura y la riqueza regional"[9].

Mientras en los últimos años de la dictadura franquista en las otras regiones se va preparando la fase de la llamada "normalización lingüística" y se consolidan los movimientos estudiantiles e intelectuales que mediante estudios y actividades literarias, unidas a la connotación antifranquista de las lenguas regionales, preparan el terreno de una rápida emancipación en las siguientes décadas, en Asturias se cuestiona la posibilidad de llevar a cabo un proyecto de reivindicación lingüística, y el regionalismo se concentra en problemas políticos y económicos. En el mencionado estudio de Bauske[10], se cita como emblemático el artículo de Carmen Díaz Castañón publicado en 1968 bajo el título de "Literatura bable", en el que se afirma lo siguiente:

> el bable, como instrumento lingüístico estructurado, ha desaparecido ya de nuestra Asturias, quizá sería lo mejor limitarse a conservar de él un acento, unas palabras, unos matices, sin empeñarnos en emplearlo como vehículo literario, cosa que realmente no fue ni en sus mejores momentos (*apud* Bauske 1995, 29).

Sin embargo, a partir de los años setenta, en un clima general de cambio y de establecimiento de nuevos discursos, también en Asturias se van formando grupos que proclaman la emancipación del bable y la "normalización" de una lengua asturiana. En 1969, se crea el grupo *Amigos del Bable*, y a partir de 1971 se publicarán semanalmente textos en bable en el periódico *Región*; más adelante se crea el periódico *Asturias semanal* y el *Conceyu Bable*, organización cuyo

---

[8] *Regionalismo. Estudio general. El problema de Asturias*, cf. Bauske (1995: 25).
[9] Cit. en Bauske (1995: 26).
[10] Véase nota 7.

objetivo es la promoción del bable. Las actividades en pro del bable provocan toda una serie de polémicas entre los que cuestionan la posibilidad y la necesidad de elaborar una lengua asturiana que se pueda emplear en todos los ámbitos de la sociedad y los que precisamente postulan que así se haga. Los discursos de emancipación hacen eco de los discursos de otras comunidades españolas y raras veces plantean una tercera vía, de conservación de la variedad dialectal frente a la lengua estándar ya existente, el castellano. Las alternativas que parecen darse son la de una plena normalización, por un lado, o la desaparición del bable a largo plazo, por el otro.

La reactivación del tema de la lengua encuentra apoyo en la fórmula abierta del artículo 3 de la Constitución de 1978, que permite a los que así lo deseen considerar el asturiano como una de las "lenguas de España" mencionadas pero no precisadas. Aun así, en el caso del asturiano, la decisión política tomada en el Estatuto de Autonomía se queda a medio camino entre la inoficialidad anterior y la completa cooficialidad de la que gozan catalán, vasco y gallego en sus respectivos estatutos. El asturiano es mencionado y se proclama su protección, pero no es oficializado mediante el artículo 4 del Estatuto de Autonomía de 1981:

> El bable gozará de protección. Se promoverá su uso, su difusión en los medios de comunicación y su enseñanza, respetando en todo caso las variantes locales y la voluntariedad en su aprendizaje.

Esta fórmula sí implica una especie de "tercera vía" y refleja el compromiso entre la posición bablista que postulaba la oficialización del asturiano siguiendo el modelo de las tres lenguas regionales cooficiales y la posición de los que seguían considerando el asturiano como conjunto dialectal sin base suficiente para una elaboración o simplemente no favorecían tal proceso por diversas razones.

3. La situación actual

Los 80 y 90 son años en los que la enseñanza sistemática de las lenguas regionales crea una primera generación enteramente alfabetizada en catalán, vasco o gallego; años en los que los medios de comunicación autonómicos van pasando, en diferentes grados, paulatinamente desde el choque de las primeras películas americanas dobladas en la lengua local hasta la completa cotidianidad de tal fenómeno; años, pues, de la presencia de la lengua local en prácticamente todos los ámbitos anteriormente reservados al castellano. También en Asturias son años de extensión del movimiento asturianista, años de numerosas publicaciones en asturiano y de consolidación de un asturiano urbano, marcado, como también

el neo-gallego y el éuscaro urbano, por la presencia de neohablantes cuya lengua
materna –y, en muchos casos, la de uso mayoritario– es el español. Igual que en
el caso gallego, la semejanza del castellano produce numerosas interferencias e
intentos por parte de los hablantes de evitarlas (los cuales también llevan a la
producción de textos influenciados por la lengua de contacto) sobre todo en el
caso de los textos escritos elaborados, salpicados de elementos que marcan la
diferencia con respecto al tan semejante castellano.

La diferencia política entre Asturias y las comunidades en las que se logró la
plena cooficialidad de una lengua local permite, en opinión de algunos, una especie de estudio "doble ciego" (*double blind*), de comparación de dos situaciones
de inicio parecida pero de política lingüística diferente, como en opinión del
sociólogo Francisco Llera Ramo, según el cual dentro de España Asturias es "la
única Comunidad bilingüe sin oficialidad ni política lingüística" (2003: 326).
Según su opinión, la actual situación sociolingüística de Asturias se debe a la
falta de una política lingüística coherente durante las últimas décadas, frente a lo
cual él postula la oficialización del asturiano. Pero la idea del estudio "doble
ciego" falla en dos aspectos: por un lado, la situación inicial no es comparable a
la de las otras tres comunidades y, por ello, la base para una política lingüística
en favor del asturiano es mucho más débil. Y el segundo aspecto es que la voluntad del pueblo asturiano en favor de una política lingüística en pro de la lengua
local desde la instauración de la democracia tampoco es comparable a la que se
puede observar en las otras comunidades. No queremos decir aquí que una política lingüística coherente de cooficialidad del asturiano no hubiera podido alterar
la situación asturiana en los treinta años desde la muerte de Franco, pero el hecho
de que tal política no haya tenido lugar también corresponde a la falta de una
voluntad decisiva en este aspecto por parte de las fuerzas políticas en Asturias y,
en último término, del pueblo asturiano. El mencionado sociólogo Francisco
Llera Ramo presentó, entre los años 1991 y 2003, una serie de estudios sobre el
papel del asturiano en la sociedad que presentan algunos resultados muy ilustra-
tivos de esta situación. Miremos algunos de los resultados del estudio de 2003, *II
Estudio sociolingüístico de Asturias*[11], hecho a base de encuestas representativas
en las que los asturianos daban su opinión acerca de una serie de cuestiones relativas a la situación lingüística. En primer lugar, en cuanto a la cuestión de la
demanda de una normalización lingüística, los datos del estudio confirman la
posición de los que postulan una "normalización" lingüística ya que a la pregunta de si están a favor o no de ella, una clara mayoría contesta que sí:

---

[11] Reproducimos los gráficos con el amable permiso de la Academia de la Llingua Asturiana.

GRÁFICO 1
Demanda de normalización del asturiano.

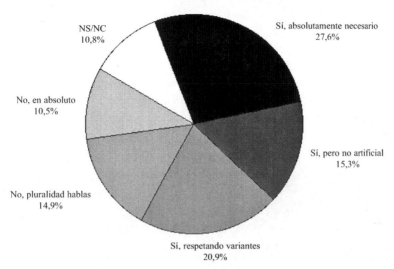

FUENTE: *II Estudio sociolingüístico de Asturias – 2002* (en: Llera Ramo 2003: 158).

Este consenso básico ha aumentado, además, en los últimos años, pero en las respuestas de la encuesta se señala un problema añadido del asturiano urbano, el hecho de que sea considerado "artificial" por muchos asturianos. El fenómeno de la "artificialidad" es conocido y se da en todas las situaciones de elaboración lingüística y de introducción de una nueva lengua estándar anteriormente desconocida. La política lingüística conoce varias estrategias para combatir esa sensación, que pueden estar relacionadas tanto con la planificación del corpus como con la del estatus. En cuanto a la primera, se puede proponer, al menos provisionalmente, la aceptación de un cierto polimorfismo también a nivel del estándar, según la idea de lo que se ha llamado un "estándar polinómico", que evita un choque demasiado brusco con la nueva realidad creada. A nivel de la planificación del estatus, se puede propagar la idea de que la creación de un estándar no afecta a la realidad de la variedad hablada y que es únicamente una convención para la lengua escrita y para ciertos usos comunes. Con todo, hace falta un consenso mínimo para que el esfuerzo de elaboración de una lengua cuente con el apoyo necesario por una parte considerable de la población. La cuestión de la unidad del estándar es un problema bien conocido dentro del contexto de las lenguas de España ya que marcó, entre otras, una larga polémica en Cataluña y el debate acerca del *euskara batua*. En estos dos casos, el problema de la diversidad nunca puso en duda el consenso fundamental sobre la reivindicación por parte de la mayoría de una oficialización de las respectivas lenguas, cosa que no parece ser el caso en Asturias, donde la diversidad dialectal –real e imaginada– es considerada uno de los mayores obstáculos para una oficialización. Mientras que en Galicia, por ejemplo, hay una conciencia generalizada de la unidad del gallego (acompañada de una conciencia de diferencias dialectales identificables mediante una serie de marcadores pero que no ponen en cuestión la unidad fundamental), en Asturias la pluralidad de "los bables", confirmada por los dialectólogos sobre todo en las zonas de transición, pero tal vez más como un problema de percepción metalingüística que de hechos lingüísticos objetivos, hace que más de un 20% considera como diferente el dialecto local incluso con respecto a los dialectos vecinos[12]:

GRÁFICO 2
Parecido del habla local con otras hablas

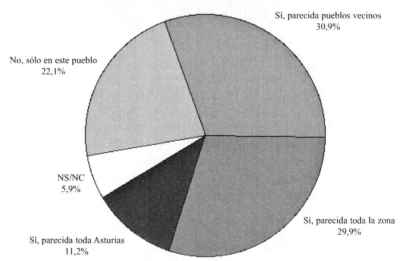

FUENTE: *II Estudio sociolingüístico de Asturias – 2002* (en: Llera Ramo 2003: 122).

Con todo, el aumento de demanda de normalización del asturiano va acompañado de un aumento de su consideración como lengua y no como dialecto. Si se comparan los datos obtenidos por Llera Ramo en 1991 sobre esta cuestión con datos de 2002, se constata una clara diferencia, aunque el dato sigue siendo relativo si pensamos en el 30% que le sigue negando al asturiano el estatus de lengua.

---

[12] Este tipo de percepción es generalmente conocido por la dialectología y parece que no es el hecho que diferencia el caso asturiano de los de las otras lenguas de España. El problema reside más bien en la falta de percepción de una unidad lingüística superior a la del dialecto local.

GRÁFICO 3
¿Es el asturiano una lengua?

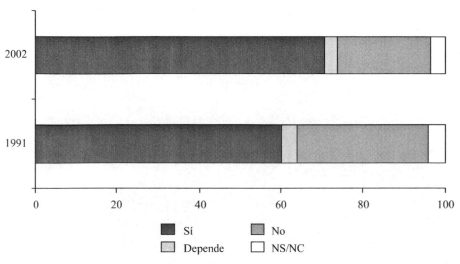

FUENTE: Llera Ramo 1991, *II Estudio sociolingüístico de Asturias – 2002* (en: Llera Ramo 2003: 106).

Aquí se trata de un dato de conciencia metalingüística que posiblemente sería modificable si el poder político o instituciones prestigiosas lo propagaran. Pero al lado de la cuestión de consideración general del estatus del asturiano hay otra, mucho más difícil de cambiar, que es la propia competencia lingüística de los asturianos. A la cuestión acerca de la lengua en que con más facilidad se expresa, solo el 17,6% (de los 49% de asturianos que dicen que saben hablar asturiano) contesta que es el asturiano; el 43% dice expresarse con la misma facilidad en asturiano y español y casi el 34% dice expresarse con más facilidad en español, es decir que solo el 9% de la totalidad de la población dice que se expresa con más facilidad en asturiano, mientras alrededor del 67% afirma expresarse con más facilidad en castellano[13] (Gráfico 4).

Si comparamos estos datos con el nivel de conocimiento de la modalidad lingüística local que indican los habitantes de las diferentes comunidades plurilingües, Asturias se sitúa aún por encima del País Vasco y de Navarra (sin contar el

---

[13] No nos cansamos de señalar, sin embargo, que los datos aquí presentados son datos a base de respuestas a una encuesta, diferentes de los datos "reales" del comportamiento. Siempre hay que preguntarse en qué medida corresponden las creencias y actitudes expresadas en una situación particular de entrevista al comportamiento real de los hablantes.

GRÁFICO 4
Lengua de expresión oral más fácil. Gráfico elaborado a base del 49%
que dice que es capaz de expresarse en asturiano

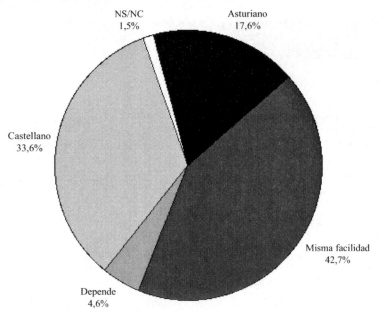

FUENTE: *II Estudio sociolingüístico de Asturias – 2002* (en: Llera Ramo 2003: 142).

asturiano con el valor simbólico de la lengua vasca); pero se sitúa por debajo de las restantes comunidades con presencia de más de una lengua (Gráfico 5).

En continuidad con la tendencia observada a lo largo del siglo XX, parece que la cuestión de la lengua sigue sin encontrarse entre las principales cuestiones políticas de Asturias. El siguiente gráfico muestra los problemas más destacados que los asturianos consideraron de preocupación política principal en el estudio mencionado (Gráfico 6).

4. Requisitos para la emancipación

El breve recorrido a través de algunos datos sociológicos indica una serie de dificultades que no permiten fácilmente equiparar la situación del asturiano con la del catalán, del vasco y del gallego. Hemos mencionado el problema de la unidad, de la conciencia de una parte de la población que considera el bable dialecto, el problema de la falta de conocimientos por un gran porcentaje de los asturianos, la consideración de artificialidad del neoasturiano a lo que se añade una

GRÁFICO 5
Nivel de conocimiento de las lenguas españolas en sus respectivas Comunidades

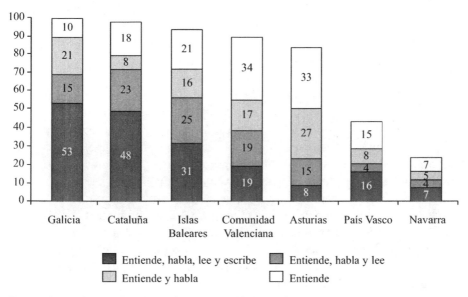

FUENTE: *II Estudio sociolingüístico de Asturias – 2002* (en: Llera Ramo 2003: 135).

GRÁFICO 6
Principales problemas de Asturias

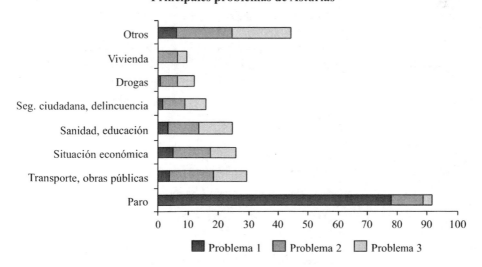

FUENTE: *II Estudio sociolingüístico de Asturias – 2002* (en: Llera Ramo 2003: 38).

extensión reducida de los movimientos urbanos, factores, pues, que solo en parte podrán atribuirse a la política lingüística desde la Transición y que habrá que relacionar también con una situación distinta, no tanto en cuanto a su historia remota y la reivindicación del siglo XIX sino más bien al desarrollo durante el siglo XX. En parte, pues, el discurso asturianista puede adoptar los discursos sobre normalización lingüística generados sobre todo en Cataluña y asimilados por las demás comunidades ya que Asturias cuenta con una base lingüística con un cierto potencial para un proceso de planificación de corpus y estatus, pero en otros aspectos esta base parece estar por debajo del mínimo crítico que se necesita para que tal empresa prometa ser exitosa. Por otro lado, la base es claramente mejor que la que se da en otras situaciones de España, como en el caso del aragonés, donde el potencial lingüístico diferencial es marginal en muchos sentidos (geográfico, generacional, en cuanto al número de hablantes potenciales, etc.).

De lo dicho sobre el mínimo crítico puede deducirse que hay una serie de factores que determinan el potencial de éxito que tiene un movimiento de reivindicación lingüística, factores de los que se puede derivar si más bien es de esperar una ampliación de tal movimiento o si desde la perspectiva actual parece más probable que encuentre dificultades de extensión. Los factores son seguramente múltiples, y no son fáciles de medir, pero la dificultad no implica necesariamente la imposibilidad.

Uno de los factores mencionados es el del problema de identificación de los hablantes tradicionales con la nueva lengua urbana, no idéntica a ningún dialecto particular y, además, fuertemente marcada por la presencia del castellano dada la procedencia de muchos de sus protagonistas de estratos urbanos castellanizados, presencia contra la que reaccionan estos hablantes introduciendo conscientemente formas marcadamente asturianas que, sin embargo, no son compartidas por todos los hablantes tradicionales ya que en parte no pertenecen a sus dialectos y en parte son arcaísmos desaparecidos de las hablas vivas y considerados formas extrañas. La relativa semejanza del neoasturiano hablado con la lengua de contacto y el efecto de extrañamiento que produce frente a las hablas dialectales tradicionales se puede esquematizar de la siguiente manera:

GRÁFICO 7
Distancia relativa dialectos tradicionales – lengua estándar asturiana – castellano

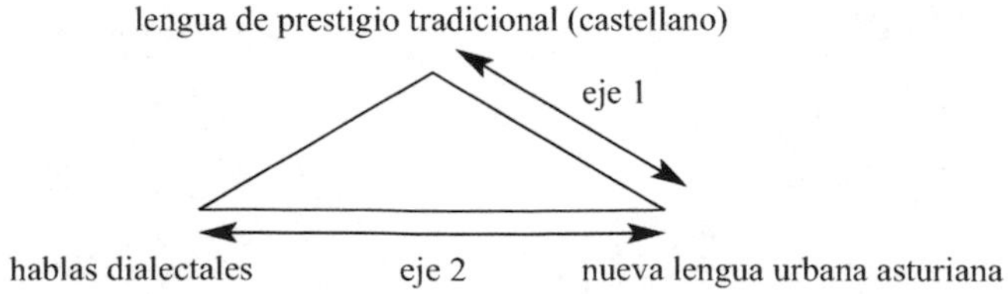

lengua de prestigio tradicional (castellano)

eje 1

hablas dialectales   eje 2   nueva lengua urbana asturiana

En este triángulo, se compara la distancia de la nueva lengua urbana con la lengua de prestigio tradicional, o sea el español, por un lado, y los dialectos tradicionales, por otro lado. Si la distancia (real o sentida) entre la lengua de prestigio tradicional y la nueva lengua urbana es menor que la que existe entre la lengua urbana y las hablas dialectales tradicionales (es decir, si 1 < 2), la identificación con la variedad urbana por parte de los hablantes dialectales tradicionales se hace más difícil.

Otro factor es el de la extensión de la lengua común urbana, factor combinable con el prestigio atribuido a esa variedad. El siguiente gráfico intenta esquematizar estos dos factores. La línea vertical representa el grado de extensión relativa de la lengua común, mientras que el eje horizontal representa el prestigio que tiene la variedad en cuestión en la Comunidad. En el caso del catalán, la extensión y el prestigio de la lengua común han llevado a que uno de los discursos más importantes acerca de la lengua catalana es el que observa la nivelación de las variedades dialectales por causa de la influencia de la lengua común[14], de alto prestigio dentro de la Comunidad catalana (por lo menos en la zona del antiguo Principat). En Galicia, el llamado "gallego común"[15] es de creación más

GRÁFICO 8
**Prestigio y extensión relativa de la lengua estándar local
en Cataluña, Galicia y Asturias**

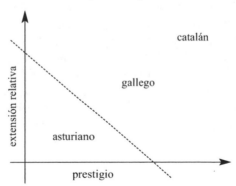

[14] Véase por ejemplo Massanell i Messalles (2001), Casals i Martorell (2001) y los trabajos presentados en el coloquio *Convergència dialectal i estandardització* en Tubinga, febrero de 2006 (de próxima publicación, *cf.* <www.kabatek.de/catala>). En Cataluña, el estándar ya firmemente establecido lleva a otro discurso que en Asturias: no se trata de la cuestión de la aceptación de un fenómeno nuevo sino de la competencia entre dos fenómenos establecidos, las variedades dialectales y el estándar.

[15] *Cf.* Fernández Rei (1991: 30).

reciente pero goza de cierto prestigio y de relativa extensión, ambos factores en aumento en los últimos decenios. En Asturias, tanto la extensión como el prestigio parecen más bien estar, en la actualidad, por debajo de la línea crítica mencionada.

Estos esquemas exigen dos comentarios. En primer lugar, ningún análisis del presente permite hacer predicciones acerca del futuro. Por muy difícil que resulte una "normalización" del asturiano comparable a la del catalán, vasco o gallego, nada dice que sea imposible, solo que los factores que se pueden analizar en el presente apuntan a dificultades mayores que en las otras comunidades. En segundo lugar, todos los factores mencionados son más o menos dinámicos, y altamente dinámicos incluso a corto plazo son los factores de percepción metalingüística y de prestigio de una variedad determinada. En estos factores a corto plazo, una política lingüística tiene mayor posibilidad de influencia. Más arduo es el trabajo de cambio en la competencia real de los hablantes, y la cuestión más importante a la que se tiene que enfrentar un proyecto de creación y de difusión de una lengua diferencial es la del rendimiento individual, económico y de bienestar social que aporta esta "normalización" a los hablantes[16].

5. Conclusiones

Resumiendo, podemos decir, pues, que hay, para la sociología del lenguaje y la cuestión de la emancipación de una lengua minoritaria, una serie de continuos determinantes (distancia, autenticidad, prestigio, número de hablantes, unidad de la lengua, grado de elaboración, etc.). Sintetizando una serie de estos criterios, podemos establecer un continuo de la "salud social" de una modalidad lingüística[17]. La cuestión de si se trata de una "lengua" o de un "dialecto" no se puede contestar de manera clara (y comprende en parte, además de los factores enumerados, factores políticos e ideológicos) y corresponde, en situaciones dinámicas, muchas veces más a un postulado que a la descripción de la actualidad. Hay *lenguas* prototípicas y *dialectos* prototípicos, y el asturiano actual se encuentra a

---

[16] Hay que señalar que una lengua asturiana estandarizada es algo relativamente nuevo y que no se trata, como se suele decir, de la conservación de la riqueza lingüística tradicional asturiana. La riqueza lingüística tradicional reside en los dialectos asturianos, cuya conservación o pérdida solo indirectamente tiene que ver con la cuestión de la estandarización. No se sabe si la supervivencia de los dialectos es menos o más probable si hay un estándar asturiano, aunque el estándar fomenta el prestigio del asturiano en general y puede afectar así también al prestigio de los dialectos.

[17] Es lo que propone analizar Llera Ramo (2003: 12).

medio camino entre los dos, con la posibilidad –abierta, de momento– de continuar su elaboración y su extensión a largo plazo o la de recaer en el estatus dialectal. La evolución de los últimos decenios apunta a un aumento de los "requisitos para ser lengua", pero solo si encuentra un amplio y duradero apoyo social el "proyecto asturianista" logrará que una lengua asturiana consiga competir de forma continua con el omnipresente castellano. En comparación con otras lenguas de España puede afirmarse que la "salud social" del asturiano es bastante menor que la del gallego, del vasco o del catalán –y pensamos que no es solo por la llamada falta de política lingüística, sino debido a una larga serie de factores, de los que la política lingüística es probablemente más consecuencia que causa.

6. Bibliografía:

ACADEMIA DE LA LLINGUA ASTURIANA (2002): *Informe sobre la represión y non reconocencia de los drechos llingüísticos n'Asturies*. Uviéu, http://www.academiadelallingua.com/pdf/informe_represion.pdf.

BAUSKE, Bernd (1991): "Frühstart als Hemmnis: Anmerkungen zur Rekuperation des Asturianischen und des Galicischen im 19. Jahrhundert", en: Herrmann, Ulfried/Schönberger, Axel (eds.): *Studien zur Sprache und Literatur Galiciens*. Frankfurt: TFM, 73-87.

— (1995): *Sprachplanung des Asturianischen. Die Normierung und Normalisierung einer romanischen Kleinsprache im Spannungsfeld von Linguistik, Literatur und Politik*. Berlin: Dr. Köster; version española: *Planificación lingüística del asturiano. La normativización y normalización de una pequeña lengua romance en territorio español desde los puntos de vista lingüístico, literario y político*. Trad. por Máximo Martín Serrano (1998). Gijón: vtp.

BONAPARTE, Luis Luciano (ed.) (1861): *El evangelio de San Mateo traducido al dialecto asturiano de la versión castellana de don Torres Felix [sic] Amat, por un presbítero natural de Asturias; con la cooperación del príncipe Luis Luciano Bonaparte*. London: Strangeways & Walden.

BUSTO, Xuan Carlos (2002): "Presencia de la llingua asturiana fuera d'Asturies en colecciones documentales ya obres impreses (sieglu XIX)", *Revista de Filoloxía Asturiana* 2, 97-153.

CASALS I MARTORELL, Daniel (2001): "Contribució dels *media* orals a la construcció d'un estàndard de masses plural: presència del dialecte nord-occidental en el llibre d'estil de les emissores radiofòniques de la CCRTV", *Zeitschrift für Katalanistik* 14, 151-161.

CAVEDA Y NAVA, José (1839/1887/1989): *Colección de Poesías en dialecto asturiano*. Uviéu: Alvizoras.

COSERIU, Eugenio (1981): "Los conceptos de 'dialecto', 'nivel' y 'estilo de lengua' y el sentido propio de la dialectología", *Lingüística española actual* III/1, 1-32.

DÍAZ CASTAÑÓN, Carmen (1968): "Literatura bable", *La estafeta literaria* 402-404 (15-IX-1968).

D'ANDRÉS, Ramón (1995): "La llingua asturiana na sociedá", en: *La llingua asturiana*. Uviéu: Academia de la Llingua Asturiana.

ESCOBAR, Francisco (1971): *El santo obispo Don Manuel Fernández de Castro*. Oviedo.

FERNÁNDEZ REI, Francisco (1991): "A 'questione della lingua' galega", *A Trabe de Ouro* 5, 29-40.

Fueru Xulgu. Facsímil del Cod. Hisp. 28 de la Biblioteca del Estado de Baviera. Lectura de Montserrat Tuero Morís. Entamu de Xosé Lluis García Arias, Uviéu 1994.

KABATEK, Johannes (2000): *Os falantes como lingüistas. Tradición, innovación e interferencias no galego actual*. Vigo: Xerais (Serie Universitaria).

— (2003a): "'*Estamos dando principio ahora á la gramática asturiana*' – Louis Lucien Bonaparte, Manuel Fernández de Castro y la elaboración del asturiano escrito", *Actas del I Conceyu Internacional de Lliteratura Asturiana*. Uviéu [Oviedo]: Academia de la Llingua Asturiana 2003, 23-51.

— (2003b): "¿En que consiste o *ausbau* dunha lingua?", en: Álvarez de la Granja, María/ González Seoane, Ernesto (eds.): *A planificación do léxico galego*. Santiago de Compostela: Consello da Cultura Galega/Instituto da Lingua Galega, 37-51.

— (en prensa): Reseña de Llera Ramo/San Martín Antuña 2003, *Revista de Filoloxia Asturiana* (Uviéu).

KLOSS, Heinz (1976): "Abstandsprachen und Ausbausprachen", en: Göschel, Joachim/ Naid, Norbert/van der Elst, Gaston (eds.): *Zur Theorie des Dialekts. Aufsätze aus 100 Jahren Forschung mit biographischen Anmerkungen zu den Autoren*. Wiesbaden: Steiner, 301-322.

LLERA RAMO, Francisco J. (1991): *Los asturianos y la lengua asturiana. Estudio sociolingüístico para Asturias*. Uviéu: Serviciu de Publicaciones del Principáu d'Asturies.

LLERA RAMO, Francisco J./SAN MARTÍN ANTUÑA, Pablo (2003): *II Estudio sociolingüistico de Asturias. 2002*. Uviéu: Academia de la Llingua Asturiana.

MASSANELL I MESSALLES, Mar (2001): "Morfologia flexiva actual de la Seu d'Urgell i Coll de Nargó: estadis en el procés d'orientalització del català nord-occidental", *Zeitschrift für Katalanistik* 14, 128-150.

MENÉNDEZ PIDAL, Ramón (1986[1926]): *Orígenes del español. Estado lingüístico de la Península Ibérica hasta el siglo XI*. 10ª edición (según la tercera muy corregida y adicionada de 1950). Madrid: Espasa Calpe.

RODRÍGUEZ ALONSO, Alejandro/FEITO, José Manuel (eds.) (1997): *Manuel Fernández de Castro: Versión asturiana del Dogma de la Inmaculada y Poesía*. Uviéu: Alvízoras Llibros.

SÁNCHEZ VICENTE, Xuan Xosé (1983): "L'evanxeliu'n bable según San Matéu: una xera de normalización llingüística", *Lletres asturianes* 9, 20-27.

VIGÓN, Alfonso (1997): "Prólogu", en: *El Evangelio según San Mateo traducido al dialecto asturiano. Facsímil de la edición de 1861*. Uviéu: Alvízoras.

WRIGHT, Roger (1989): *Latín tardío y romance temprano en España y la Francia carolingia*, Madrid: Gredos (versión original: *Late Latin and Early Romance in Spain and Carolingian France*. Liverpool: Francis Cairns, 1982).

http://constitucion.rediris.es/oapa/codigaut/1981/TCLO07-1981.html
http://constitucion.rediris.es/oapa/codigaut/1998/TCLPA01-1998.html

Competencias, actitudes y prácticas lingüísticas de la sociedad valenciana contemporánea

Miquel Nicolás

1. Preámbulo

Resulta difícil condensar en unas pocas páginas un objeto complejo y multiforme como las políticas lingüísticas que se han desarrollado en el ámbito administrativo valenciano en el último cuarto de siglo. Abordar este asunto implica atender las relaciones entre lengua y poder en el País Valenciano contemporáneo, lo que equivale casi a reconstruir el conjunto de mediaciones del sistema social, empezando por definir con una cierta precisón qué entendemos por "política lingüística". A la cantidad de información que ello requiere se añade la dificultad de ofrecer una perspectiva poliédrica, que rehúya tanto la visión parcial como el relativismo conformista, incapaz de mostrar una mínima solvencia en el diagnóstico. Nuestra reflexión pretende, pues, conjuntar el esbozo interpretativo y la crítica de las bases teóricas y metodológicas desde las cuales se enuncia el análisis. Hemos optado por una exposición de síntesis, reducida a las líneas principales. En todo caso, el lector puede profundizar en las diversas ramificaciones del tema a partir de las referencias bibliográficas sugeridas. Por nuestra parte, proponemos una interpretación de conjunto sobre los vínculos entre la configuración del poder político, la dinámica social y las prácticas y los discursos políticos.

La exposición mezcla datos factuales, referidos a los tres ámbitos que conforman el espacio social de una lengua: los ámbitos de uso, los repertorios formales y las manifestaciones de la conciencia lingüística (Nicolás 1998), con ciertos elementos de búsqueda cualitativa, que se podrían insertar dentro de los tres conjuntos de problemas que aborda la teoría social:

1. El contraste entre tradición y modernidad.
2. La disyuntiva entre consenso y conflicto.
3. La alternancia entre estructura y acción.

Conviene precisar que estos tres pares conceptuales, claramente interdependientes, aluden tanto al objeto de estudio en sí como al marco teórico que lo preconstruye. E interesa aclarar también que, con perspectivas y énfasis diversos, esos tres binomios pertenecen igualmente al bagaje conceptual y procedimental de las ciencias del lenguaje.

Pero hagamos hincapié, además, en las limitaciones de nuestro análisis. Muchos de los datos que se consignan son actuales y por lo tanto contingentes, lo cual nos priva de la perspectiva histórica necesaria. Trabajamos, así, en el dominio de la pura doxografía, donde cada conjetura puede suscitar la consiguiente argumentación refutatoria. Por otro lado, renunciamos a explorar los preconceptos de *lengua* y *poder*, que se deberían someter a un indispensable esfuerzo de operativización. En cambio, parece de todo punto imprescindible dedicar una rápida ojeada a los factores sociohistóricos que han condicionado la realidad sociolingüística valenciana.

2. Los antecedentes históricos

Resulta obvio que toda indagación sociológica sobre el presente tiene que integrar tanto los factores históricos inmediatos como aquellos más remotos que aún inciden en la densa trama de relaciones socioculturales. A la hora de buscar explicaciones causales, se impone la evidencia de que todo el pasado gravita sobre el presente, por más que las sociedades contemporáneas finjan vivir de espaldas a la herencia histórica que les ha tocado en suerte. En el caso valenciano, la determinante histórica se puede resumir en una serie de dualismos, que pasamos a enumerar de manera sucinta:

1) La configuración y estructura del territorio valenciano. La disposición longitudinal norte-sur de los casi 23.000 km^2 que comprende el País Valenciano, la relativa precariedad de las comunicaciones terrestres y la disparidad entre las comarcas costeras, densamente pobladas, y las de interior, condenadas a la depauperación demográfica, han dificultado históricamente la cohesión interna de la sociedad valenciana. La omnipresente pugna entre el campo y la ciudad se agrava en este contexto, ya que la ciudad de Valencia ha ejercido siempre una clara hipertrofia en detrimento de las otras ciudades y del resto del territorio. En el terreno de la economía y en el de las inclinaciones políticas contemporáneas, el espacio valenciano se ve constreñido por la atracción que ejercen, en direcciones opuestas, Madrid y Barcelona. Al hecho físico y a los factores socioeconómicos y políticos se añade el problema simbólico de la falta de un corónimo para todo el territorio diferente del nombre de la capital. En las comarcas meridionales de l'Alacantí o del Baix Segura, los recelos, las suspicacias, cuando no la animadversión hacia la capital hunden sus raíces en la rivalidad comercial entre los puertos de Valencia y Alicante durante los siglos XVIII y parte del XIX.

2) La conformación juridicopolítica y la definición antropológica identitaria. Los orígenes históricos de la realidad valenciana actual son los de una sociedad cristiana de frontera, que rompe con su pasado islámico y se afirma como una colonia pronto emancipada de la metrópoli, en la cual se impondrán las modalidades locales de la lengua catalana como referente universal para la comunicación oral y escrita. En efecto, a diferencia de lo que ocurrió con Andalucía, extensión patrimonial de Castilla, la conquista cristiana del siglo XIII fue protagonizada por catalanes y aragoneses, pero el nuevo Reino de Valencia se creó como una entidad soberana dentro de la Corona de Aragón. Se avivó así entre los colonos un sentimiento particularista, que, sin renegar del origen lingüístico-cultural, afirmaba la personalidad jurídica diferenciada. A lo largo del tiempo, la conciencia de la minoría letrada valenciana siempre ha fluctuado entre el reconocimiento de la identidad lingüística compartida con Cataluña y las Baleares y el énfasis particularista en las diferencias del habla local. De aquí que para la designación de esa lengua privativa e histórica se haya impuesto en el uso habitual, y en parte en la documentación escrita, el apelativo "valencià" (valenciano). Ahora bien, no se puede hablar de una secesión idiomática como percepción social amplia. De hecho, durante siglos, para la mayoría de las gentes, ágrafas y sumidas en el monolingüismo, la lengua no requería denominación porque apenas había con qué compararla. Mucho menos se puede hablar de una movilización política basada en el sentimiento anticatalán, fenómeno muy reciente al cual volveremos.

3) La estructura sociopolítica. Las clases dirigentes valencianas han estado históricamente muy vinculadas a la elite nobiliaria castellana desde los inicios de la Monarquía Hispánica y, ya en la época contemporánea, han actuado supeditadas a los intereses de la oligarquía centralista, de tal manera que no han tenido necesidad de articular un discurso político propio. Los argumentos de la construcción del estado moderno han sido claramente hegemónicos y el único referente político, la única patria efectiva ha sido la española. A partir de la industrialización, la lucha de clases sigue en lo general los mismos derroteros que se observan en otras regiones españolas, salvando la excepción de un fenómeno tan complejo como es el republicanismo de inspiración blasquista. La ausencia de un discurso nacionalista bien trabado, fundado en el principio de que la nación es la lengua, es evidente hasta la emergencia, en el último tercio del siglo pasado, de unas generaciones de jóvenes universitarios, de extracción pequeñoburguesa, que, como veremos, alterarán las formas y contenidos de la práctica política.

4) La conformación sociolingüística. La evolución histórica del catalán en tierras valencianas se produce en íntimo y decisivo contacto con el español, tanto en lo relativo al *corpus* como en lo tocante al *status*. Por lo que respecta a las formas, recordemos que la frontera lingüística, fruto de la ya aludida conquista cristiana, atraviesa de norte a sur el territorio valenciano, quedando dentro de sus

límites administrativos. Así pues, el valenciano, o mejor dicho, las modalidades catalano-valencianas han estado desde el comienzo en contacto directo con hablas de base castellana o aragonesa, lo que ha moldeado su fisonomía como conjunto de variedades dialectales del bloque occidental del catalán.

En cuanto a los problemas de *status*, conviene señalar que la relación entre los dos idiomas se ha invertido con el tiempo. El catalán ha pasado de ser la lengua hegemónica a pervivir en una cierta marginación y a ser claramente prescindible. Por el contrario, el castellano ha ido naturalizándose hasta convertirse en el único instrumento de comunicación lingüística que resulta imprescindible. Las causas de este proceso pueden ser motivo de controversia. En el resultado actual se puede ver la conjunción de factores estructurales (demográficos, económicos, culturales y hasta tecnológicos) o se puede conceder primacía explicativa a los factores políticos e ideológicos. Lo cierto es que los hechos se registran a lo largo de un proceso histórico de larga duración, que tiende a precipitarse en las últimas décadas. Resumiéndolo a grandes rasgos, se puede presentar en los siguientes términos. Desde la fundación del Reino de Valencia y durante todo el período foral hasta la entronización de los Borbones en el siglo XVIII, el catalán fue la lengua referencial de las instituciones, de la vida social y de la cultura escrita. Perdió esta condición, pero conservó el carácter de lengua oral, mayoritaria en el uso público, hasta bien avanzado el siglo XX, resistiendo los embates del Estado liberal y la presión homogeneizadora de la cultura moderna. Al faltar en Valencia las condiciones sociales que en Cataluña confluyeron hacia la estandarización y recuperación social del catalán, la lengua autóctona perdió prestigio, a pesar del esfuerzo tenaz de una minoría valencianista. La dictadura franquista impuso una castellanización galopante, que acabó por relegar el habla autóctona a la condición de lengua familiar, emotiva, folklórica y un tanto vergonzante, que se rescataba de vez en cuando en rituales festivos y en prácticas eruditas de muy reducido eco. En estas condiciones se encontraba la lengua histórica de los valencianos en el momento en que se produce la restauración democrática.

3. La historia reciente: política y cambio social en el País Valenciano durante la transición democrática (1975-1983)

Como coinciden en destacar numerosos sociolingüistas (Cooper 1997), las políticas lingüísticas se dan en contextos de cambio social, en que unos grupos sociales, que bien ejercen el poder o bien aspiran a ejercerlo, se proponen transformar las relaciones entre dos o más lenguas en alguno de los tres ejes que delimitan el espacio de la comunicación lingüística:

- el *corpus*, mediante la codificación o la reforma normativas, que establecen patrones más o menos estables en el repertorio de formas;
- el *status*, mediante la regulación de las normas de uso que rigen en el amplio mercado de los intercambios comunicativos de un grupo social;
- la conciencia lingüística, mediante la asimilación de símbolos, actitudes o creencias, que se inculcan de manera explícita o se generan espontáneamente para mantener la cohesión interna del grupo lingüístico y superar las fracturas sociales.

Tratemos de trasladar este esquema básico a la comprensión de los cambios que se producen a partir de 1975, en el inicio del tránsito a un sistema de democracia parlamentaria, con miras a entender cómo se reordena el espacio lingüístico en el ámbito valenciano. Conviene advertir que, como ocurre en todo cambio histórico, las transformaciones habían comenzado a fraguarse mucho antes. Tal y como han advertido historiadores y sociólogos, la democratización de la sociedad española, tan incompleta y deficitaria como se quiera, no se produjo tanto por la presión política de la oposición antifranquista como por la confluencia de mutaciones demográficas (renovación generacional de ciudadanos que se educan sin conocer el trauma de la contienda civil, migraciones interiores, emigración hacia Europa...) económicas (definitivo despegue de España hacia una sociedad capitalista avanzada, industria turística...) y socioculturales (extensión de las pautas de la vida urbana, aumento de la oferta cultural, importación de modas y costumbres, irrupción masiva de la tecnología audivisual y las telecomunicaciones...).

4. La difícil modernidad valenciana

La mayoría de los observadores de la realidad sociolingüística valenciana coinciden en el diagnóstico global. Si el catalán es una lengua minorizada y subalterna en el conjunto de los territorios de los que es habla propia o histórica, esta situación se agrava en tierras valencianas. En otras palabras, el catalán se encuentra en el País Valenciano en un avanzado proceso de sustitución lingüística y el español es, sin discusión, la única lengua obligatoria, referencial y de identidad compartida para una población de 4.800.000 habitantes que se diseminan por el territorio valenciano, principalmente en la franja litoral, donde se concentran las ciudades principales (València, Alacant, Elx, Castelló de la Plana, Benidorm, Sagunt, Gandia...). El caso extremo de este proceso se da en el sur del país, en la ciudad de Alacant y su entorno (Montoya 1996), que constituye el paradigma de la etapa terminal en la que se podría encontrar el conjunto del territorio valenciano en unas pocas décadas.

Por otro lado, y como es bien sabido, los conflictos lingüísticos no se pueden disociar de las grandes transformaciones socioeconómicas, políticas y culturales que, en una perspectiva de larga duración histórica, determinaron la aparición de los estados modernos en el espacio europeo occidental. Ciertamente no hay un único modelo de modernización, pero el concepto se asocia a un conjunto de prácticas e ideologías que llevan a la superación de los vínculos tradicionales, a la gestación de nuevas mentalidades, formas y actitudes y a la emergencia de las lenguas nacionales, convertidas en lenguas de estado. Entre muchas otras transformaciones, la modernidad instaura una economía de intercambios simbólicos basada en la cohesión, la centralidad y la eficiencia. La imagen del mercado se traslada también al ámbito de la comunicación y las lenguas con una comunidad nacional poderosa tienden a fagocitar las lenguas más pequeñas o más desvalidas.

El catalán constituye uno de los muchos casos en los que una lengua histórica ha sufrido una exclusión, parcial e irregular, de los ejes centrales de la modernidad social, cultural y económica. ¿Por qué esta exclusión ha sido más contundente en el ámbito valenciano? Las causas de la *faiblesse* valenciana se encuentran en parte en la conjunción de factores históricos que hemos enumerado. En efecto, no se puede entender la "marginalidad" relativa del valenciano si se omiten datos referidos a las magnitudes y la evolución del "ecosistema" de comunicación valenciano.

Ahora bien, ¿de dónde arranca la dialéctica sociolingüística actual? La cuestión no es en absoluto banal, dado que se pueden ofrecer respuestas distintas, que seguramente denotan concepciones diferenciadas en cuanto a la dimensión social del lenguaje y de la comunicación. La teoría social acusa la relativización de los discursos que domina el mundo actual. Todo análisis sociológico incluye el cuestionamiento metodológico de las posiciones de observador y observado y de la definición del objeto, a partir de unas coordenadas de tiempo y espacio que, en tanto que preconceptos ideológicamente creados, condicionan los resultados de la lectura. Pero al abordar cualquier objeto de estudio, los condicionantes socioculturales son mucho más relevantes que las cautelas surgidas de la propia evolución de la teoría social. Hoy, el conocimiento se conceptúa como una mercancía más, incursa en los imperativos del mercado. En consecuencia, una sociedad que experimenta el vértigo de la aceleración histórica creciente, por fuerza debe preterir los límites cronológicos de toda interpretación social.

En efecto, la posmodernidad se caracteriza por una paradójica pérdida de perspectiva y de profundidad de campo en el análisis de los hechos sociales. Por ello, si nos dejamos contagiar del narcisismo adolescente que parece bien enraizado en todas las instancias de la comunicación social, corremos el peligro de hacer una lectura distorsionada de los datos. Los treinta años que nos separan de las postrimerías del franquismo pueden parecer una eternidad. Sin embargo, son imprescindibles para entender las conexiones de causalidad inmediata que vinculan el presente con los procesos que se desovillarán después de consumarse la extinción, más formal que real, de la dictadura.

5. Los desequilibrios de la transición democrática

La historiografía y sociología de inspiración nacionalista tienden a presentar la reivindicación de un *status* legal para la lengua catalana como expresión de unos derechos históricos, asumidos por una formación social, cohesionada por los vínculos identitarios, que se fundamentarían justamente en la comunidad de lengua y de cultura. Es evidente que esta manera de concebir la dinámica sociolingüística contemporánea obedece a una congruencia interpretativa y permite explicar el último cuarto de siglo en términos de recuperación de una presunta voluntad colectiva.

A pesar de los esfuerzos teóricos por corregir la rigidez teleológica de esta interpretación mecánica, el poso de esencialismo impide captar las interacciones que se producen entre los sujetos históricos, con independencia de cómo definan el marco social que los integra. Por ello, desde otras corrientes del análisis historiográfico y de la teoría social se intenta reordenar los datos en un esquema interpretativo mucho más dialéctico y al mismo tiempo mucho más plausible. En efecto, los historiadores posmarxistas han puesto de relieve el carácter construido de las tradiciones nacionales inventadas, o reinventadas. Su crítica coincide poco más o menos con el esfuerzo que en varios campos afines (la sociología cualitativa, la sociología del lenguaje, la antropología cultural…) se ha hecho por conectar los procesos de reivindicación nacionalista con las transformaciones sociales que se verifican sobre el trasfondo ideológico y discursivo de la modernidad.

Apliquemos esta disyuntiva teórico-metodológica al caso valenciano. Hacia las postrimerías de los años sesenta del siglo pasado, las transformaciones socioeconómicas y culturales del tardofranquismo "desarrollista" favorecieron la penetración del programa político formulado en la obra de Joan Fuster en sectores minoritarios de la intelectualidad y del movimiento universitario. No es el momento de profundizar en los antecedentes y las causas de la génesis del valencianismo pancatalanista de inspiración fusteriana. Observemos, en cualquier caso, que la adhesión casi fulgurante de una minoría intelectualizada a la tesis fusteriana se produce en un contexto en el que la cultura audiovisual aún no ha alcanzado la universalidad y la centralidad referenciales. Y por otro lado, en cuanto a los contenidos y a la capacidad de persuasión, en el discurso fusteriano convergen factores diversos: la identificación de la lucha antifranquista con el

combate contra la opresión nacional, el principio de que la Modernidad se aso-
ciaba al proyecto emancipador de la Ilustración, heredero a su vez de la cultura
humanística, el atractivo romántico de los movimientos contraculturales, antiim-
perialistas y de emancipación colonial, que proporcionarán una prolija y contra-
dictoria mitología con la que reeditar la muerte simbólica del padre...

Sea como sea, el catalanismo de inspiración fusteriana constituía una doble
amenaza para el *statu quo* que había creado el franquismo, dado que amenazaba
tanto la estructura política como la hegemonía de los grupos sociales y, muy
especialmente, su dominio de los recursos lingüísticos. Y esto porque la estructura social se funda y se fundamenta sobre una determinada modalidad de los intercambios simbólicos (Rossi-Landi 1974; Ninyoles 1972; Bourdieu 1985; Burke/
Briggs 2002), es decir, sobre una distribución de los recursos lingüísticos, ya
sean códigos o lenguas diferentes.

La lectura historicista de la historia moderna del catalán arranca del episodio
"fundacional" de la Nueva Planta borbónica, primando los elementos superficia-
les del antagonismo político por encima de la dialéctica social. Sin embargo,
parece difícilmente refutable que los cambios decisivos tienen lugar más tarde,
durante las transformaciones que propiciarán los liberales, que vincularán, en la
práctica y en los discursos, la castellanización masiva con la construcción del
estado moderno. En este contexto, en el País Valenciano la substitución del catalán avanzará con una progresión vertiginosa, sobreponiéndose a las contingen-
cias de cada período político. Hasta mediados del siglo xix el castellano era solo
el instrumento comunicativo inveterado para la minoría nobiliaria. Pero las nuevas clases acomodadas deberán hacer suyo el castellano, que era la lengua del
mercado y de las incipientes estructuras del estado moderno, la lengua en la que
se construían las formas de dominación. Para las clases inferiores, el ascenso
social implicaba correlativamente el abandono de la lengua propia y la asunción
de la lengua del Estado, que asumirá las connotaciones de idioma del progreso
material y cultural.

Ahora, la imposición del español se verificaba de una manera paradójica.
Más que en la violencia física visible e inmediata, esto es, la represión enunciada
en el corpus de disposiciones jurídicoadministrativas y practicada por los poderes tangibles, la extensión del español se fundamenta en la coerción simbólica,
invisible pero mucho más eficiente en todos los sentidos. Y eso vale incluso para
el período franquista, en que las formas más brutales y explícitas de la represión
llegaron al paroxismo. En efecto, desde el punto de vista de la sociología de la
lengua, durante el franquismo el fenómeno más importante se da en las ciudades,
con la castellanización de las clases medias (pequeña burguesía, profesiones
liberales, funcionariado, comerciantes y artesanos...), que interrumpen la transmisión de la lengua familiar. Pero resulta curioso que la adopción del español de

una manera aparentemente voluntaria no haya merecido mucha atención y que no se hayan superado los análisis de conjunto que arrancan de los trabajos de R. Ll. Ninyoles (1969 y 1972).

Por otro lado, el caso valenciano presenta una asincronía significativa. A diferencia de lo que sucedió en Cataluña durante el período republicano, en tierras valencianas no se registró un relativo consenso social, favorable a la extensión del uso público de la lengua. En consecuencia, la represión franquista no tuvo necesidad de acentuar las medidas de coerción material. De hecho, como decíamos, la respuesta valenciana a las imposiciones glotofágicas del centralismo español solo comienza a adquirir las dimensiones de una amanaza sociopolítica en las postrimerías de la dictadura. El catalanismo era un ideario peligroso porque podía concitar la adhesión de todas las fuerzas políticas de oposición al franquismo y porque obligaba a repensar la legitimidad histórica y la redistribución de los recursos lingüísticos, que iban unidos a la distribución del poder y de los recursos materiales. En pocas palabras, el avance del catalán de Valencia, del valenciano, simbolizaba una fisura en el edificio alzado laboriosamente por la presión política secular, la deserción inevitable de las clases urbanas y la convivencia con la dictadura de las elites dirigentes.

Las reivindicaciones populares y las expectativas de cambio que se insinuaron al inicio de la transición democrática merecieron la respuesta contundente de los aparatos del Estado. Se trataba de impedir que la eventual recuperación del valenciano en los usos públicos comportase cambios más profundos en el orden de las cosas. El mecanismo y los procedimientos son suficientemente conocidos y van más allá de la articulación específica del anticatalanismo en Unión Valenciana (UV), la formación política regionalista que en 1982 fundó y lideró Vicente González Lizondo hasta unos meses antes de su muerte (1996).

Si el catalanismo era un proyecto que combinaba argumentos racionales con claros elementos emotivos, el anticatalanismo se construía sobre falacias argumentativas, con una ausencia casi absoluta de discurso racional y con una sobrecarga de emotividad primaria. Si el catalanismo estimulaba la participación popular y el acceso a las formas de representación política, el anticatalanismo propugnaba, siguiendo la pauta de los movimientos populistas, la ocupación de la calle y la sustitución del diálogo político por la coacción de cariz fascistoide. El anticatalanismo arraigó básicamente en la ciudad de Valencia y su entorno inmediato, gracias al control ideológico de los principales medios de comunicación locales, especialmente del diario *Las Provincias*, que produjo altas cotas de intoxicación y manipulación informativas. Este era un falso debate, porque camuflaba los objetivos de control y encuadramiento social bajo la apariencia de un conflicto de identidad cultural y lingüística, con sus correlatos simbólicos:

- el nombre de la lengua (*catalán* frente a *valenciano* o *llengua valenciana*) y del territorio (*País Valenciano* frente a *Reino de Valencia*);
- la bandera (la histórica del antiguo Reino de Valencia es la *señera* de los reyes de la corona catalano-aragonesa, de cuatro barras rojas sobre fondo amarillo; la bandera privativa de la ciudad de Valencia es la señera coronada, que incluye una franja azul perpendicular a las barras. El valencianismo de inspiración catalanista reivindicaba la señera común, en tanto que el anticatalanismo se apropió de la señera coronada y la propuso para todo el territorio valenciano. De aquí deriva el término despectivo de *blaverismo*, con que los unitaristas designan el secesionismo lingüístico y, por extensión, el anticatalanismo);
- la normativa lingüística: ortografía, gramática y diccionario dentro de la tradición convergente del estándar catalán contemporáneo o fuera de ella, con una tendencia prescriptiva localista y separatista;
- los referentes y estereotipos compartidos (el rey Jaume I) o los privativos de la historia valenciana (el Palleter, héroe local de la guerra antinapoleónica).

Con estos argumentos tópicos, la movilización social acaparó la escena pública, cuando menos hasta los acuerdos políticos que permitieron la promulgación del Estatuto de Autonomía de la Comunidad Valenciana (1982) y el acceso de los socialistas al gobierno del Estado y de la Comunidad Autónoma. El *blaverismo* sociológico se infiltró de inmediato en las redes de sociabilidad más eficaces de la ciudad de Valencia: el mundo de las fallas y el entorno del principal club de fútbol local (Bello 1988; Cucó 2002).

Toda la dinámica sociopolítica posterior, la que llega hasta hoy, está condicionada por los antagonismos de la transición política, que unos años después recibirían el calificativo impropio de "batalla de València" (Colomer *et al.* 1988). La etiqueta confirma la hipertrofia secular de una ciudad que se resiste a ser capital efectiva de su país y que no hace sino exportar sus problemas municipales. En efecto, a fuerza de usar repetidamente la expresión "batalla de València", se ha acabado aceptando que este fue el episodio central de una no declarada guerra lingüística, localizada en el centro del país durante la transición del franquismo al régimen democrático. No es cuestión de abordar ahora los textos en que se formuló esta imagen belicista, que, como era de esperar, provocó rechazo y adhesiones a partes desiguales. Pero hay que subrayar los implícitos ideológicos y las consecuencias tácticas que entrañaba, los cuales impregnan aún el debate y la acción política en relación a la lengua.

La metáfora de la "batalla de València" implica, aunque venga sola, todo un trasfondo de significados. Aceptar que el conflicto sociolingüístico valenciano se concreta en los antagonistas de la presunta batalla es coger el rábano por las hojas. Una cosa es que las diferencias sociales se correspondan con la distribución asimétrica de lenguas diferentes y otra muy distinta es que en la lucha política se use, sobre todo en vísperas de contiendas electorales, el espantajo de la identidad lingüística para camuflar las diferencias de clase. En definitiva, el problema del valenciano es que continúa representando el instrumento de comunicación y de cohesión simbólica de la mitad subalterna del país, la que tiene menos acceso a los recursos y a la distribución de las diferentes formas de poder. Pero en la guerra todo vale a fin de batir al enemigo. Por eso resulta ingenuo pedir, como se hace a menudo desde diferentes instancias académicas y cívicas, que la lengua quede al margen de las diatribas políticas. ¿Es que acaso lo están la religión, la opción sexual o el color de la piel? En definitiva, la mencionada batalla fue, por decirlo en términos militares, una maniobra de distracción que ocultó la verdadera naturaleza de la lucha lingüística y que causó muchas más bajas de las previstas.

6. La etapa socialista al frente de la Generalitat Valenciana (1983-1995)

En 1982 el PSOE ganaba por mayoría absoluta las segundas elecciones generales de la restauración democrática. En el País Valenciano, unos meses después, en mayo de 1983, el PSPV-PSOE se imponía con una amplia mayoría electoral en los primeros comicios autonómicos. Se iniciaba así la etapa de gobierno de los socialistas al frente de la Generalitat Valenciana, durante la que se pusieron las bases de una modesta política lingüística, que si por una parte consiguió avances históricos indiscutibles, por otra defraudó las expectativas de recuperación lingüística que albergaban la mayoría de los sectores culturales y académicos y las fuerzas del valencianismo político.

Vistas las condiciones socioculturales, y a pesar de la hegemonía política, la acción de gobierno de los socialistas en materia de lengua fue poco ambiciosa. Se desarrolló bajo el principio del bilingüismo teórico, cuando es obvio que solo los valencianoparlantes son realmente bilingües y dominan el castellano y el catalán, si bien no con idéntica competencia. Pero no se planteó en ningún caso equilibrar la distribución de funciones sociales correspondientes a cada lengua. En estas condiciones, la política lingüística de la etapa socialista se orientó a despenalizar el uso del valenciano y a modificar superficialmente los prejuicios lingüísticos, al tiempo que creaba algunos espacios de representación simbólica para compensar los déficits de comunicación, déficits objetivos que no solo perduran sino que, bajo el influjo de las nuevas tecnologías de la información, tienden a ampliarse exponencialmente.

En efecto, la política lingüística de la etapa socialista se desarrolló sobre tres ejes básicos:

1) la promulgación de una norma legal que amparase las modestas medidas de valencianización a emprender. Así, en noviembre de 1983, las Cortes Valencianas, reunidas en Alicante, aprobaron, con la sola abstención del PP, la *Llei d'ús i ensenyament del valencià* (LUEV*)*. La LUEV desarrollaba los principios genéricos del Estatuto de Autonomía y asumía los objetivos teóricos de corregir la desigualdad entre las dos lenguas oficiales y de impulsar el uso del valenciano en los distintos ámbitos sociales;
2) la introducción generalizada del valenciano como asignatura normal en los niveles de enseñanza preuniversitaria (1983), medida que se completaría con la presencia del valenciano en la reglamentación y la actividad de las universidades valencianas y, más tarde, con la enseñanza universitaria en valenciano;
3) la implantación de la Radiotelevisión Valenciana (RTVV), creada por ley en 1984 con el objetivo expreso de fomentar la extensión social de la lengua y de establecer un modelo estándar de referencia para el uso público, que inició las emisiones en octubre del 1989.

Hay que decir que, a pesar de las reservas expresadas, la conquista del reconocimiento jurídico y la introducción del valenciano en la enseñanza, en la actividad político-administrativa y en la esfera de la comunicación audiovisual son hitos históricos indiscutibles. Las tres iniciativas tuvieron consecuencias benéficas para la recuperación idiomática. La LUEV favoreció el despliegue de medidas de fomento del valenciano en la Administración y el sistema educativo:

a) se creó la Dirección General de Política Lingüística (DGPL) (1990), órgano encargado de diseñar, coordinar y ejecutar las iniciativas de recuperación idiomática, que incluían diversas campañas de promoción del uso social, las cuales, retomando el lema del valencianismo de posguerra, incitaban a "hablar en valenciano";
b) se estableció un organismo de acreditación de la competencia lingüística para el acceso a la función pública, la Junta Qualificadora de Coneixements de Valencià (JQCV);
c) se inició la constitución de una red técnica de asesoramiento lingüístico en la Administración local y autonómica, para contribuir a la difusión y actualización del lenguaje administrativo valenciano y a la adopción de la lengua propia en las relaciones internas y externas de la Administración Pública valenciana.

Ahora bien, estas medidas tuvieron un alcance reducido. La DGPL, de la que dependen la JQCV y una parte de los asesores lingüísticos, se adscribió en el organigrama del gobierno autónomo a la Consejería de Cultura y Educación, y se dotó de presupuesto y personal limitados, por lo que no pudo desarrollar una tarea de difusión lingüística suficiente.

Por otro lado, los gobiernos autónomos de la etapa socialista no se decidieron a desactivar el conflicto político sobre el nombre y la identidad de la lengua. No solo se renunció a la progresiva cultivación lingüística de una sociedad analfabeta en la lengua propia, sino que se omitió desde el primer momento la denominación de "lengua catalana" y además se tendió a eludir en los usos formales aquellas variantes lingüísticas (demostrativos reforzados: *aquest*, 'este'; incrementos incoativos en –*eix*, palabras del léxico general como *desenvolupament*, 'desarrollo' o *servei*, 'servicio') que divergían de la lengua hablada. Esta proscripción de formas se hizo notar especialmente en la RTVV, cuyo funcionamiento frustró pronto las esperanzas de reeducación lingüística que en ella se habían depositado. En efecto, Canal 9 no ha ofrecido hasta la fecha una programación íntegra en valenciano, ha declinado emitir películas o teleseries dobladas en ninguna otra modalidad del catalán diferente del valenciano general y, salvo en los espacios informativos, y no siempre, refleja una imagen tópica, grosera y subalterna de la cultura valenciana.

En resumen, durante la etapa socialista, al mismo tiempo que se iniciaban grandes cambios sociales en el ámbito de las relaciones políticas, la economía y las formas de producción y consumo cultural, la lengua propia recuperaba una cierta "visibilidad", se dotaba de instrumentos jurídicos limitados y lograba algunos espacios de reconocimiento público. Sin embargo, tal esfuerzo resultaba insuficiente para frenar la pérdida de hablantes y los objetivos de las raquíticas campañas en favor de la lengua no se conseguían ni de lejos: "Vivir en valenciano", como proponía un conocido eslogan institucional a principios de los años noventa del siglo pasado, ya era entonces sencillamente imposible.

7. Los mandatos del Partido Popular (1995-2006)

En 1995, el Partido Popular accedía al gobierno de la Generalitat Valenciana, con el apoyo parlamentario del partido anticatalanista Unión Valenciana. Bajo el liderazgo de Eduardo Zaplana, los populares, que al año siguiente alcanzaron el gobierno de España, con el apoyo de la minoría catalana, pusieron en marcha una serie de medidas orientadas a paralizar, y en algún caso, desmantelar, los escasos resultados que la política lingüística había conseguido durante la etapa anterior. Ello implicaba un conjunto de estrategias interconectadas:

- impedir el conocimiento de la realidad sociolingüística; de hecho, en la década 1994-2004 no se hizo ninguna prospección estadística sobre los niveles lingüísticos de competencia, uso y actitudes, ni se difundieron o propiciaron estudios científicos sobre la realidad social del valenciano en cualquiera de sus magnitudes públicas;
- bloquear gran parte de las tímidas medidas de protección del uso público iniciadas en la etapa anterior;
- ahondar la indefinición simbólica y normativa, fomentando la anomía colectiva, el debilitamiento de la conciencia lingüística unitaria, la confusión entre registros y canales de comunicación y propiciando una normativa lingüística disgregadora y alejada de la tradición escrita;
- presentar el partido en el poder como el único depositario de una pretendida identidad lingüística, genuinamente valenciana y popular, y, correlativamente, estigmatizar el mundo académico y las formas de creación cultural que usan una variedad culta de la lengua y que escapan al control ideológico del gobierno autónomo.

Sumando estas estrategias, la política lingüística del PP ha mostrado una profunda desconfianza hacia la sociedad civil y ha tratado de reconducir las reivindicaciones colectivas por el camino del dirigismo institucional. En este sentido, en setiembre de 1997, el presidente Eduardo Zaplana decidió crear un ente normativo que resolviese el conflicto identitario enquistado, el cual continuaba condicionando la política valenciana. Al efecto, encomendó al Consell Valencià de Cultura, organismo consultivo de la Generalitat Valenciana, un dictamen lingüístico que pusiese fin a las estériles disputas onomásticas. El dictamen reconocía la pertenencia del valenciano al diasistema unitario de la lengua catalana, aunque con subterfugios que denotaban la autocensura imperante, y recomendaba la creación de un organismo con potestad normativizadora. En consecuencia, las Cortes Valencianas aprobaron en septiembre de 1998 la ley de creación de una Acadàmia Valenciana de la Llengua (AVL), integrada por 21 miembros, dos tercios de los cuales debían ser acreditados especialistas en lengua.

Después de casi tres años de negociaciones entre los dos partidos mayoritarios, la AVL se constituyó en junio de 2001, mediante un acuerdo político que no satisfizo del todo a nadie y que no se ceñía a la literalidad de lo prescrito en la ley. La AVL, saludada por muchas instancias sociales y rechazada por grupos influyentes de escritores y enseñantes, inició una tarea de normativización que no se apartaba sustancialmente de la adaptación del fabrismo a las modalidades valencianas, elaborada por los gramáticos y escritores valencianos contemporáneos. Los primeros acuerdos de la nueva institución sancionaban, con matices, la corrección de los dobletes morfológicos o léxicos y equiparaban las formas de la lengua general de uso corriente en la escritura (*aquest, prefereix, avui...*) con las variantes regionales (*este, preferix, hui...*). Pero el gobierno autónomo del PP hizo una interpretación sesgada y trató de imponer exclusivamente las variantes locales en los usos administrativos y escolares.

En las elecciones autonómicas de 1999, el Partido Popular consiguió la mayoría absoluta, lo que le permitió prescindir de la colaboración de los secesionistas de Unión Valenciana. Con todo y con eso, la política lingüística de los populares acentuó el cariz autoritario, intolerante y homogeneizador. Sucedió en el ámbito local valenciano lo mismo que en el conjunto de España, a partir de las elecciones generales del año 2000, cuando los populares obtuvieron la mayoría absoluta y pudieron prescindir del apoyo de la minoría catalana. En este segundo mandato, el gobierno del PP se resistió a adecuar las estructuras políticas a la realidad plurilingüe del Estado; puso todo tipo de cortapisas al ejercicio de los derechos lingüísticos de los ciudadanos y, especialmente en el País Valenciano, redujo notablemente el uso público de la lengua catalana y propició su minusvaloración y su desmembración.

En efecto, después de la prohibición expresa, la estrategia glotofágica básica es impedir la cohesión de aquellas comunidades lingüísticas que sufren una clara minorización en cuanto al *status*. En el caso de la lengua catalana, se ha utilizado la concurrencia multisecular de las denominaciones *catalán* y *valenciano* para presentarlas *de facto* como designadoras de idiomas diferentes, enfrentando así a sus pueblos respectivos. Se ha recordado en el epígrafe anterior que durante el tardofranquismo y la transición, el anticatalanismo valenciano fue la táctica política para cortar el paso a la izquierda progresista y debilitar el valencianismo emergente. Lejos de resolverse, el conflicto de nombres aún se arrastra y reaparece cada vez que se da una coyuntura política propicia. A pesar de todo, las posiciones favorables al reconocimiento explícito de la unidad de la lengua catalana han avanzado gracias a la escuela, a la Universidad y a la acción perseverante de una minoría política muy activa en los terrenos de la cultura y el asociacionismo cívico. También se ha ido acumulando un corpus de jurisprudencia que avala el uso de la expresión "lengua catalana" para referirse, entre otros ámbitos, a la lengua de las universidades valencianas. Sin embargo, el problema de fondo persiste, en la medida en que el gobierno autónomo de los populares se aferra a una lectura nominalista y restrictiva del marco estatutario, que solo recoge, como ya se ha apuntado, el término "valenciano".

Bajo los mandatos del Partido Popular, esta designación ambigua ha propiciado decisiones secesionistas aberrantes, como:

- omitir en los programas de literatura de la enseñanza secundaria cualquier referencia a los clásicos catalanes nacidos fuera de las tierras valencianas;

- mantener hasta 2003 la práctica de catalogación iniciada diez años antes en la Biblioteca Nacional, por la que se diferenciaba la producción de libro en catalán de las Islas Baleares y del País Valenciano con unos códigos particulares, BAL y VALE respectivamente, segregándolos del genérico CAT, que se aplica a los libros editados en Cataluña en su lengua propia;
- excluir la licenciatura de Filología Catalana de las posibles acreditaciones de cualificación lingüística en el acceso a la función pública docente.

Pero la iniciativa política que más puede amenazar la conciencia lingüística unitaria es la creación de la ya referida Acadèmia Valenciana de la Llengua. Con independencia de su funcionamiento normativizador, la misma existencia de esta institución, al hacer coincidir los límites lingüísticos con los administrativos, fomenta la disgregación idiomática y tiende a relegar los usos formales del valenciano a una modalidad subalterna de la lengua común.

En las elecciones autonómicas de 2003, el PP revalidó la mayoría absoluta, ahora con la presidencia de Francisco Camps. La gestión lingüística de los populares en el inicio de este tercer período de gobiernos populares se ha caracterizado por tres tipos de intervenciones:

- se ha acentuado el recorte de los derechos lingüísticos de los valenciano-hablantes, con toda suerte de restricciones, actitudes de desprecio o infracciones abiertas de la normativa vigente en materia lingüística. De la larga nómina de atentados concretos que se podría enumerar, hay que destacar, por el enorme valor simbólico que comporta, la negativa del presidente de las Cortes Valencianas, Julio de España, a autorizar el valenciano en la fórmula tradicional con la que los diputados autonómicos prometían el cargo al inicio de la legislatura;
- se ha fomentado el secesionismo idiomático, con iniciativas como el intento de implantar en las escuelas de idiomas de todo el Estado nuevos títulos oficiales que reconociesen la capacitación en valenciano, separándolos de los que ya se otorgaban como títulos genéricos de competencia en catalán;
- se ha propiciado la disgregación de la normativa unitaria, a base de insistir en las peculiaridades regionales, el discurso de la "genuinidad", que se difunde desde el ya citado ente normativo, la AVL.

8. Un doble itinerario: del conflicto lingüístico al consenso

Pasemos de la crónica de los hechos a las disyuntivas del presente. Los cambios sociales comportan una reordenación del horizonte de expectativas y experiencias compartidas por los grupos humanos. Y el análisis de los vínculos entre lengua y poder nos obliga a reconsiderar cómo funcionan en la actualidad los mecanismos de construcción y deconstrucción de los consensos sociales. Claro es que desde que las solidaridades orgánicas constituyen la fibra sutil con la que se confecciona el tejido social, su análisis no se puede despegar de las prácticas políticas, es decir, del estudio de cómo se conquista, se administra y se reproduce el poder instituido. Por lo tanto, considerar los consensos que se crean alrededor de una lengua implica examinar la estructura de poder de la Comunidad que la tiene como propia y observar las alternativas que se insinúan. Acto seguido indicamos algunas pautas en la distribución lingüística del espacio social. Nos centraremos en el espacio público, el único que permite, con todas las reservas que se quiera, una cierta medida de los usos sociales de la lengua. Atendamos, pues, en primer lugar a los niveles de competencia lingüística y los "signos" del poder valenciano.

Los datos de competencia y uso lingüístico más recientes corresponden a la explotación del censo de población y viviendas de 2001, que llevó a cabo el INE y a una encuesta realizada por la AVL en 2004. Según estas fuentes, la Comunidad Valenciana tiene una población cercana a los 4,5 millones de habitantes, lo que la convierte en la cuarta Comunidad española más poblada. Además es, de todas las comunidades autónomas con lengua propia, la que ofrece niveles más bajos en cuanto a cualificación lingüística y uso efectivo de su lengua histórica (18,74 puntos por debajo de la media de las seis autonomías bilingües). La distribución de competencias lingüísticas es la siguiente:

- Entiende, habla, lee y escribe: 23,36%.
- No entiende: 15,27%.
- Solo entiende: 29%.
- Porcentaje de los que se declaran analfabetos en su lengua: 9,9%.

Conviene señalar que la distribución de competencias y uso es muy desigual, aumenta en zonas rurales y disminuye drásticamente en las urbanas, hasta llegar, como se ha dicho, a la situación límite de una ciudad como Alicante, donde hace apenas medio siglo el catalán era lengua de uso habitual.

Contrastemos estas cifras, tan objetivas y limitadas como son siempre las estadísticas, con las realidades políticas dominantes, es decir, con el discurso y la práctica política del centro derecha en el País Valenciano. La actuación del PP en el ámbito valenciano se podría caracterizar, en lo que a la gestión del plurilingüismo se refiere, como suma de la tradición jacobina, injertada con la herencia autoritaria franquista, y revestida de algunos elementos neoliberales. Una ideología y una práctica que comparten características del ejercicio del poder en las democracias postindustriales, en las cuales convergen factores de tipo tecnológico, demográfico, sociológico o cultural. Así, el descrédito de la gestión pública y en general de la actividad política está relacionado con la aparente neutralización de las diferencias ideológicas entre la izquierda y la derecha (Bobbio 1995; Bueno 2003). Pero también depende del estallido de las tecnologías de la información, de los cambios en la pirámide demográfica, de los flujos migratorios, de la atomización de las relaciones interpersonales, del desmoronamiento de la esfera pública… En este contexto, el discurso del valencianismo político, después de la renuncia expresa al catalanismo de inspiración fusteriana, no ha logrado romper la hegemonía política de los partidos estatales, que obviamente no tienen ningún interés en rebajar el tope electoral del 5% de los votos para que haya una voz diferente representada en las Cortes Valencianas.

En el ámbito valenciano, la representación del poder se orientó ya en el período socialista hacia una política cultural de grandes realizaciones. El audiovisual valenciano era una opción que se desestimó casi de inmediato y se relegó a una plataforma indigna, apta solo para la difusión de los productos televisivos más fuleros. En opinión del sector dominante en el socialismo valenciano, la modernidad no se compadecía con el fomento de la lengua propia, para la que se buscaban, como hemos sugerido más arriba, determinadas compensaciones simbólicas. El ingreso de la sociedad valenciana en las pautas de la modernidad apuntaba hacia las grandes infraestructuras culturales, que se completarán en la etapa de los gobiernos populares con el rediseño urbanístico de la ciudad de Valencia (Palacio de Congresos, Museo Valenciano de la Ilustración y de la Modernidad, ampliación del Instituto Valenciano de Arte Moderno, Ciudad de las Artes y de las Ciencias, urbanización de la fachada marítima con vistas a la Copa América de 2007…). El modelo de la ciudad de Valencia se ha impuesto a pequeña escala a las otras dos capitales provinciales y en las dotaciones culturales de otras poblaciones importantes. Valoraciones políticas aparte, la práctica cultural de la envoltura faraónica es el exponente más claro del monolingüismo y la conculcación de los derechos de los valencianohablantes. Como si se tratase de un gaélico que subsiste en la memoria remota o en los usos ornamentales, el catalán se relega a la epidermis, a los designadores de una simple marca para la exportación (*Palau* de…, *Museu* de…, *Ciutat* de…). Pero la lengua vehicular en la actividad de estos nuevos templos de la cultura es la única oficial en todo el Estado, aunque a menudo se mantenga el simulacro bilingüe en indicadores, rótulos o folletos informativos.

Cerradas las vías de la representación política parlamentaria, recluida la concepción de la cultura en los espacios simbólicos o en la cultura de elite, las posibilidades de hacer efectivo el derecho elemental de vivir en la lengua propia son más bien escasas. Si, en la práctica, los catalanohablantes no podemos ejercer plenamente este derecho en ningún punto de nuestra área lingüística, en tierras valencianas los derechos lingüísticos parecen papel mojado. Y sin embargo en la reivindicación de esos derechos se implican hoy por hoy unos cuantos miles de ciudadanos, a la búsqueda de fórmulas de resistencia activa que superen los esquemas de la representación política convencional, vinculada a las estructuras de partido.

En definitiva, la defensa de la lengua ha sido asumida por una parte muy significativa de la sociedad civil valenciana, que se protege del poder coactivo articulando un contrapoder emergente, fragmentario y discontinuo, que no siempre es consciente de su fuerza y que por ello mismo no pretende en absoluto la ocupación de la vida pública, ni la suplantación de las estructuras de representación política. Si bien no se puede hablar de redes trabadas de sociabilidad, el nuevo valencianismo cultural se superpone al político –la divisoria continúa sin perfilarse con claridad– desarrollando unas estructuras mínimas de producción y consumo de bienes simbólicos y manteniendo unas ciertas formas de comunión ritual alrededor de sus tótems simbólicos. Las estructuras de grupo, que ya no se pueden identificar *sensu stricto* con la *cultureta* resistencialista tradicional, incluyen las instancias de la cultura del libro y del depauperado circuito literario, además de los reductos de la escasa prensa en valenciano, del mundo audiovisual, de la escena o de la música. Constituyen, en conjunto, unos cuantos islotes de cultura propia en el océano indiferenciado de la cultura en castellano, sea la de los productos mediáticos de masa, sea la concebida para el consumo de las elites.

El ámbito, sin embargo, donde la emergencia del valenciano se hace más notoria y suscita un moderado optimismo es sin duda el de la enseñanza, de donde han surgido múltiples iniciativas de organización. Una de las más originales y activas es sin duda el movimiento de la Escola Valenciana-Federació d'Associacions per la Llengua. Se trata de un movimiento de base, surgido de la confluencia de colectivos de docentes y de padres de alumnos, que se unen para reivindicar la extensión y mejora de la escuela en valenciano. Ésta apenas representa una quinta parte del conjunto de la escuela pública, y cuenta con muy poca implantación en la escuela concertada. El movimiento de Escola Valenciana es heredero de las inciativas en pro de la enseñanza en valenciano de antes de la Guerra Civil y de los movimientos de renovación pedagógica que, durante el tardofranquismo y la primera transición, tuvieron un papel destacado en la gestación de una escuela más libre, crítica y arraigada al país.

Escola Valenciana moviliza cada año a miles de ciudadanos, que ven en la defensa de la escuela pública el principal activo para la promoción social y para la conservación de la lengua y la cultura propias. El movimiento convoca encuentros comarcales de alumnos, padres y maestros; organiza congresos de estudio y promueve foros de debate, además de llevar a cabo iniciativas diversas de reivindicación lingüística. Así, en diciembre de 2002, con el apoyo de la universidad valenciana, de los partidos progresistas, de los sindicatos, y de diversas asociaciones, se impulsó la difusión del *Compromís pel valencià*, un programa de 50 medidas específicas de aplicación urgente para la dignificación de la lengua propia de los valencianos.

9. La renovación del discurso sociológico: la acción de los individuos y las estructuras sociales

Los problemas sociales del catalán en el País Valenciano se pueden ver como una expresión de los antagonismos que encontramos en la vía autóctona hacia la modernidad. Una vía que, en lugar de liquidar la herencia lingüística secular, debería integrarla en una relectura de la tradición. Eso solo sera posible si la acción del poder rectifica el monolingüismo sectario que ha practicado hasta ahora, manifiesta un respeto decidido por las normas positivas de derecho que continúan vigentes y amplía las posibilidades de expresión de los valencianohablantes. Crear un nuevo consenso no es fácil. Este discurso sociológico no parece hacer mella ni en la conciencia de los políticos, ni en la de las elites dominantes.

Por otro lado, también se acusa una falta de interacción entre la esfera del conocimiento y la de la praxis. Hay que reconocer que el esquema conceptual con el que se pretendía explicar la compleja realidad sociolingüística valenciana era a menudo muy rígido. Este hecho ha propiciado un cierto enrarecimiento del discurso, un estancamiento en los clichés ideológicos y en los estereotipos interpretativos. Seguramente es difícil romper estas inercias. Pero el único camino para salir del marasmo es que los sociólogos de la comunicación y del lenguaje imaginen un panorama cognitivo nuevo, que lo imaginen en unos términos diferentes, con un utillaje conceptual y un léxico nuevos. Quizá por este camino se alcance uno de los objetivos básicos del conocimiento sociológico: conciliar la acción individual con las determinaciones del entorno, acoplar en unos constructos armónicos, plausibles y dinámicos, el comportamiento sociolingüístico de los valencianos y de sus estructuras sociales.

En efecto, acaso uno de los déficits de la deplorable situación sociolingüística valenciana sea la falta de respuestas articuladas para dar cuenta de una manera dialéctica y eficiente de nuestros conflictos. Es cierto que hasta principios de los años ochenta, coincidiendo con el ya aludido ascenso socialista, las aportaciones de los sociólogos y sociolingüistas valencianos figuran entre las más relevantes de la teoría social aplicada a los problemas de la lengua catalana. Pero en las dos décadas posteriores, coincidiendo primero con la etapa socialista y después con los mandatos de los populares, ha habido una escasa actualización del discurso teórico sobre la lengua. Algunas de las premisas básicas de la interpretación heredada de Joan Fuster y ampliada por sus exégetas, o completada por los sociólogos valencianos, parecen convalidarse en el momento actual. Pero han surgido por otro lado cambiantes realidades socioeconómicas, tecnológicas, culturales y políticas, que delimitan un nuevo contexto, un panorama inédito, donde se cruzan las prácticas políticas locales y las coordenadas de la mundialización.

Los déficits de indagación teórica precisa, aquella que es capaz de conectar el conocimiento analítico con las concreciones de la acción práctica, se refieren a:

a) la comprensión de los problemas de la articulación identitaria de los valencianos en relación con la lengua;
b) las respuestas que la gestión del plurilingüismo reclama hoy y que rebasan los esquemas del conflicto lingüístico en tanto que dilema social que aboca a una disyuntiva excluyente: o susbtitución lingüística definitiva o presunta normalización lingüística plena.

Los problemas de la identidad han recibido una atención creciente, si bien incompleta (Piqueras Infante 1996; Solves 2003; Nicolás 2003). Entre otros déficits, aún son evidentes los que se relacionan con el fenómeno del secesionismo lingüístico valenciano. Resulta paradójico que, a pesar del influjo que el llamado "blaversime" ha ejercido en la política valenciana, no haya merecido un mínimo esfuerzo de indagación sociológica. Los escasos estudios que se le han dedicado se han resuelto con interpretaciones documentadas, pero con un aparato metodológico endeble, que sustituía al análisis por un cocktail de apriorismo, reduccionismo sociológico y estereotipos de la psicología social (Bello 1988).

En el terreno de la comprensión del conflicto lingüístico, queda también mucho camino por recorrer. Salvo algunos trabajos meritorios (Querol 2000; Pradilla 2004a y 2004b) la reflexión no ha avanzado mucho desde los textos clásicos de Ninyoles (1969 y 1972) y de Aracil (1982 y 1983). La comprensión teórico-práctica se ha sustituido bien por los textos de divulgación, bien por las urgencias del debate periodístico o bien por la mixtificación de las prospecciones estadísticas, que tienden a convertir los datos de la realidad en la realidad de los datos.

Los déficits genéricos se concretan en campos diversos, de los cuales daremos solo una cata: los vínculos directos entre opciones políticas y lingüísticas. Conviene precisar que la sociología política y la demanda social del uso del valenciano no son dos conjuntos que muestren correspondencias unívocas. Sin embargo, el que podríamos denominar el "canon sociolingüístico imperante" reproduce aún, con pocos cambios, los análisis acuñados veinte años atrás. En estos análisis, los grupos sociales se definen por el grado de lealtad lingüística, pero poco cuentan las relaciones entre cómo se definen los sujetos de una situación sociolingüística y cómo actúan. Al prescindir de la congruencia o incongruencia con la que intervienen los hablantes, los esquemas tipológicos que los clasifican adolecen, cuando menos, de un mecanicismo poco operativo.

Según este esquema canónico tenemos, por una parte, la derecha valenciana, que no ha sabido desarrollar mecanismos de reencuentro, de estima y de adhesión a la lengua histórica del país y ha ahondado el divorcio con un pueblo a quien le ha girado la espalda. Enfrente hallamos el grupo antagonista, los valencianistas, generalmente de izquierda, que pugnan por recuperar para la lengua la legitimidad histórica que secularmente se le ha negado. En lo concerniente a las imágenes o representaciones simbólicas sobre la lengua misma, los tópicos se mantienen. La ideologización directamente heredada del final del franquismo no permite que el valenciano se desembarace de los estigmas que sobre él gravitan aún: o es la lengua del campesinado o es la bandera que moviliza una izquierda anhelante de cambios sociales. En medio quedan amplísimas capas de la población valenciana, con un grado de instrucción y un nivel cultural bajos, que difícilmente se encuentran en disposición de cuestionar las mixtificaciones y los prejuicios de la ideología lingüística dominante.

El esquema, sin embargo, se mantiene solo por la pura inercia de las cosas. Porque si bien las clases acomodadas se miran cada vez más en los referentes culturales y políticos españoles, la reivindicación de los derechos lingüísticos de los valencianoparlantes ha devenido en parte una queja primaria, desvinculada de las opciones partidistas estrictas y susceptible de impregnar colectivos interclasistas muy heterogéneos. Por otro lado, la identificación de la izquierda, o de lo que queda de ella, con un programa de reivindicación lingüística plantea interrogantes diversos. Los prejuicios inveterados de la cultura política internacionalista, la falta de un discurso efectivo y de un impulso político decidido, la ausencia de líderes con una, digámoslo así, visibilidad lingüística clara son hechos casi objetivos que dibujan la atonía en la que se mueve la izquierda valenciana en lo concerniente a un rediseño de las relaciones interlingüísticas.

Finalmente, las respuestas de la extensa franja social con escasa cultura lingüística no pueden contar lo mismo que las decisiones políticas de los dirigentes. Lo cual no quiere decir tampoco que se trate de una masa amorfa, incapacitada para la expresión simbólica o para una elaboración cultural heterogénea, como lo son todas, por otro lado. No hay sino que observar las complejas interacciones que se dan en cualquier barrio deprimido de las grandes ciudades valencianas para constatar que, entre la anomía y la ideologización identitaria, hay un margen muy amplio para el análisis y la intervención proactiva.

10. Epílogo

Evaluar la salud social de una lengua a partir de la acción política constituye una operación intelectual problemática *per se*. De hecho, plantearse la medida de la vitalidad de una lengua es seguramente el primer síntoma que denota una cierta situación anómala. Además, los parámetros de medida son difíciles de objetivar. Incluso en el supuesto de que la medida objetiva fuera posible, las representaciones de los hablantes son igualmente decisivas a la hora de tomar el pulso al flujo lingüístico. Si no fuese suficiente con estos problemas metodológicos, la evolución del mundo contemporáneo aún nos lo pone más difícil. En efecto, avanzamos muy de prisa hacia situaciones de plurilingüismo complejo, donde las grandes lenguas de estado convivirán de un lado con el inglés, la nueva koiné o interlingua mundial, y del otro con lenguas minorizadas, que podrán sobrevivir o enderezar en parte el proceso sustitutorio, gracias a las nuevas tecnologías y a configuraciones del mercado de la comunicación más versátiles.

A pesar de estas dificultades, y aunque los contrastes resulten a menudo engañosos, podríamos afirmar que la situación del catalán en tierras valencianas es más precaria de lo que lo es en Cataluña o en las Islas Baleares. Prescindiendo de los antecedentes históricos más lejanos, la diferencia radica aquí en la estructura del poder y en las relaciones de este con los valencianohablantes, que no constituyen un grupo bien trabado, por razones diversas, sobre todo de tipo político. La enorme coacción que contra la lengua histórica se ejerció durante la transición impidió que se articulase un consenso amplio a su alrededor: lejos de ser símbolo de unión para aglutinar un discurso político propio, la querella sobre el origen del valenciano fue el vehículo de expresión de las diferencias sociopolíticas. La etapa socialista no sirvió para dejar resuelto el conflicto, separando los símbolos de la acción política. Ello permitió que los sucesivos gobiernos del centro-derecha guardasen en la recámara el falso discurso de la identidad (el nombre de la lengua, la defensa de sus símbolos, la regulación normativa genuina) para cuando conviniese hacer fuego de distracción y ocultar el conflicto principal: la dominación social ejercida, también, por el arrinconamiento, la postergación o la represión directa de la lengua histórica de los valencianos.

Esta es la verdadera identidad del poder instituido en la praxis sociolingüística del País Valenciano: servirse de las diferencias lingüísticas para perpetuar las formas de dominación. Y si una de las características del poder es hacerse invisible, penetrar en todas las instancias de la vida social, camuflando su capacidad coactiva, el mejor aliado de la minorización que ahora se impone, con un renovado discurso de la modernidad, es la pervivencia de las actitudes claudicantes y de renuncia a los derechos lingüísticos. En estos momentos, a la identidad de poder y de su acción política disgregadora solo se puede oponer el poder de la identidad cohesiva. Una identidad existencial, no esencialista, abierta y proteica, que se deberá repensar con otro bagaje conceptual, más adecuado a los retos y exigencias del nuevo multilingüismo. Entre dichos retos y exigencias figura la necesidad de una representación unitaria, no fragmentada, para cada espacio lingüístico (léase el valenciano en el ámbito común de la lengua catalana) en las instituciones políticas de la Unión Europea.

11. Bibliografía

ACADEMIA VALENCIANA DE LA LLENGUA (2005): *Llibre blanc de l'ús del valencià – I. Enquesta sobre la situació social del valenciá. 2004.* Valencia: Acadèmia Valenciana de la Llengua.

ARACIL, Lluís V. (1982): *Papers de sociolingüística.* Barcelona: La Magrana.

— (1983): *Dir la realitat.* Barcelona: Països Catalans.

ARCHILÉS, Ferran *et al.* (1997): Dossier "La transició al País Valencià", *L'Avenç* 214, mayo 1997, 13-54.

BELLO, Vicent (1988): *La pesta blava.* Valencia: Tres i Quatre.

BOBBIO, Norberto (1995): *Dreta i esquerra. Raons i significats d'una distinció política.* Catarroja/Barcelona: Afers.

BOURDIEU, Pierre (1985): *Qué significa hablar.* Torrejón de Ardoz: Akal.

BUENO, Gustavo (2003): *El mito de la izquierda.* Barcelona: Ediciones B.

BURKE, Peter/BRIGGS, Asa (2002): *De Gutenberg a Internet: una historia social de los medios de comunicación.* Madrid: Taurus.

COLOMER, Agustí *et al.* (1988): *Document 88. Destinat (sobretot) a nacionalistes.* Valencia: Tres i Quatre.

COOPER, Robert L. (1997): *La planificación lingüística y el cambio social.* Cambridge: Cambridge University Press.

CUCÓ, Alfons (2002): *Roig i blau: la transició democràtica valenciana.*Valencia: Tàndem.

MOLLÀ, Toni (ed.) (1997): *Política i planificació lingüístiques.* Alzira: Bromera.

— (ed.) (1998): *La política lingüística a la societat de la informació.* Alzira: Bromera.

MONTOYA, Brauli (1996): *Alacant: la llengua interrompida.* Paiporta: Denes.

NICOLÁS, Miquel (1998): *La història de la llengua catalana. La construcció d'un discurs.* Valencia/Barcelona: Institut Interuniversitari de Filologia Valenciana/Publicacions de la l'Abadia de Montserrat.

— (2003): "Del jo al nosaltres: els dilemes de la identitat lingüística", *L'Espill* 12, 50-60.

NINYOLES, Rafael Ll. (1969): *Conflicte lingüístic valencià.* Valencia: Tres i Quatre.

— (1972): *Idioma y poder social.* Madrid: Tecnos.

PIQUERAS INFANTE, Andrés (1996). *La identidad valenciana. La difícil construcción de una identidad colectiva.* Madrid: Escuela Libre/Edicions Alfons el Magnànim.

PRADILLA, Miquel Àngel (2004a): *El laberint valencià. Apunts per a una sociolingüística del conflicte.* Benicarló: Onada.

— (ed.) (2004b): *Calidoscopi lingüístic. Un debat entorn de les llengües de l'Estat.* Barcelona: Octaedro/EUB.

QUEROL, Ernest (2000): *Els valencians i el valencià. Usos i representacions socials.* Paiporta: Denes.

ROSSI-LANDI, Ferruccio (1974): *El lenguaje como trabajo y como mercado*. Caracas: Monte Ávila.

SOLVES, Josep (2003): *El pensament nacionalista valencià. Una discussió sobre la identitat*. Paiporta: Denes.

Treballs de sociolingüística catalana 16, dossier monográfico sobre "Llengua i societat al País Valencià". Valencia, 2002.

LA INFLUENCIA DEL MARCO ESTATAL EN EL PORVENIR DE LAS LENGUAS: BALANCE CONTRASTADO ESPAÑA-FRANCIA EN LAS ZONAS CATALANOHABLANTES Y VASCOHABLANTES

CHRISTIAN LAGARDE

1. Introducción

Establecer un balance de la política lingüística en España desde la transición al marco europeo, por lo visto significa más bien establecer dicho balance acerca de *las políticas lingüísticas*. De hecho, el marco constitucional vigente desde 1978, si bien permite al propio Estado español llevar a cabo una política propia en favor del castellano-español, y significativamente dentro de la red nacional e internacional del Instituto Cervantes, también da paso al desarrollo de políticas lingüísticas pluriformes desde las CC.AA. constituidas a partir de 1979. Esas políticas, como se acaba de apuntar, dependen mucho de la voluntad política que se expresa a través del sufragio de los ciudadanos de las Comunidades, y también de los recursos económicos de los que dispone cada una de ellas, en la medida en que esté o se sienta afectada por tal cuestión, para llevarla a cabo. A pesar de que existen varios "topos" que vienen recortándoles protagonismo a los gobiernos autonómicos (artículo 145 de la Constitución, limitaciones de competencias, recursos ante el Tribunal Constitucional), el marco constitucional vigente proporciona, a través de la oficialidad de las llamadas "lenguas propias", un ámbito lo suficientemente amplio como para que se puedan promover dichas lenguas.

El examen de la situación en dos territorios contiguos a España pertenecientes al Estado francés permite a todas luces poner de realce la magnitud de las posibilidades contemporáneas de la expresión lingüística al sur del Pirineo. La continuidad lingüística en ambos cabos de la cadena pirenaica (vascófona al oeste, catalanohablante al este) contrasta con la discontinuidad geopolítica. No por ello deja de ser utilísima la comparación, pero por lo mismo resulta muy preocupante el panorama así ofrecido, dado el estado de abandono por parte del Estado francés en que se encuentran las llamadas "lenguas regionales", y el verdadero escarnio que pueden considerarse las medidas que se les concede desde la cúspide política francesa.

Tras una breve presentación de los territorios considerados, pasaré a evocar la problemática de la fiabilidad de las herramientas de evaluación estadística de las que disponemos. Después de referir los principales datos contrastándolos en el tiempo y según los ejes norte-sur, dentro de una misma área lingüística, y luego este-oeste, no creo posible eludir un planteamiento de cariz político tanto a modo de explicación como de propuesta para poner remedio al balance establecido.

2. Dos territorios bajo el mismo signo

Los dos territorios a los que voy a referirme resultan en su configuración geográfica del establecimiento de la frontera pirenaica a raíz del Tratado de los Pirineos de 1659. No pretendo detenerme aquí en el relato de su difícil y tardío asentamiento ni en los despropósitos de cuño local ampliamente contrarrestados por las prácticas transfronterizas: las agropecuarias antiguas o la también arraigada del contrabando. El Tratado viene a romper dos espacios históricos transpirenaicos: el antiguo reino de Navarra y el "Principat" de Cataluña incluido en la Corona de Aragón.

De ahí radica un problema de denominación que afecta principalmente a las zonas septentrionales. Bien sabido es que cualquier conflicto de ese tipo nada tiene de inocente, ya que denominar es imponer el dominante la apelación más conforme a sus propios intereses y no a los de los afectados. Así como se plasmará la de "País vasco francés", contrastando con el "español", a la parte catalana se le impondrá de manera duradera desde el reinado de Luis XIV el nombre de "Rosellón" en cuanto provincia del Antiguo Régimen. La Revolución francesa corrige lo anterior, conformando de modo bastante análogo el departamento de los "Pirineos Orientales" (incluyendo en él la zona occitanófona de la Fenolleda); e integrando el territorio vascofrancés en el departamento de los "Bajos Pirineos", transformado hoy en día en "Pirineos Atlánticos", compartido con el Bearn occitanófono.

Ambos territorios pierden asimismo su referente históricolingüístico, en plena conformidad con el propósito jacobino. El liderazgo bearnés ejercido a través de la capitalidad de Pau ha sido desde el inicio objeto de contienda basada en la oposición religiosa antigua (protestantes *vs.* católicos) e ideológica más reciente (izquierda *vs.* derecha), desembocando en la reivindicación de la instauración de dos departamentos separados, recobrando el vasco en su denominación venidera sus características idiosincrásicas. Desde los ámbitos nacionalistas vascos del sur, se lo considera como "Iparralde", o sea "las tierras del norte". En el otro extremo, desde los años 1970 se va pugnando de modo controvertido por cambiar de identificación, siendo según la opción liberal "Pyrénées Roussillon", y según la catalanista, avalada por el sur, "Catalunya Nord".

Ambas zonas tienen bastantes parecidos y de igual manera se oponen a las meridionales contiguas, tanto en términos de desarrollo económico como de estructuración sociopolítica. El desarrollo del sur ha sido posterior a la partición: allí se concreta por ambas partes (este y oeste) en la realización de una revolución industrial que se remonta al siglo XVIII en Cataluña y se da a finales del XIX en las "provincias vascongadas" a punto de llamarse Euskadi. El proceso también es distinto: progresivo en Cataluña y repentino en Euskadi, con consecuencias más traumáticas en el segundo caso. De ahí nació en dichas zonas una reivindicación y concienciación, primero regionalista y luego nacionalista e independentista, que no dejará de tener repercusiones más allá de la frontera.

Al norte, la monarquía absoluta primero y luego el Estado republicano, ambos con fuerza centralizadora mucho más potente que los regímenes imperantes en España, trataron a esas lejanas "provincias" de modo semicolonial, imponiéndoles su orden propio, colaborando en él las elites locales, y satisfaciendo las necesidades colectivas del Estado antes que las locales. Así es como, tanto Catalunya Nord como Iparralde, sufren, incluso hoy en día, un "maldesarrollo" por falta de sector industrial y por correlativa hipertrofia, primero del sector agropecuario, bosque y pesca, desbancado (aunque sigue siendo significativo) desde finales del XIX en Iparralde y mediados del XX en Catalunya Nord por el sector turístico. Por estas tierras, la reivindicación regionalista e incluso nacionalista no pasará de un nivel folklórico y cultural, quedando marginados aquellos que se han venido comprometiendo en la lucha política de signo contrario al republicano francés. Del mismo modo la dinámica sociolingüística local hizo que se difundiera desde las elites un modelo diglósico favorable al francés y por lo tanto sustitutivo. Por otro lado la atonía socioeconómica imperante supuso (y sigue suponiendo) un movimiento de éxodo hacia las zonas más desarrolladas del Estado francés y la consiguiente necesidad de aculturación en dichas zonas, clave de la integración de los migrantes.

A pesar de ello, en ambas áreas, el carácter restringido del territorio y la especificidad de su lengua y cultura de cara a las zonas vecinas del Estado francés (Gascuña, con Bearn y Landes; Lenguadoc) han venido favoreciendo el mantenimiento de un sentimiento identitario fuerte entre las poblaciones autóctonas. Sin embargo, su posición meridional dentro del hexágono y el clima benigno y soleado que se deriva de ella, hace estas tierras particularmente atractivas, tanto como destino turístico de temporada como de afincamiento permanente. Siendo asimismo zonas emigratorias e inmigratorias (con saldo positivo en este último sentido), conviven en ellas poblaciones con sentimientos identitarios distintos y complejos.

En la actualidad, Catalunya Nord e Iparralde se caracterizan por un fuerte desequilibrio demográfico interno con gran aglomeración de población en la zona costera dedicada al sector de servicios y turismo (Rosellón y "Côte radieuse"; "Côte basque" en Lapurdi) y significativa concentración urbana tanto en

Perpiñán como en el B.A.B. (Bayona-Anglet-Biarritz) de unos 150.000 y 100.000 habitantes. En cambio las zonas interiores dedicadas a las actividades agropecuarias quedan bastante deprimidas (Conflent, Vallespir; Baja Navarra, Zuberoa). Tanto el peso demográfico relativo, dentro del conjunto, como el peso relativo de la autoctonía en cada comarca influyen mucho en las características sociolingüísticas globales y locales, o sea en las competencias, en los usos y en las actitudes y sentimientos identitarios.

3. La problemática de la evaluación sociolingüística por encuestas

Con el fin de evaluar dichos parámetros se ha venido realizando por ambos extremos del Pirineo una serie de encuestas sociolingüísticas como base imprescindible tanto para el recuento como para el análisis de los datos.

En la Comunidad Autónoma Vasca, la primera, realizada a iniciativa del Gobierno Vasco, *Soziolinguistikazko mapa*, manejaba datos del censo de 1986. Iparralde pasó a formar parte de un proceso evaluativo general de Euskal Herria (global y desglosado en CAV, Navarra e Iparralde, en colaboración entre Gobierno Vasco, Gobierno de Navarra e Instituto Cultural Vasco) denominado *La continuidad del euskera* con datos de encuestas de 1991, seguidas con espacio regular de 5 años por las de 1996 y 2001. Estas encuestas, cuya muestra básica se ha ido ampliando numéricamente, son obra de instituciones especializadas (respectivamente EUSTAT [*Euskal Estatistika Erakundea/Instituto Vasco de Estadística*], Sección de estadística del Gobierno de Navarra, e INSEE [*Institut National de la Statistique et des Études Économiques*]) y se distinguen por querer ofrecer una regularidad en cuanto a su periodicidad y un seguimiento metodológico que favorece la comparación entre milésimos y entre territorios.

Sin embargo *La continuidad del euskera*, título que supone por un lado poner de realce las oportunidades que tiene la lengua de no desaparecer, y por otro incentivar el conjunto supracomunitario (entre la CAV y Navarra) y supraestatal (entre dichas CC.AA. e Iparralde) de Euskal Herria, de cuño nacionalista, viene afectada por tal propósito. La medición obedece, singularmente por parte del Gobierno Vasco promotor principal de las encuestas, a finalidades de inspiración política (siendo el PNV gobernante comprometido en el desarrollo del euskera y del sentimiento nacional vasco) y de evaluación política (por tener que dar cuenta ante sus electores de la eficiencia de la inversión de fondos públicos en la política lingüística).

Uno de los detalles más característicos de la posible manipulación de los datos (por lo menos en cuanto datos hechos públicos) es la tipología de los encuestados. Se dividen hoy día en tres categorías (habiendo desaparecido significativamente la de "monolingües euskaldunes"): "bilingües", "bilingües pasivos" y "monolingües erdaldunes" (o sea castellanohablantes), con lo cual no se da cuenta de las competencias escritas. Los "bilingües pasivos" serán pues los que "entienden"; los "bilingües" aquellos que "hablan", pero ¿dónde aparecen las cifras de competencias de lectura y escritura? Con comentarios como "más de la mitad", si la reagrupación de cifras lo permite, o "una mayoría", si no se llega a alcanzar la mitad, se intenta valorar, aunque sea a veces difícil, los resultados más favorables a la política lingüística emprendida y más afines a la orientación ideológica nacionalista, con el afán de demostrar su carácter democrático. En el caso de Iparralde, aunque no se ocultan los bajos niveles registrados, el ejercicio se convierte en todo un *"art d'accommoder les restes"*.

En cuanto a Catalunya Nord, el problema es bien distinto. Las encuestas son muy heterogéneas, tanto en sus fuentes y formas como en sus metodologías, lo cual dificulta las comparaciones. Además, en un artículo reciente publicado en el Quebec en la revista *Terminogramme*, Gentil Puig i Moreno, basándose en su reconocido conocimiento del campo norcatalán, subraya las incoherencias que ostentan en su mayoría, restándoles pues fiabilidad (Puig 2002).

Disponemos de encuestas locales ya antiguas realizadas por el sector militante catalanista dentro del CREC (Centre de Recerca i d'Estudis Catalans de la Universitat de Perpinyà); de encuestas llevadas a cabo en 1988 y 1993 por la investigadora inglesa Dawn Marley, publicadas en su *Parler catalan à Perpignan*; de dos encuestas realizadas a petición del Concejo Regional Languedoc-Roussillon por la empresa independiente "Média Pluriel Méditerranée" de Montpellier en 1993 y 1998; de una encuesta de 2004 cuyos resultados se han divulgado recientemente en Perpiñán, elaborada desde la Secretaría de Política Lingüística de la Generalitat de Catalunya y el instituto de estadísticas IDESCAT, igual que para todos los territorios catalanófonos. Constituyen pues una base de datos bastante amplia pero muy incómoda a la hora de contrastar resultados, tanto según la cronología como con otros territorios.

Resumiendo pues lo dicho, resulta obvio el déficit de información sociolingüística en el marco del Estado francés, así como puede serlo en España por parte de su homólogo. El interés por obtenerla surge de las CC.AA. concernidas por su lengua propia y en algún caso de las entidades regionales o departamentales francesas que desean poner de manifiesto la peculiaridad de su idiosincrasia dentro del conjunto estatal (*cf.* Hammel, 1996). Al respecto bien significativa es en Francia la falta de recolección de datos sociolingüísticos con motivo de la realización de censos de población por el INSEE: tal silencio es elocuente y corresponde al desdén e ignorancia de la pluralidad lingüística y cultural, característica del modelo estatal unilingüista francés. Como señal de tímida evolución, sin duda relacionada con el paso de la DGLF a ser DGLFLF ("Délégation Générale à la Langue Française *et aux langues de France*"), cabe mencionar sin embargo la aparición de un par de preguntas al respecto en el censo de 2000; por lo parciales que son, los datos dan una información escasa y dificilísima de manejar.

De momento pues, la producción más fiable, desde el punto de vista de la elaboración de la muestra y en general de la metodología, de datos demolingüísticos y sociolingüísticos, se debe mayormente a la intervención de entidades "extranjeras" por falta de implicación del Estado francés en temas que deberían afectarlo. Prueba de ello son las encuestas llevadas a cabo en los dos territorios aquí contemplados.

4. Elementos principales según las encuestas

4.1. DATOS DE LAS ENCUESTAS EN CATALUNYA NORD

Las principales encuestas de las que disponemos para Catalunya Nord arrojan los siguientes resultados, difíciles de comentar por su disparidad:

TABLA 1
Las diferentes encuestas en Catalunya Nord

Competencias	Entiende (%)	Habla (%)	Lee (%)	Escribe (%)
DM 1988	54	40,4	20	9
DM 1993	36,3	19,6	21,5	9,3
MPM 1993	63,2	48,6	25	10
MPM 1998	55	34	22	11
SPL 2004	65,3	37,1	31,4	10,6

FUENTES: DM: Dawn Marley; MPM: Média Pluriel Méditerranée; SPL: Secretaría de Política Lingüística de la Generalitat de Catalunya (elaboración propia).

Según el análisis llevado a cabo por Jean-François Courouau (2002), las encuestas MPM del 93 y del 98 son demostrativas de fases de "puissance et déclin", lo cual merece por cierto ser matizado, considerando que los resultados MPM 93 sorprendieron con mucho a los propios militantes del catalanismo, siendo los del 98 más afines a la realidad percibida. Si nos atenemos a los datos más recientes, vemos cómo el origen del encuestado influye lógica y significativamente en las competencias declaradas (tablas 2 y 3).

TABLA 2
Competencias en catalán

Competencias lingüísticas (%)	Nacido		Total Cat. Nord	Catalunya 1996	Baleares 1996
	En Cat. Nord	Fuera de Cat. Nord			
Entiende	88,5	47,5	65,3	95	89,5
Habla	65,5	15,3	37,1	75,3	72,1
Lee	47,8	18,8	31,4	72,3	–
Escribe	17,1	5,6	10,6	45,8	16,5

FUENTES: Encuesta SPL-IDESCAT, 2004; Censo 1996; Censo 1986.

Cabe subrayar aquí la pérdida notable del uso familiar del catalán desde la perspectiva de la transmisión intergeneracional. Uno de los factores es por cierto el descenso sufrido en las parejas exógenas o mixtas: así es como la catalanofonía entre abuelos autóctonos que rondaba el 50% viene globalmente a oscilar entre el 20 y el 25%. El desgaste se da de manera más acentuada de una generación para otra que dentro de la misma generación, acabando con un escaso 4% entre los autóctonos (y el 2,4% globalmente) en la transmisión de la lengua por ego a sus hijos, cifra corroborada por la evaluación "en el hogar".

Si contrastamos dichas competencias, de las que desconocemos el nivel pero que arrojan puntuaciones bastante altas (comparables con las de la Comunidad Valenciana en 1986 –cf. Siguan 1992–), con los usos también declarados, estos resultados caen en picado, demostrando la casi nulidad de los usos sociales del catalán en Catalunya Nord (tabla 4).

El único apartado positivo concierne al uso del catalán dentro de grupos conocidos de antemano como catalanohablantes, o sea una esfera de intimidad en la que el individuo se siente protegido del "autoodio", que lo llega a controlar por ser compartido con los interlocutores. A nivel de interacciones verbales bilingües, cabe subrayar el desequilibrio en el cambio de código, muy favorable al francés. Escasos son los que escapan de converger hacia dicho idioma que demuestra una dominación avasalladora.

TABLA 3
Usos del catalán Catalunya Nord/Catalunya
(desde *solo* hasta *igual que fr.*) en el ámbito familiar

Usos familiares (%)	Nacido		Total Cat. Nord	Catalunya
	En Cat. Nord	Fuera de Cat. Nord		
En el hogar	4,6	0,8	2,4	53,2
Con la madre	23,4	5,2	13,2	42
Con el padre	23	4,8	12,2	41,9
Padres entre ellos	33,7	3,1	16,4	–
Con hermano/a	10,3	4,7	7,1	–
Entre abuelos maternos	49,8	6	25,1	–
Con abuelos maternos	20,4	2,6	10,4	40,6
Entre abuelos paternos	42,3	3,9	20,6	–
Con abuelos paternos	13,7	2,6	7,4	40,8
Con la pareja	7	1,3	3,7	–
Con los hijos	4	1,3	2,4	56,8
Usos extrafamiliares (%)				
Con los amigos	10,8	2,1	6	60,7
Con amigos catalanohablantes	27,8	5,6	15,3	–
Con los vecinos	7,3	1,3	3,9	57,3
Con otros estudiantes	6,4	0,8	3,2	65,6
En los comercios próximos	5	1,2	2,9	66,3
En las grandes superficies	1,1	0	0,5	60,2
En el banco	0,5	0	0,2	66,6
Con el médico	1	0	0,2	62,3
Con un desconocido	1,1	0,4	0,6	57,2
Para redactar notas personales	1,3	0,8	1,5	41,7
Sigue hablando catalán si le contestan en francés	8,6	0,9	4,2	18,5
Sigue hablando francés si le contestan en catalán	34,3	46,3	41,4	78,6

Fuentes: SPL-IDESCAT 2004; SPL-IDESCAT 2003.

TABLA 4
Actitudes Catalunya Nord/Catalunya

Valoraciones (está de acuerdo con) (%)	Nacido		Total Cat. Nord	Catalunya
	En Cat. Nord	Fuera de Cat. Nord		
Todos tendrían que hablar catalán en Cat. Nord	57,4	40,2	47,6	–
Todos tendrían que hablar francés en Cat. Nord	86,4	87,7	87,2	–
El catalán es una única y misma lengua	74,6	63,9	68,5	–
Tendría que aumentar el uso del catalán	71	57,3	63,9	–
Se usa poco el catalán	55,8	43,9	49,1	23,9
Se usa mucho el catalán	15,9	27,4	22,4	47,6
Ha venido aumentando su uso desde los últimos 5 años	27	14,2	19,9	45,9
Es igual su uso desde los últimos 5 años	21,6	18,5	19,9	23,9
Ha venido bajando su uso desde los últimos 5 años	29,6	29,6	29,6	23,6
Ha de aumentar su uso en los próximos 5 años	28	20,7	23,9	40,3
Ha de quedar igual su uso en los próximos 5 años	12,7	16,6	14,9	24,9
Ha de bajar su uso en los próximos 5 años	39,6	41,2	40,5	24,8
Desea hablar catalán	60,9	56	57,9	–
Desea aprender catalán	50,7	41,6	45,3	–
Desea que los niños aprendan catalán	75,6	52,8	62,9	–

FUENTES: SPL-IDESCAT 2004; SPL-IDESCAT 2003.

4.2. Datos de las encuestas en Iparralde

La serie de encuestas denominadas *La continuidad del euskera* permite valorar dicha continuidad en cuanto a competencias lingüísticas en Iparralde. La relativa homogeneidad metodológica y del muestrario arroja resultados de semejante cuño, o sea de oscilación bastante relativa según las fechas.

TABLA 5
Competencias Iparralde/CAV

Competencias	(%)	No entiende	Entiende	Habla
Iparralde	1991	59,8	40,2	33,1
	1996	64,2	35,8	26,4
	2001	63,4	36,3	24,7
CAV total	2001	59,2	40,8	29,4
Araba		75,5	24,5	13,4
Bizkaia		64,9	35	22,4
Gipuzkoa		42,6	57,5	48

Fuente: *La continuidad del euskera III*, 2004.

Por lo que es de la relación 'entiende' *vs.* 'no entiende' (60% *vs.* 40%), la variación global en el tiempo, negativa, no excede el 5%, con un tenue proceso de recuperación entre 1996 y 2001 (+ 0,5% en 'entiende'). En este sentido, podría afirmarse un estancamiento del retroceso y el mantenimiento de la "continuidad". No obstante, lo más significativo se da en la competencia oral activa, donde se experimenta un continuo retroceso de las prácticas euskaldunes de uno de cada tres a uno de cada cuatro encuestados, por lo cual se ve seriamente afectada la perspectiva de continuidad.

La Tabla 6, en la que se recogen los datos de dos encuestas separadas por una década (1991, 2001) desglosados por grupos de edad, ilustra de modo más preciso tal fenómeno.

Las cifras más recientes en cuanto al "no entiende" son casi siempre más altas (con relativo equilibrio para los 35-49 años y 65 años y más) con las consiguientes pérdidas en concepto de "entiende" que aparecen amplificadas a nivel de la competencia oral activa ('habla'), con el señalado promedio del –8,4%. Pero varía notablemente la erosión del –2,2% entre los 65 años y más, pasamos al –10% (50-64 años), –9% (35-49 años), –13,8% (25-34 años) y al –7,5% (16-24 años). Aun-

TABLA 6
Competencias según edades (2001) Iparralde

	16-24		25-34		35-49		50-64		65 y +		Total	
(%)	1991	2001	1991	2001	1991	2001	1991	2001	1991	2001	1991	2001
No entiende	66,1	68	64,4	75,1	62,1	62,8	52,9	58,6	59,2	58,9	59,8	63,4
Entiende	33,9	32	35,6	24,9	37,9	37,3	43,8	31,4	38,7	41,1	40,2	36,6
Habla	19,7	12,2	25,9	12,1	32	23	39,8	29,8	37,7	35,5	33,1	24,7

FUENTE: *La continuidad del euskera III*, 2004.

que entre los más jóvenes parece reducirse, significa que en el 2001, si bien todavía es euskaldun más de uno de cada tres habitantes mayores de Iparralde, tan solo lo es menos de uno de cada ocho entre los jóvenes de 16 a 34 años.

La Tabla 7 confirma entre ambas fechas el descenso tanto de los usos familiares como extrafamiliares. A nivel familiar, los usos más afectados conciernen a los intergeneracionales que sufren una pérdida del –9% en la década transcurrida. La comunicación entre iguales (en la pareja, entre hermanos) arroja menos pérdida (–5%), quedando más uniformemente bajo el nivel de prácticas (variación de solo +/–3%) en 2001 que en 1991 (+/–11%). Tal homogeneidad parece significar el avance en el proceso de sustitución lingüística del que permanecería exento uno de cada ocho habitantes.

Más preocupante aún resulta el cuadro dedicado a usos extrafamiliares. Los usos sociales en tal ámbito, aunque experimentan un retroceso poco significativo, quedan en un nivel igualmente homogéneo siempre inferior al 10%: la vida social en Iparralde transcurre, como no, en francés. El descenso más significativo se verifica entre compañeros de trabajo (–6%), ámbito de interacciones más espontáneas que no tiene que ver directamente con la imposición administrativa.

Por lo que es de las representaciones, al definir el encuestado su identidad, la variación global dentro de la década es poco significativa (Tabla 8). Sigue siendo mayoritaria la opción de identidades compartidas (59% en 1991, 53,8% en 2001), creciendo algo ambas identidades exclusivas (en un +2,7% la vasca, +1,1% la francesa). El desglose de las compartidas en la encuesta de 2001 permite poner de manifiesto la importancia de la igualitaria (30,8%, en segundo rango) y demostrar la preponderancia (afectando a cada una el total de la igualitaria) de la identidad francesa (79%) sobre la vasca (47,3%).

Por fin, la Tabla 9 demuestra cómo la actitud favorable a la promoción del euskera que rayaba en el 50% en 1996 experimenta en 2001 un descenso notable (–7%)

TABLA 7
Usos del euskera – Iparralde/CAV

Usos familiares (%)	Iparralde		CAV
	1991	2001	2001
Con la madre	26	15	16
Con el padre	26	15	15
Con el cónyuge	17	12	12
Con los hijos/as	21	12	22
Con los hermanos/as	15	13	18
En casa	18	12	17
Con los amigos	20	14	19
Usos extrafamiliares (%)			
Con compañeros de trabajo	15	9	19
Con los comerciantes	12	8	17
En el banco	9	8	20
Con profesores de los hijos	10	8	19
En oficinas municipales	11	8	20
En servicios de salud	4	6	14
Con Administración estatal	–	2	6
Con policía autonómica	–	–	11

FUENTE: *La continuidad del euskera III*, 2004.

del que se aprovechan la postura indiferente y la desfavorable, la cual con un 17% en nada constituye no obstante una oposición contundente. Quizá sea la timidez de la promoción dedicada al euskera en Francia el motivo de tal falta de contundencia.

A la hora de establecer un balance sobre los datos referentes a Iparralde, cabe resaltar el fuerte desajuste entre usos y actitudes: va perdiendo terreno el euskera; la combinatoria identitaria vascofrancesa queda muy bien arraigada, siendo la francesa la preponderante. Dicha identidad vascofrancesa no pasa por la lengua sino como elemento de carácter más simbólico que instrumental, o sea que vinculante en los usos diarios.

TABLA 8
Actitudes: Identidad sociopolítica Iparralde/CAV

Identidad sociopolítica (%)	1996	2001	CAV: CIS 1998
Vasco	7	9,7	29,6
Más vasco que fr./esp.	59	6,8	22
Tan fr./esp. como vasco		30,8	33
Más fr./esp. que vasco		16,5	3,3
Francés/español	30	31,7	5,4

FUENTE: *La continuidad del euskera III*, 2004.

TABLA 9
Actitudes: Evaluación de la promoción del euskera Iparralde/CAV

Promoción del euskera (%)	Iparralde		CAV: CIS 1998
	1996	2001	
Favorables	49	42	50
Ni favorables ni desfavorables	39	42	34
Desfavorables	13	17	17
Francés/español	30	31,7	5,4

FUENTE: *La continuidad del euskera III*, 2004.

5. Los condicionantes de las situaciones sociolingüísticas

Las siguientes Tablas 10 y 11 pretenden tan solo aproximarnos a un balance global.

5.1. LA INFLUENCIA DE LA POLÍTICA LINGÜÍSTICA

A primera vista, lo que más influye en los resultados presentados, o sea el factor determinante de diferenciación entre norte y sur, es el que exista o no una política lingüística respaldada por un poder político afín, de tipo autonómico y tal vez de ideología nacionalista.

TABLA 10
Competencias comparadas (global)

Competencias (%)	Cat. Nord	Cataluña	Iparralde	CAV
No entiende	34,7	5	63,4	59,2
Entiende	65,3	95	36,6	40,8
Habla	37,1	75,3	24,7	29,4
Lee	31,4	72,3	–	–
Escribe	10,6	45,8	–	–

TABLA 11
Usos comparados (global)

Competencias (%)	Cat. Nord	Cataluña	Iparralde	CAV
Con la madre	13,2	42	15	16
Con el padre	12,2	41,9	15	15
Con los hermanos	7,1	–	13	18
En casa	2,4	53,2	12	17
Con el cónyuge	3,7	–	12	12
Con los hijos	2,4	56,8	12	22
Con los amigos	6	60,7	14	19
En los comercios	1,7	63,2	8	17
En el banco	0,2	66,6	8	20
Con pers. médico	0,2	62,3	6	14

Así es, y lo demuestra con énfasis el examen de los resultados muy contrastados entre Catalunya Nord y Catalunya. Las diferencias abismales demuestran tanto la heterogeneidad de situaciones sociolingüísticas entre *Països catalans* como la influencia de destinos historicosociales bien distintos (la voluntad de autonomización experimentada en Catalunya desde hace casi siglo y medio frente a la marginación norcatalana en el marco republicano francés; la diferencia de estatuto de la lengua en ambos territorios, tanto a nivel de la consecución de una oficialidad jurídica como a nivel de la mentalización de la jerarquización diglósica). La diferenciación apuntada resulta de la "normalización lingüística" realizada en Catalunya, difícil de concebir en Catalunya Nord, como motor o no de incentivación.

La diferencia en desventaja para Catalunya Nord es obvia en cuanto a competencias lingüísticas (Tabla 1), y singularmente en cuanto a las escritas (sobre todo la activa de escritura que supone escolarización en la lengua), pero lo es todavía más a nivel de los usos lingüísticos (Tabla 2):

- en cuanto a usos familiares, por la diferenciación entre prácticas entre miembros de la misma generación y las que suponen transmisión intergeneracional. Esta arroja fuertes pérdidas. Los datos más bajos son aquellos de prácticas en el hogar y sobre todo con los hijos: el pronóstico vital acerca de la lengua catalana revela lucidez por parte de los encuestados que no consideran el catalán lengua de futuro en Catalunya Nord, tendencia contraria a la de los del sur;
- en cuanto a usos extrafamiliares, el resultado es todavía más espectacular: fuera de unos cuantos ámbitos íntimos e inmediatos en los que no funciona el "autoodio", las tasas son bajísimas. El catalán no es lengua de la vida social, o sea que no lo es de la sociedad norcatalana.

A falta de política lingüística, los norcatalanes desean que tenga más impacto en la vida social (así lo refleja la conjunción de la obligación y del potencial en la expresión "tendrían que" (Tabla 4), y la más alta tasa entre los "desea" correspondiente a que "los niños aprendan catalán", lo cual precisamente no se hace en el norte (2,4% de promedio *vs.* 62,9%), ni siquiera por parte de los autóctonos (4% *vs.* 75,6%). Estamos dentro de lo fantasmático, lo cual no impide el realismo diglósico (87,2% de promedio, pero bien repartido entre autóctonos y no sobre "todos tendrían que hablar francés en Catalunya Nord"). Las sociedades diglósicas, al oscilar entre veleidades simbólicas y falta de voluntariedad instrumental, en este sentido, son esquizofrénicas. Sin embargo apunta el realismo en el contraste que existe entre la evaluación de la vitalidad del catalán en el norte y en el sur (se cruzan las cifras, Tabla 4) y sobre todo la visión de porvenir a corto plazo (5 años) es de por sí elocuente.

Ahora bien, los datos que se nos ofrecen demuestran las limitaciones de las políticas lingüísticas aun cuando se llevan a cabo con determinación y presupuesto. En Catalunya, las cifras relativas a la interacción bilingüe (Tabla 3) dejan muy clara la convergencia lingüística hacia la lengua de más hablantes e imperante en los ámbitos no controlados desde el poder autonómico. Los reflejos diglósicos no por ello han desaparecido, incluso en un contexto de los menos desfavorables.

Otro ejemplo muy ilustrativo de la relatividad del impacto de la política lingüística (una política ambiciosa a favor del euskera y mantenida por los sucesivos gobiernos de la CAV) en las competencias lo da la comparación entre Iparralde y la CAV, que ostenta una diferencia mucho menos significativa entre norte y sur en lo que toca a las competencias contempladas globalmente: Iparralde presenta afinidades con Bizkaya, y por consiguiente el conjunto de la CAV (Tabla 5). Los usos familiares de 2001 son muy parecidos (Tabla 7), y la actitud frente a la promoción del euskera es casi tan fuerte donde no la hay como donde se da (Tabla 9).

Pero este balance se tiene que matizar. La mayor diferencia a nivel de usos familiares (Tabla 7), favorable a la CAV (y por consiguiente reveladora del impacto de su política lingüística) la encontramos en concepto de usos con iguales (+5% entre hermanos y con los amigos), de uso doméstico (+5%) y sobre todo de transmisión intergeneracional (+10% de padres a hijos). Más significativos aún y estrechamente relacionados con la política lingüística son los usos extrafamiliares, que si bien no pasan del 20% en la CAV duplican con ello la cifra de Iparralde (Tabla 7). En el sur va aumentando el uso con visión de futuro cuando se va restringiendo de mayores a menores en Iparralde, convirtiéndose en vestigio, lo cual por cierto tiene que ver con la inversión educativa en favor del euskera en la CAV. La sociedad vasca del sur se desenvuelve más en euskera que la del norte: lo más significativo es la relación en euskera con la ertzaintza e incluso con la Administración del Estado español, a priori hostil a la lengua.

5.2. EL PROBLEMA LINGÜÍSTICO

La Tabla 10 arroja resultados muy contrastados entre zonas catalanófonas y vascófonas que no tienen que ver con el que haya o no política lingüística en el territorio: es la xenidad o distancia interlingüística entre las lenguas en contacto, que perjudica seriamente el desarrollo tanto de las competencias (capacidad para) como de los usos (realización efectiva). Las tasas del "no entiende" se muestran rotundamente como frontera difícil de franquear.

La similitud de las cifras que representan las competencias orales, si bien pudieran interpretarse como señal de ineficacia de la política lingüística vigente en el sur, también pueden contemplarse desde otro enfoque, más bien opuesto. La Tabla 11 muestra semejanzas, dentro de los usos familiares, en la lengua hablada con los padres entre Catalunya Nord, Iparralde y la CAV. Mientras se van desmoronando progresivamente los usos familiares y los extrafamiliares en Catalunya Nord, siguen bastante altos los familiares en Iparralde aunque ya no los extrafamiliares, con puntuaciones muy por encima de las de Catalunya Nord.

Esto se podría interpretar a mi juicio como la otra cara de la moneda de la xenidad del euskera: tanto lo perjudica en cuanto a la incorporación de nuevos hablantes, como lo protege conformando una comunidad lingüística más estable. El euskera, como discriminante, opera en ambos sentidos: excluye y a la vez aglomera. Así como se presenta por un lado la disyuntiva de vivir en euskera o no, tal dilema no se da en cuanto al catalán, más permeable tanto a la interferencia como a la alternancia de código, por su proximidad lingüística, sea con el francés sea con el castellano.

Otro tipo de consecuencia se da a nivel de las actitudes: el vascohablante no puede sino tener clara conciencia de su identidad lingüística por ser un "hablante raro". Por ello, a pesar de tener el euskera una base de hablantes más estrecha que la del catalán en Catalunya Nord, las actitudes favorables a la promoción de cada lengua resultan muy parecidas (Tablas 4 y 9). La relación del hablante con su conciencia lingüística y grupal queda por lo tanto más afianzada en el caso norvasco y vasco en general.

5.3. La política lingüística ¿incentivo o repulsivo?

El caso de Catalunya se nos presenta, aunque con algunas matizaciones, como un éxito en lo que a política lingüística se refiere. El signo de tal acierto aparece en la capacidad plasmada en la Tabla 3 del catalán, primero en los usos familiares, al exceder su base generacional (de entre el 40,6% y el 42% "heredados", pasamos al 53,2% e incluso al 56,8% en términos de prácticas vigentes y futuras); luego al rebasar a éstas en el campo de los usos extrafamiliares (desde el 57,2% "con un desconocido" o el 57,3% "con los vecinos" hasta el 65% y más del 66% –dos de cada tres personas– en un lugar tan íntimo y formal a la vez como el banco). A partir de la transmisión intergeneracional, el logro consiste en "propagar ondas" más allá, hasta intentar ocupar todos los ámbitos y funciones sociales: esto es "normalización" o, en términos de Fishman, "*reversing language shift*". La normalización catalana no tiene traza de repulsiva.

En cambio, podría serlo la vasca, a pesar de sus logros. Estos son obvios: la caída en picado de las tasas de usos extrafamiliares en Iparralde entre 1991 y 2001 contrasta con la "continuidad del euskera" en la CAV, según todos los items de la Tabla 7. Allí el euskera no pierde hablantes; incluso, aunque más tímidamente que en Catalunya, son las puntuaciones más alejadas de la transmisión intergeneracional (los demás usos familiares y más aún los extrafamiliares) las más altas, lo cual parece demostrar la eficiencia de la política lingüística emprendida desde Vitoria-Gasteiz.

Sin embargo, el balance de actitudes representado en las Tablas 8 y 9 relativiza el éxito. La evaluación de la política de promoción del euskera obtiene resultados no tan favorables como se nos presentan: inspiran indiferencia en un porcentaje significativamente alto que, sumado a los desfavorables, alcanza la otra mitad de la muestra. No obstante, el quedar la puntuación negativa inferior al porcentaje de los que no entienden euskera (50% *vs.* 59,2%) puede considerarse un éxito relativo. Pero su relatividad se confirma al aplicar ese mismo criterio para Iparralde, por referirse estas cifras semejantes (59% *vs.* 63,4%) a realidades y actuaciones políticas (ausencia *vs.* contundencia de la política lingüística) muy distintas.

El análisis de las identidades sociopolíticas puede dar paso a interpretaciones discrepantes. En efecto, si bien cabe notar la predominancia de identidades sociopolíticas compartidas, tanto en Iparralde (59% en 1996, 54,1% en 2001) como en la CAV (58,3% en 1998), así como también, dentro de ellas, las igualitarias (30,8% y 33%, respectivamente) –lo cual no correspondería, a pesar de su discurso, al compromiso nacionalista e independista del PNV–, comprobamos cómo la autodefinición identitaria exclusiva vasca se triplica en la CAV y allí se divide por 6 la exclusiva estatal (española o francesa). Hay más: la Tabla 8 permite visualizar un verdadero cruce de valores, contrastando el 29,6% de identidad exclusiva francesa en Iparralde con el 31,7% de identidad exclusiva vasca en la CAV. Así es como dicha Comunidad ejemplifica el empuje de la opción política nacionalista sobre el desarrollo aunque tímido de las competencias y usos lingüísticos. Cuando los redactores de *La continuidad del euskera III* enfatizan el papel de "los neovascófonos, los verdaderos héroes del largo y difícil proceso de normalización lingüística", lo que en realidad pretenden es adecuar la identidad sociopolítica con la identidad lingüística, conformando una identidad etnolingüística coherente. Pero dado el ambiente de violencia característico de la CAV, queda sin embargo la incógnita de la interpretación de las respuestas mitigadas (34%) acerca de la normalización: ¿será muestra de indiferencia o de miedo a expresar un parecer negativo?

6. Conclusiones

El examen detenido de los procesos de normalización tal como suceden en ambos extremos del Pirineo, por ambos lados de la cordillera, ponen de manifiesto la necesidad de tener a mano los analistas herramientas fidedignas y con seguimiento, a fin de vislumbrar las fluctuaciones microdiacrónicas que allí se manifiestan. Las encuestas vascas cumplen mejor tal requisito que las de Catalunya Nord, y ello como consecuencia de tener que suplir el sur la falta de interés o compromiso del norte por estas cuestiones.

El modo de redacción también ha de ser claro, sin tapar las deficiencias ni de la situación ni de la política emprendida. Así, el énfasis de las últimas encuestas catalanas sobre los usos (SPL 2003), una vez asegurados varios triunfos en el campo de las competencias, por fin enfoca, más allá de las decisiones e infraestructuras macrosociolingüísticas, el campo siempre decisivo en la vida diaria de las interacciones. Al revés, la falta de evaluación de las competencias escritas en Euskal Herria sigue perjudicando la visión de conjunto de los efectos de la política educativa en tierras vascas.

Pero resulta obvio que las políticas lingüísticas vigentes dentro del Estado español a raíz de la consecución de las Autonomías, aunque no siempre de manera espectacular pero sí de modo a lo menos bastante eficiente, permiten redinamizar las lenguas, evitando que queden definitivamente atrapadas en un proceso sustitutivo.

Así las cosas, las características propias de la lengua minorizada pueden perjudicarla directa o indirectamente, dificultando su accesibilidad (euskera) o debilitando sus contornos (catalán). Tal factor se combina con las dificultades recurrentes de la planificación lingüística en favor de una lengua minorizada.

Por lo cual queda patente que el Estado francés se ha de hacer ampliamente responsable del desgaste que ellas sufren en su territorio, por no darles ni ayuda –como responsable único de ellas, que es el papel que casi hasta la fecha se auto-atribuye– ni oportunidades a través del marco regional vigente. El concepto de "langues de France" promovido desde la DGLF pasada a ser DGLFLF por arte de Bernard Cerquiglini, es todavía demasiado borroso y simbólico como para proporcionarles el espacio legal que necesitan y un auténtico empuje. La incipiente salida del unilingüismo tan característicamente francés no ha de descartarse: los años próximos nos mostrarán si las experiencias foráneas como las que se llevan a cabo dentro del Estado español pueden serle útiles al francés. El estado de desmoronamiento de las "lenguas regionales" –incluso las que como el catalán o el euskera pueden hallar respaldo transfronterizo– es tal, que al esfuerzo emprendido por el Estado francés, por modesto que sea, no puede restársele importancia.

7. Bibliografía

BECAT, Joan (2003): "Le catalan", en: Cerquiglini, Bernard (ed.) (2003): *Les langues de France*. Paris: Presses Universitaires de France , 79-93.

BOYER, Henri/LAGARDE, Christian (eds.) (2002): *L'Espagne et ses langues. Un modèle écolinguistique?* Paris: L'Harmattan.

CERQUIGLINI, Bernard (ed.) (2003): *Les langues de France*. Paris: Presses Universitaires de France .

COUROUAU, Jean-François (2002): "Puissance et déclin du nord-catalan à travers les pratiques et les représentations", en: Lagarde, Christian/Courouau, Jean-François (eds.)

(2002): *Le catalan au nord des Pyrénées: une problématique singulière* [*Lengas, revue de sociolinguistique* 52], 53-74.

FARRÀS, Jaume/TORRES, Joaquim/VILA, Francesc Xavier (2000): *El coneixement del català. 1996. Mapa sociolingüístic de Catalunya.* Barcelona: Generalitat de Catalunya, Departament de Cultura.

GENERALITAT DE CATALUNYA, INSTITUT D'ESTADÍSTICA DE CATALUNYA (IDESCAT) (2004): *Estadística d'usos lingüístics a Catalunya 2003.* Barcelona.

GENERALITAT DE CATALUNYA, SECRETARIA DE POLÍTICA LINGÜÍSTICA (IDESCAT) (2004): *Usos lingüístics a Catalunya Nord.* Barcelona.

GOBIERNO VASCO/GOBIERNO DE NAVARRA/INSTITUT CULTUREL BASQUE (1999): *La continuidad del euskera II.* Vitoria-Gasteiz.

— (2004): *La continuidad del euskera III.* Vitoria-Gasteiz.

HAMMEL, Étienne (1996): *Aide-mémoire. Langues et cultures régionales en Languedoc-Roussillon.* Perpignan: Trabucaire.

Hérodote, revue de géographie et de géopolitique 91 (1998): "La question de l'Espagne".

Hérodote, revue de géographie et de géopolitique 105 (2002): "Langues et territoires".

LAGARDE, Christian/COUROUAU, Jean-François (eds.) (2002): "Le catalan au nord des Pyrénées: une problématique singulière", *Lengas, revue de sociolinguistique* 52.

MARLEY, Dawn (1995): *Parler catalan à Perpignan.* Paris: L'Harmattan.

OYHARÇABAL, Bernard (2003): "Le basque", en: Cerquiglini, Bernard (ed.): *Les langues de France.* Paris: Presses Universitaires de France, 59-68.

PUIG I MORENO, Gentil (2002): "Usage de la langue catalane en Catalogne du Nord (France)", *Terminogramme* [Québec], 103-104.

SIGUAN, Miquel (1992): *España plurilingüe.* Madrid: Alianza Tres.

— (ed.) (1994): *Opiniones y actitudes. Conocimiento y uso de las lenguas en España.* Madrid: Centro de Investigaciones Sociológicas (CIS).

— (ed.) (1999): *Opiniones y actitudes. Conocimiento y uso de las lenguas en España.* Madrid: Centro de Investigaciones Sociológicas (CIS).

POLÍTICA LINGÜÍSTICA EN ESPAÑA Y POBLACIÓN EXTRANJERA

MERCÈ PUJOL

1. Introducción

Este trabajo no está centrado estrictamente en las políticas lingüísticas llevadas a cabo en los últimos veinticinco años por el Estado español con relación a la población extranjera, sino que optaré por exponer datos pertinentes que nos permitan comprender el fenómeno migratorio dentro del ámbito de la sociolingüística de las lenguas en contacto. Los últimos veinticinco años en España han traído no solo la democracia, la Constitución con sus conocidos artículos 2 y 3, y los diferentes estatutos de autonomía de las comunidades autónomas con las llamadas "lenguas propias", sino que han dejado a su paso –y digo bien han dejado, es decir, de forma permanente y estable– a personas procedentes de casi todos los países del mundo con sus creencias, sus costumbres y sus lenguas. La España actual se parece poco, en lo que a lengua y demografía se refiere, a la España de 1978. La España de principios del siglo XXI presenta un "paisaje humano" totalmente diferente al que estábamos acostumbrados a ver.

Voy a intentar dibujar la fisonomía humana de la población extranjera que vive en España, y para ello dos precisiones son necesarias antes de adentrarnos en el tema. Por una parte, me permito recurrir a la frase, convertida en eslogan, consensuada por los políticos catalanes en la época de la redacción primero de la Constitución española y luego del Estatuto catalán, a propósito de la definición de catalán: "Es catalán todo aquel que vive y trabaja en Cataluña". Era una frase que permitía incluir a todo el mundo. De este modo los emigrantes procedentes de otros lugares de España, lo que actualmente se llama la "emigración interna" se sentían catalanes y tenían los mismos derechos que los autóctonos. Así pues, si debiéramos utilizar de nuevo este eslogan para la situación actual española, deberíamos decir "Es español todo aquel que vive y trabaja en España". Pero, como veremos a lo largo de mi reflexión, estamos verdaderamente lejos de que este lema sea una realidad o de que la refleje. Por otra parte, sería necesario tener presente que la globalización que estamos viviendo concierne también a las lenguas, así pues su regulación (política lingüística) afecta a todas ellas. Efectivamente, los procesos de homogeneización y globalización favorecen el uso de las llamadas "lenguas de comunicación internacional", entre ellas el inglés y en menor medida el español que, según la Constitución española, es la única lengua oficial en el conjunto del territorio español.

Mi exposición se divide en cuatro partes. En la primera, recurriré a una serie de elementos que permiten definir en la actualidad los movimientos migratorios en esta época de mundialización. A partir de ahí, en la segunda parte, expondré los rasgos más importantes de la "nueva fisonomía humana española". Para ello sintetizaré algunos estudios jurídicos, sociológicos y demográficos que intentan definirla; algunos datos cuantitativos –todos ellos oficiales– nos ayudarán a cernir mejor la nueva composición de la población que vive y/o trabaja en España. La tercera parte nos permitirá exponer los diferentes modelos de integración diferenciando la población adulta y la escolar. En la última parte, se expondrán algunas pistas de reflexión sobre política lingüística en la era de la globalización.

2. Características de los movimientos migratorios actuales

Una de las muchas consecuencias de la globalización, la cual, como dicen Solé y Herrera (1991), debe entenderse en el contexto del desarrollo mundial del capitalismo, es la de provocar movimientos masivos de personas. El rápido crecimiento demográfico de los países en vías de desarrollo, junto con la insuficiencia de recursos contrasta con las bajas tasas de natalidad observadas en Europa –escasez y envejecimiento de población–. España es tradicionalmente un país de emigración, puesto que durante muchos años ha exportado mano de obra. Tan solo es a partir de 1986 cuando el número de españoles que retorna es superior al que emigra. Las migraciones actuales tienen cinco características esenciales que las hacen algo diferentes de las conocidas hasta la actualidad:

a) La globalización, es decir que existe un alto porcentaje de movilidad en todo el mundo. Son escasos los países que no reciben migración transnacional.

b) La repartición y distribución desiguales de dicha emigración, lo que provoca que se concentre en diferentes países y en lugares determinados de los mismos. A las diferencias ya conocidas de Norte/Sur con relación a las migraciones internacionales y urbanas/rurales en lo relativo a la migración nacional, se suma la repartición de la riqueza (o pobreza), las guerras, el hambre y la sequía.

c) Como consecuencia de lo anterior, los emigrantes presentan diversidad, ya que se encuentran emigrantes económicos, refugiados políticos, exiliados y estudiantes.

d) A la aceleración con la que se producen los movimientos humanos (es decir a la rapidez de los medios de transporte), se suma la caída de ciertas fronteras y el paso facilitado entre algunos países.

e) La feminización, ya que a partir de los años noventa las mujeres también emigran en búsqueda de mejores condiciones de vida. Recordemos que a lo largo del siglo XX los primeros que emigraron fueron los hombres y luego gracias al reagrupamiento familiar lo hicieron las mujeres[1].

A esto hay que añadir que existe una mejora de las condiciones de vida observadas por los indicadores de desarrollo humano (IDH) elaborados por los sociólogos y los economistas, que nos muestran que el mundo es más rico, pero al mismo tiempo más desigual, que no emigran los más pobres, sino aquellos que son físicamente más fuertes, y entre ellos, se encuentran la clase media y la clase media-baja.

Al aluvión migratorio que llega a España a partir de la década de los noventa (aunque los "Negros del Maresme", como se los conoce, llegan a Barcelona ya a mediados de los años sesenta) se le denomina "nueva inmigración" (*cf.* Pujol Berché 2003) principalmente por dos motivos. En primer lugar, porque por primera vez España como país recibe flujos migratorios y, en segundo lugar, porque dichas personas provienen de multitud de países. Hasta fechas muy recientes –2001–, eran más los españoles fuera de nuestras fronteras que los extranjeros regulares registrados en nuestro país. En cuanto a los españoles residentes en el extranjero, dos cifras merecen comentario: su número tiene tendencia a disminuir en los últimos años, y de ellos en 2001 el 43,8% vivía en América central y del sur, mientras que el 35,8% vivía en la Unión Europea[2]. Se aprecia en estos datos la preferencia de los españoles a emigrar a países hispanohablantes.

A partir de mediados de los años setenta, el Estado español se va convirtiendo en algo más que un país de sol, playa y vacaciones. En los últimos 25 años, se produce una serie de hechos que hacen que el país pase de exportar mano de obra (poco cualificada como en los años sesenta y cualificada como en los años setenta) a convertirse en un país de recepción. Los hechos que provocan el giro en la migración son, de forma cronológica, los siguientes:

a) Empiezan a regresar algunos refugiados políticos tras la muerte de Franco producida en 1975.
b) España entra en 1986 en la Comunidad Económica Europea (CEE), lo que implica que para algunos comunitarios, el país empieza a resultar interesante para invertir o para vivir (jubilados), y para algunos extracomunitarios es fuente de un posible trabajo.

---

[1] Véase por ejemplo, García-Mina/Carrasco (2002).
[2] *Cf.* los datos de la población española en el exterior del censo de 2001: <http://www.ciudadaniaexterior.mtas.es/gifjpg/39-b-censo2001.gif>.

c) Retornan a España algunos emigrantes instalados en Europa y América.

d) Se instala, a partir de los años noventa, un número importante de empresas, tanto europeas como multinacionales.

e) Empiezan a llegar los inmigrantes de otros orígenes.

Lo que Europa vivió con anterioridad a lo largo de la segunda mitad del siglo XX con relación a los flujos migratorios, que ayudaron a levantar la economía de los países concernidos, España lo vive actualmente, pero la situación social y económica del país en el momento actual no es parecida a la que fue en su día la de los países europeos receptores de emigrantes. En efecto, tres datos demográficos importantes lo corroboran: el reequilibrio demográfico ocasionado por el aumento de la capacidad productiva, el estancamiento de la demografía y el índice de envejecimiento. Este último aumenta progresivamente, pues si en 1975 el número medio de hijos por mujer era de 2,8, en 2005 descendía a 1,3[3]. Además, si en la segunda mitad del siglo XX, había países propicios para trabajar como Alemania y Francia y países propicios para vivir como España (*cf.* Lamo de Espinosa/Noya 2002), en la actualidad esta dicotomía me parece que ya no es pertinente puesto que la inmigración producida por razones económicas en España se acompaña con una fuerte presencia de residentes jubilados e incluso con la presencia de residentes de la Europa comunitaria, que podría obedecer al eslogan "España es un país tan bueno para trabajar como para vivir".

El punto de inflexión con relación a la llegada de inmigrantes se produce en 1997, ya que si durante el periodo comprendido entre el año 1991 y el año 1996 la cifra media de llegada de extranjeros a España se situaba en torno a los 11.500 anuales, durante el periodo comprendido entre los años 1997 y 2001 la media era de 39.000 personas (*cf.* Alonso 2002).

3. Datos sobre la población extranjera residente en el Estado español

La población extranjera en España asciende en el año 2005[4] a un total de 2.738.932 personas. Esta cifra contabiliza únicamente a los ciudadanos extranjeros con tarjeta o autorización de residencia en vigor a fecha de 31 de diciembre de 2005[5]. Esto

---

[3] *Cf.* los indicadores de natalidad y fecundidad publicados por el Instituto Nacional de Estadística: <http://www.ine.es/inebase2/leer.jsp?L=0&divi=IDB&his=0>.

[4] Los datos correspondientes a los años 2004-2005 han sido actualizados por los editores [nota de los editores].

[5] Según el colectivo Ioé (*cf.* VV.AA., 1992) y en función de datos de 1990, el 86% de los inmigrantes no regulares son extracomunitarios (294.000 emigrantes en total, de los cuales 170.000 son regulares).

representa un 6,2 del total de la población de España (44.108.530 personas a 1 de enero de 2005)[6], cifra muy inferior por el momento a la de otros países europeos. Atendiendo a la información publicada por el Ministerio de Trabajo y Asuntos sociales en su *Boletín estadístico de extranjería e inmigración* de enero de 2006, "los colectivos nacionales mayoritarios al finalizar diciembre de 2005 eran el marroquí (493.114 personas), el ecuatoriano (357.065), el colombiano (204.348), el rumano (192.134) y el británico (149.071)" (1).

En lo relativo a la emigración de Marruecos, antiguo protectorado español, es la más numerosa y la más antigua (*cf.* Pujol Berché 1995) y hay que destacar que el número de marroquíes residentes en España legalmente se ha quintuplicado en el plazo de apenas diez años (pasando de 111.100 en el año 1997 a 493.144 en 2005).

El colectivo formado por las diferentes nacionalidades que componen Iberoamérica constituye en la actualidad el más numeroso grupo de inmigrantes (986.178 personas en total). En cabeza, como ya se ha apuntado, figuran los ecuatorianos (357.065), que representan el 37,2% de la población total hispanoamericana[7]. El siguiente grupo en número es el formado por los colombianos (204.348) que representan el 21,3%, los peruanos (82.533) que representan el 8,6%, los argentinos (82.412) con el 8,5%, los dominicanos (50.765) con el 5,2%, los bolivianos (50.738) con el 5,2% y los cubanos (36.142) con el 3,7%. Destacaremos que la población procedente de Bolivia y de Argentina ha conocido un fuerte ascenso en los últimos años.

Con relación a los demás grupos de inmigrantes, hemos de señalar que los procedentes del conjunto de África, que representan el 23,7% del total, ya han superado a los de la Unión Europea, con un 20,7%. Los grupos de la Unión Europea más numerosos en el año 2005 son, en este orden, los británicos, los italianos, los alemanes, los portugueses y los franceses, que representan respectivamente el 26,1%, el 14,9%, el 12,5%, el 10,5% y el 9,1% de la población de la Unión Europea. Del resto de los países europeos no comunitarios ni miembros del Espacio Económico Europeo la cifra de inmigrantes asciende a 337.177, lo que significa un 12,3% del total de población extranjera. Entre ellos los más numerosos son los ciudadanos de Rumanía, Bulgaria y Ucrania, cuyo número ha sufrido un ascenso muy rápido y constante desde el año 1997.

Desde el punto de vista laboral, lo más importante es la polarización, es decir que los trabajadores de la Unión Europea, de América del Norte o aquellos que

---

[6] Según los datos publicados por el INE (<http://www.ine.es>).

[7] Para este y los siguientes cálculos de población hispanoamericana, restamos al total de la población iberoamericana, el número de 26.866 residentes brasileños.

tienen la doble nacionalidad son los que mejor se insertan en el mercado laboral, incluso disfrutan de una situación mejor de la que tienen los españoles. Contrariamente a ellos, los extracomunitarios se encuentran en una situación muy precaria, por debajo de la de los nacionales. Por ejemplo, el 78% de los magrebíes y el 65% de los asiáticos sufren de la precariedad (*cf.* Colectivo Ioé 2001). Por otra parte, no se correlaciona de la misma forma en la población autóctona e inmigrada, el nivel de estudios con el empleo, la clase y el estatus social.

Veamos ahora la distribución de dicha población entre las diferentes comunidades autónomas. Como hemos mencionado al principio de la sección anterior, una de las características de la emigración actual en el mundo es su reparto desigual, y lo mismo sucede en España, pues pocas son las provincias en las que se concentra el colectivo inmigrante. Para observar cómo se distribuye la población extranjera residente en España, hemos procedido a calcular el porcentaje de la misma según su presencia en algunas de las diecisiete comunidades autónomas (cuadro 1). Durante la última década, cinco comunidades autónomas han recibido casi las tres cuartas partes de la población extranjera residente en España. Se trata de las Comunidades de Madrid, Cataluña, Andalucía, Valencia y Canarias.

CUADRO 1
Distribución porcentual de los residentes extranjeros en España
en las Comunidades Autónomas con mayor presencia

Año	Andalucía	Baleares	Canarias	Cataluña	Comunidad Valenciana	Madrid	Galicia	País Vasco
1991	13,5%	5,7%	9,7%	16,9%	13,1%	22,5%	3,5%	2,6%
1997	13,8%	5,3%	9,7%	20,4%	10,6%	19%	3,2%	2,6%
2001	14,2%	4,3%	7,9%	25,3%	9,1%	20,9%	2,4%	1,8%
2005	11,9%	4,2%	5,8%	22%	12,4%	20,3%	2%	2%

FUENTE: Elaboración propia a partir de datos del Ministerio de Trabajo y Asuntos Sociales.

Del cuadro 1 destacan las informaciones siguientes: en el año 2005, la Comunidad que más población extranjera concentra es Cataluña, con el 22% de la misma; le siguen la Comunidad de Madrid y la de Andalucía con el 20,3% y el 11,9% respectivamente. Cataluña y Madrid son las dos Comunidades Autónomas que presentan a lo largo de los últimos diez años las cifras más altas de población inmigrante, lo cual se explica porque los aluviones se dirigen más frecuentemente hacia las dos mayores ciudades españolas. En Cataluña, el grupo mayoritario es el formado por Marruecos (27,1%), seguido del de Hispanoamérica y el del resto de los africanos, en tanto que la población más numerosa en la Comunidad de Madrid está formada por los hispanoamericanos, entre los cuales los ecuatorianos son los más numerosos (21,2%). Comparando datos detallados del Ministerio de Trabajo y Asuntos Sociales disponibles de 2004[8], se observa que "los colectivos mayoritaros de extranjeros en Cataluña eran el africano (36,7% del total de extranjeros en esta Comunidad) seguido del iberoamericano (28,81%)" mientras que en la Comunidad de Madrid el colectivo de iberoamericanos "constituía el 49% de los extranjeros [...] seguido del africano con el 15,93%"[9]. No desearíamos aventurarnos en interpretaciones que sobrepasan nuestro ámbito de estudio, sin embargo creemos que podemos avanzar algunos factores de tipo sociolingüístico. Los hispanoamericanos, que llegan al aeropuerto de Madrid-Barajas, se quedan en la capital, lo que les permite, por una parte, el contacto con otros hispanoamericanos dada la importancia de la familia y de las redes sociales, y, por otra parte, la recepción de otros amigos y familiares que llegan posteriormente de Hispanoamérica. La lengua es además otro de los factores que interviene en esta elección. Los marroquíes, que alcanzan normalmente España por el estrecho de Gibraltar, se dirigen mayoritariamente hacia las costas para instalarse temporal o permanentemente en Cataluña –históricamente el primer lugar de recepción–. A la proximidad geográfica entre Marruecos y España se añade el poliglotismo de los marroquíes y el bilingüismo de los catalanes.

Para resumir, la población extranjera tomada globalmente se concentra en las Comunidades Autónomas de Canarias, Baleares, Cataluña, Comunidad Valenciana, Andalucía y Comunidad de Madrid. Su distribución en dichas comunidades es también desigual: mientras que en Madrid se concentra sobre todo la población hispanoamericana, en Cataluña la presencia más elevada es la de los marroquíes. Cabe mencionar que casi un 40% de los extranjeros residentes en España provenientes de la Unión Europea tiene sus residencias en las zonas turísticas costeras, y en centros financieros y empresariales de Madrid y Barcelona.

4. Modelos de convivencia: integración y segregación

Un elemento clave en la recepción de los inmigrantes concierne a los diferentes modelos de convivencia que los países de residencia desarrollan para incorporar a dicha población en la sociedad. Existen cuatro modelos, en los dos primeros

---

[8] *Cf.* el *Anuario Estadístico de Inmigración* (Ministerio de Trabajo y Asuntos Sociales 2004).

[9] Estas dos citas en Ministerio de Trabajo y Asuntos Sociales (2004: 58).

hay intereses comunes, mientras que en los dos últimos estos no existen. En el modelo de la naturalización, se promulgan leyes para que los inmigrantes y los hijos de segunda generación puedan acceder a la nacionalidad del país receptor. Se evita al máximo crear diferencias. El mejor ejemplo lo encontramos en Francia con los valores republicanos. En el modelo del mestizaje, el llamado *melting pot* estadounidense, se aceptan las diferencias, por ejemplo las llamadas minorías étnicas americanas. En el modelo de disgregación no hay intereses comunes pero se aceptan las diferencias; es el modelo que prevalece en Gran Bretaña. En el modelo de la segregación ni siquiera se acepta que pueda haber intereses comunes entre el país de residencia y los colectivos inmigrantes y como consecuencia de ello no se aceptan las diferencias. El ejemplo más claro de ellos lo encontramos en África del Sur con el *apartheid*.

Nuestra opinión es que ninguno de estos cuatro modelos resulta convincente para integrar a los inmigrantes. Todos ellos han provocado problemas en las relaciones entre los diferentes colectivos. Creemos que en la actualidad debe desarrollarse una sociedad plural con intereses comunes pero al mismo tiempo respetuosa de las diferencias, en la cual todos estén representados y todos formen parte de la misma evitando los guetos, la segregación y el racismo. Una sociedad en la que el poder no esté solo en manos de la elite blanca, bienpensante y autóctona de varias generaciones.

La población inmigrante se compone básicamente de dos colectivos que por sus características y necesidades hay que diferenciar: la población adulta y la población infantil y juvenil. Por falta de espacio, nos limitaremos en esta ocasión al segundo de estos colectivos. Las cifras de la población escolar corresponden tanto a aquellos niños cuyos padres tienen permiso de residencia como a los que no lo tienen[10]. En el curso escolar 2001-2002 (*cf.* Ministerio de Trabajo y Asuntos Sociales 2002), casi la tercera parte de la población escolar extranjera reside en la Comunidad de Madrid, con el 28,5% del total. Le siguen en importancia numérica las Comunidades Autónomas de Cataluña con el 17,2%, la Comunidad Valenciana con 11,8% (más del 50% de la misma reside en Alicante), Andalucía con el 9,6% (con más de la tercera parte de la misma residente en Málaga), Canarias con el 7,1% y Baleares con el 4,3%.

La escuela en España es obligatoria desde los 6 años (Educación primaria) hasta los 16 años (Educación Secundaria Obligatoria –ESO–)[11]. El origen de los

---

[10] En virtud de las leyes sobre la obligatoriedad de la enseñanza para todos los niños, los padres, incluso en situación irregular, deben empadronarse en el Ayuntamiento para que sus hijos puedan ir a la escuela.

[11] A pesar de la no obligatoriedad, el periodo comprendido entre 0 y 6 años es evolutivamente esencial para el desarrollo emotivo, motriz, intelectual y lingüístico de los niños. La no

escolares es tan heterogéneo como el de la población adulta, ya que hay más de 150 nacionalidades diferentes en las escuelas españolas. Los niños procedentes de América Latina son en la actualidad más numerosos que los que proceden del Magreb. Otro dato interesante es que el número de escolares procedentes de la Europa no comunitaria se ha quintuplicado en 3 años. Como se acaba de mencionar, la distribución de la población escolar es desigual en el territorio, también lo es en las escuelas. En efecto, como sucede en otros países, a las condiciones económicas de los inmigrantes que tienden a vivir en zonas desfavorecidas, se añade en España la segregación debida a las características específicas de los centros que componen el sistema educativo. Mientras que la mayoría de los escolares en Francia, Alemania o Suiza (países que han conocido a lo largo del siglo XX fuertes inmigraciones), asisten a la escuela pública –mayoritaria en estos países–, los escolares españoles se distribuyen en tres tipos de centros:

a) Los centros públicos gestionados directamente por la Administración, sin ideario particular y un equipo docente formado por funcionarios que han obtenido sus plazas mediante oposiciones públicas. Son escuelas gratuitas.
b) Los centros privados contratan libremente al profesorado titulado exigido por la ley según sus propios criterios. Pueden tener orientación ideológica y la mayoría de las veces son confesionales. Son escuelas de pago.
c) Los centros concertados son privados pero reciben subvenciones públicas, están obligados a cumplir ciertas normas como la gratuidad y el respeto a las creencias y deben seguir ciertos criterios de matriculación como la proximidad, la presencia de hermanos en el centro y la renta de la familia. La escolaridad es gratuita pero el resto de las actividades son de pago con cuotas a veces importantes.

Aja menciona que la concentración artificial de los alumnos extranjeros en ciertos barrios puede ser causada:

por deserción de las familias autóctonas, que prefieren llevar a sus hijos a otras escuelas en donde no haya inmigrantes o en las cuales la proporción no sea tan alta […], [pero también es debida a la] decisión de muchas familias autóctonas de sacar a sus hijos de los centros escolares que llegan a tener una tasa significativa de alumnos

---

obligatoriedad de la educación infantil abre la puerta a dos posibles problemas. Por una parte, el relativo a la socialización con iguales y al aprendizaje de la lengua gracias a dicha socialización. Por otra, el relacionado con la segregación debido a la ubicación de los inmigrantes y a su poder adquisitivo, ya que la mayor parte de las guarderías y de los parvularios son privados, salvo las raras excepciones de los escasos centros municipales.

inmigrantes, especialmente cuando la Administración lo estimula o promociona nuevos centros concertados sin necesidad, porque en la zona ya hay bastantes centros públicos. […] La situación es preocupante porque en algunos centros la población inmigrante escolar supera la tasa de la población inmigrante del mismo barrio, mientras que los alumnos autóctonos se refugian en los centros concertados. Así empieza, desde la escuela, la segregación social (Aja 1999: 82-83, traducción nuestra).

A título ilustrativo, este mismo autor constata que durante el año escolar 1997-98, en el territorio MEC[12] el 91,4% de la población escolar inmigrante se concentraba en las escuelas públicas. Hemos visto en los últimos años, cómo las escuelas concertadas recibían por parte de la Administración cantidades importantes para su buen funcionamiento, sin que esta les exigiera, para poder tener el concierto y recibir de este modo dinero público, los requisitos imprescindibles que garanticen la igualdad para todos. El número de escuelas concertadas que responden a la llamada diversidad es relativamente reducido, lo que favorece la segregación de clases sociales y la segregación lingüística. La situación en la que se encuentran los escolares extranjeros no es más que la consecuencia de la existencia de estos tres tipos de centros y de su ubicación geográfica según la clase social de los habitantes de las diferentes zonas. Para dar un ejemplo, la mayoría de los centros privados en la ciudad de Barcelona se encuentra en la llamada "parte alta" de la ciudad.

A mediados del presente siglo, la mitad de los niños escolarizados en Europa pertenecerá a las minorías étnicas, en Estados Unidos de América dicho porcentaje se elevará al 50% (*cf.* Nettle y Romaine 2003). Los niños de hoy serán los adultos de mañana y lo que actualmente está en juego no es solo la integración, sino el miedo de la clase media blanca a perder su estatus mayoritario. El coste social y económico de la escuela debe repartirse de forma equitativa: de la calidad de la enseñanza dada a los inmigrantes depende el futuro de los países europeos y las tensiones entre mayorías y minorías no son sino un reflejo de dicho reparto, de igualdad o desigualdad y de poder.

5. Política lingüística en la era de la globalización

Como decíamos en la introducción, la globalización conlleva una serie de cambios –de consecuencias, dirán algunos– en el empleo de las lenguas[13] y en el

---

[12] Se denomina territorio MEC (Ministerio de Educación y Ciencia) aquellas comunidades autónomas que siguen bajo la competencia del Gobierno central en materia de educación.
[13] Sobre los efectos de la globalización en las lenguas, el lector podrá consultar, entre otros, Calvet (2002).

valor que a estas les otorgan los hablantes. La globalización crea nuevas necesidades en materia social, económica, tecnológica y lingüística. Hemos visto anteriormente que una parte muy importante de la inmigración reside en comunidades autónomas bilingües, lo que plantea desde el punto de vista lingüístico un reto de gran envergadura: el aprendizaje del español, lengua además internacional y de origen de los inmigrantes hispanoamericanos, el de las lenguas cooficiales, que se encuentran en pleno proceso de normalización y en una situación de minorización[14] y el mantenimiento de sus lenguas de origen. Preguntarse qué lengua(s) de origen van a transmitir y qué lengua(s) del país van a apropiarse es necesario para plantearse acciones lingüísticas. La globalización obliga, en efecto, a manejar más de una lengua; al mismo tiempo debería permitir mantener las lenguas de un territorio e intentar aminorar la pérdida de las lenguas de origen de los inmigrantes. Proponer líneas de reflexión ante este fenómeno es uno de los retos actuales de la sociolingüística del contacto de lenguas. Mi propósito en esta última sección es esbozar algunos aspectos que pueden resultar especialmente fructíferos a partir de las observaciones y constataciones llevadas a cabo por la sociolingüística y la ecología lingüística.

Dos tipos de fuerzas afectan la ecología de una lengua. Por un lado, las relacionadas con los hablantes, ya sea de forma positiva –tasas de natalidad, endogamia y expansión territorial[15]–, ya sea de forma negativa –guerras, hambre, desastres naturales, deportaciones y desplazamientos humanos–. Por otro lado, las fuerzas relacionadas con las funciones de las lenguas –aculturación, modernización, urbanización[16], dinamismo cultural, política lingüística, poder económico–. En lo relativo a las lenguas y a los hablantes, es un hecho que los aluviones de personas, la feminización de la migración y la edad de los inmigrantes, confrontados a la baja natalidad en España, al envejecimiento de su población autóctona y a la pequeña autoctonía pueden provocar la desaparición lenta de las lenguas cooficiales. A estos factores, hay que añadir el de la transmisión vertical de las lenguas (sobre todo las minoritarias), es decir su transmisión en el seno de la familia (sea esta monolingüe, bilingüe o políglota). Europa en general y España

---

[14] La minorización lingüística es "el proceso mediante el cual una comunidad lingüística –en principio autóctona– pasa a estar subordinada a otra o a otros grupos lingüísticos con los que comparte un marco estatal; es decir, minorizar es sinónimo de poner en situación de desigualdad" (Boix i Fuster/Vila i Moreno 1998: 206).

[15] Existe, sin duda alguna, una relación entre lengua y territorio, como dice Junyent: "el territorio no habla pero lo hacen hablar" (1999: 53).

[16] Hemos puesto de manifiesto que la inmigración se concentra en las urbes. Desde el punto de vista sociolingüístico, la ciudad es tanto un factor de unificación lingüística, como de coexistencia de mestizaje lingüístico debido a la procedencia de sus habitantes.

en particular envejecen y las mujeres emigrantes incrementan la tasa de natalidad porque acostumbran a tener más hijos que las autóctonas. Las familias inmigrantes aportan pues sus propias lenguas en el ámbito privado, y los niños, nacidos ya en España, se castellanizarán y/o aprenderán otra lengua cooficial gracias al papel de la escuela, transmisión horizontal.

En cuanto a las fuerzas relacionadas con las funciones de las lenguas cooficiales, hemos mencionado más arriba que los procesos de normalización lingüística llevan en marcha ya algo más de 25 años, después de un largo periodo de prohibiciones durante el franquismo. El nuevo perfil demográfico de España se dibuja en un momento histórico y político en el cual las llamadas lenguas cooficiales apenas han tenido tiempo suficiente para su normalización[17]. La normalización de una lengua no es un proceso natural, por ello debe contar con una serie de actuaciones y medidas estratégicas: plan estratégico sistemático, explicación clara de los objetivos que se quieren conseguir, planificación rigurosa de las medidas, marco legal de intervención, criterios de seguimiento de la situación y estrategia consensuda para hacerlo de forma coherente.

Bastardas i Boada (1988, 1991) señala que las acciones de normalización lingüística deben llevarse a cabo según tres fases diferentes: atenuar la pérdida, puesta en marcha de la planificación lingüística y bilingüización de todos aquellos que no tienen como lengua primera la lengua minorizada. Atenuar la pérdida significa que la población que utiliza el catalán, el gallego o el vasco siga usando cada una de estas lenguas tanto en sus interacciones orales –formales e informales– como en sus comunicaciones escritas –formales e informales–. La planificación lingüística propiamente dicha consiste en la promulgación de leyes de normalización lingüística y la realización de campañas. La bilingüización de los castellanohablantes y de las poblaciones extranjeras (llamadas también alófonos) se hace normalmente en las escuelas, mientras que la población adulta se hace bilingüe sobre todo mediante el contacto con los autóctonos. Así pues el uso de las lenguas minoritarias por parte de los autóctonos es esencial para que los inmigrantes las aprendan.

Dicho esto, el uso de una lengua no se controla, sin embargo, solo mediante leyes, de ahí se explica que algunas políticas lingüísticas llevadas a cabo por ciertos países hayan visto fracasos enteros. A pesar de ello, sin una base socioeconómica una lengua no puede prosperar (*cf.* Nettle/Romaine 2003). Esto es muy

---

[17] Entendemos por *normalización* la extensión habitual de los usos sociales, es un "proceso dinámico y gradual de carácter sociocultural, en el que una lengua que parte de una situación inestable llega a disfrutar de una situación de plenitud, percibida como normal" (Cabré 1993: 465).

importante para la revitalitación lingüística, es decir que haya una base social, económica y de poder. Aunque parezca banal decirlo, una lengua existe porque se usa, de ahí la importancia del "uso social de una lengua"[18]. Las lenguas en sí mismas no tienen poder, a pesar de ello –se ha demostrado con creces–, el lenguaje sí lo tiene, como lo tienen las elites, sean estas políticas o económicas, al imponer su lengua o lenguas. El poder, el valor simbólico que se les atribuye a las lenguas y las instituciones científicas que hacen que la lengua vaya progresando y actualizándose componen, según Cichon y Kremnitz (1996), el prestigio de una lengua. Cuanto más prestigio (elemento definitorio del colectivo) tiene una lengua, mayor será su utilización dentro y fuera de su comunidad lingüística. A pesar de las vicisitudes por las que ha pasado, el catalán, por ejemplo, se ha mantenido gracias al prestigio que tenía entre los hablantes. Una de las preguntas que habrá que formularse es si los inmigrantes consideran que dicha lengua tiene prestigio y, por lo tanto, vale la pena usarla o si no lo tiene porque la comparan con el castellano, en cuyo caso ni la aprenderán. Para que una lengua se use hay que legitimar aquellos usos en los que no está presente, como por ejemplo el catalán en ámbitos jurídicos, empresariales, etc. Hay que legitimar también los intercambios con las elites del país y que estas utilicen las lenguas minoritarias. Siempre hay en el ámbito laboral un autóctono; si este habla la lengua minoritaria esta podrá oírse, ser utilizada, en caso contrario ni siquiera tendrá la oportunidad de existir.

Como decíamos al principio de este apartado, la globalización conlleva la homogeneización de la población, de las culturas y de las lenguas, así pues puede llevar consigo la sustitución lingüística que se produce como consecuencia de presiones varias, pero no como suicidio provocado por sus propios hablantes. La muerte de una lengua puede producirse de arriba hacia abajo como por ejemplo sucedió con el bretón en Francia y el gaélico en Escocia: la lengua se retira primero de las instituciones oficiales y del ámbito público, de la iglesia, del comercio y de la política (lo que ocurre desde hace tiempo en la Comunidad Valenciana); y de abajo arriba cuando se retira del uso normal y corriente (lo que está ocurriendo con el gallego) y se usa en algunas ceremonias o incluso en la escuela como sucedió con el latín y el sánscrito. O como dice Bourdieu (2001), una lengua muere cuando deja de existir la red social estable que la sostiene.

Volviendo al tema de la escuela[19], hemos puesto de manifiesto anteriormente la existencia de segregación en cuanto a la ubicación de los centros escolares

---

[18] Usar socialmente una lengua es sacarla del ámbito familiar; es exteriorizarla, mostrarla, hacerla pública, otorgarle un lugar fuera del restringido uso privado.

[19] El lector puede consultar el monográfico dedicado a escuela e inmigración de la revista *Estudios de Sociolingüística* (*cf.* Martín Rojo/Nussbaum/Unamuno 2004).

públicos y a la presencia mayoritaria de inmigrantes en los mismos. A modo ilustrativo me centraré en Cataluña. En aquellos barrios con una fuerte densidad de emigración interna –obreros–, por lo tanto castellanohablante, la presencia de catalanohablantes es reducida, puesto que estos barrios se construyeron para dar acogida a la emigración interna. Es a su vez en estos barrios donde fija su residencia la nueva inmigración; los niños alófonos están así mayoritariamente en contacto con castellanohablantes ya sean españoles o hispanoamericanos y con otros alófonos. Ahí se producen diferentes hechos que creemos oportuno subrayar:

a) la segregación lingüística natural producida en los años sesenta con la llegada de la llamada inmigración interna,
b) la segregación lingüística natural producida con la llegada de la nueva inmigración alóglota y/o hispanoamericana,
c) la segregación artificial en sus tres vertientes: la ubicación de las escuelas públicas en zonas más o menos desfavorecidas, la no intervención de la Administración en los centros concertados y los padres autóctonos que retiran a sus hijos de la escuela pública.

La ubicación geográfica de los tres tipos de centros docentes, las consecuencias de la emigración interna, la castellanización de los barrios en los cuales residen, la segregación natural debido a las condiciones económicas precarias de la nueva inmigración y la segregación artificial son, en mi opinión, factores que ejercen una presión negativa no solo sobre el conocimiento de Cataluña y de lo catalán, sino sobre el uso de la lengua. Las dos lenguas de la escuela deberían ser las lenguas de comunicación escolar y extraescolar. Dichas lenguas de aprendizaje son la columna vertebral alrededor de la cual se organizan los conocimientos. El plan de acción de la Generalitat de Cataluña cuenta con un cierto número de actividades y de acciones especiales llevadas a cabo tanto por el SEDEC como por el PEC (*Programa d'Educació Compensatòria*), y se acompaña de partidas presupuestarias especiales. Señalaremos entre los aspectos negativos que se han detectado en el estudio llevado a cabo por el Departament d'Ensenyament (2003: 14, traducción nuestra):

> El desconocimiento de la realidad de Cataluña que tienen muchos inmigrantes (desconocimiento de la existencia de una lengua, una cultura y unas instituciones propias) y la percepción de la poca necesidad del uso de la lengua catalana en la vida diaria […] y la actitud negativa por parte de la gente del país, que a menudo renuncia al uso de la lengua propia y no da oportunidades de utilización del catalán a la persona recién llegada.

No deja de ser revelador que el programa se llame de "educación compensatoria". Si miramos las definiciones de compensatoria encontramos: "contrarrestar una cosa, especialmente mala o negativa con otra especialmente buena o positiva. Dar algo a alguien por un daño, perjuicio o gasto que se le ha causado" (Seco *et al.* 1999: 1143) y como sinónimos: "contrabalancear, contrapesar, equilibrar, recompensar" (Moliner 1997: 693), es decir que existe un déficit, una carencia que hay que atenuar. No se trata sino de una valoración etnocéntrica en la cual se estigmatizan las lenguas de las minorías y se glorifican las lenguas dominantes.

6. Conclusiones

Nos gustaría terminar citando las conclusiones a las que llega el Ministerio de Trabajo y Asuntos Sociales (2002) al presentar su Programa Global de Regulación y Coordinación de la Extranjería y la Inmigración (Programa GRECO)[20]:

a) No cabe duda de que este fenómeno [de la inmigración] en España en el momento actual no tiene las mismas características que en países como Alemania, Francia o el Reino Unido, que llevan más tiempo abordando la inmigración y que nos sitúa en una situación privilegiada para aprovechar otras experiencias y poder afrontar el diseño de una política de Estado con los instrumentos necesarios de planificación, programación y coordinación de todos los poderes públicos, de cara a participar e impulsar el tratamiento del fenómeno de la inmigración en la Unión Europea.

b) Es previsible que continúe el flujo migratorio existente, principalmente en la cuenca mediterránea, y que la necesidad de trabajadores en algunos sectores de actividad se incremente en los próximos años.

c) El aumento de la presión migratoria también supondrá un incremento de los flujos irregulares que utilizan las redes de tráfico de personas, para las que el territorio español no es solo punto de destino, sino también de tránsito.

d) Los datos más recientes nos permiten hacer previsiones de cara a los próximos años, de forma que se producirá una mayor importancia en el total de la población inmigrante de las personas procedentes de terceros países

---

[20] Aprobado por Acuerdo del Consejo de Ministros del 30 de marzo de 2001 (Resolución 17.04.2001 de la Dirección General para la Extranjería y la Inmigración). El programa ha sido elaborado por aquellos Ministerios (Ministerios de Asuntos Exteriores, de Justicia, del Interior, de Educación, Cultura y Deporte, de Trabajo y Asuntos Sociales, de Administraciones Públicas y de Sanidad y Consumo) que tienen competencias en inmigración y que están implicados en su aplicación. La coordinación del programa corresponde a la Delegación del Gobierno para la Extranjería y la Inmigración.

(Norte de África, algunos países Iberoamericanos, países del África subsahariana, y China) en detrimento del protagonismo que en la actualidad tienen los nacionales de países de la Unión Europea.

e) La fuerte concentración de extranjeros en las Comunidades Autónomas de Andalucía, Baleares, Canarias, Cataluña, Madrid, Murcia y Valencia seguirá existiendo en los próximos años, aun cuando el incremento de la presencia de extranjeros también será una realidad en todo el territorio español (Ministerio de Trabajo y Asuntos Sociales 2002: 336).

Los nuevos inmigrantes no vienen a España de forma temporal, al contrario, estamos ante un fenómeno de asentamiento de población, de permanencia estable, de formación de familia y de aparición de generaciones futuras. Hay que llevar a cabo las políticas de integración de forma inteligente, coordinadas con el resto de Europa y evitando posibles conflictos. Hay que asociar a los inmigrantes –adultos y niños– a un proyecto común de sociedad.

7. Bibliografía

AJA, Eliseo (1999): "La regulació de l'educació dels immigrants", en: Aja, E./Carbonell, F./Colectivo Ioé (Actis, W./Pereda, C./Prada, M. A. de)/Funes, J./ Vila, I.: *La immigració estrangera a Espanya. Els reptes educatius*. Barcelona: Fundació "la Caixa", 69-97.

ALONSO, Jesús (2002): "La nova immigració a Catalunya (i què representa per als catalans)", *Llengua i ús* 24, 12-19.

BASTARDAS I BOADA, Albert (1988): "La normalització lingüística: l'extensió de l'ús", en: Bastardas i Boada, A./Soler, J. (eds.): *Sociolingüística i llengua catalana*. Barcelona: Empúries, 188-221.

— (1991): *Fer el futur. Sociolingüística de la planificació i normalització del català*. Barcelona: Empúries.

BOIX I FUSTER, Emili/VILA I MORENO, Francesc Xavier (1998): *Sociolingüística de la llengua catalana*. Barcelona: Ariel.

BOURDIEU, Pierre (2001): *Langage et pouvoir symbolique*. Paris: Seuil.

CABRÉ, Mª Teresa (1993): *La terminología. Teoría, metodología, aplicaciones*. Barcelona: Antártica/Empúries.

CALVET, Louis-Jean (2002): *Le marché aux langues. Les effets de la mondalisation*. Paris: Plon.

CICHON, P./KREMNITZ, G. (1996) : "Les situations de plurilinguisme", en: Boyer, H. (dir.): *Sociolinguistique. Territoire et objets*. Lausanne: Delachaux & Niestlé, 115-146.

COLECTIVO IOÉ (Actis, W./Pereda, C./Prada, M. A. de/Agustín, L.) (2001): *Mujer, inmigración y trabajo*. Madrid: Ministerio de Trabajo y de Asuntos Sociales, Asuntos Sociales e Instituto de Migraciones IMSERSO.

DEPARTAMENT D'ENSENYAMENT (2003): *Pla d'actuació per a l'alumnat de nacionalitat estrangera 2003-2006*. Barcelona: Departament d'Ensenyament, Generalitat de Catalunya.

GARCÍA-MINA, Ana/CARRASCO, Mª José (eds.) (2002): *Cuestiones de género en el fenómeno de las migraciones*. Madrid: Universidad Pontificia Comillas.

GIL-ROBLES, Á. (1999): "Inmigración y política de integración", en: Garde, J. A. (ed.): *Políticas sociales y estado de bienestar en España*. Madrid: Fundación Hogar del Empleado/Editorial Trotta, 711-728.

JABARDO VELASCO, M. (1999): "Migración clandestina y agricultura intensiva. La reestructuración del mercado de trabajao en el Maresme catalán", en: Checa, F./Soriano, E. (eds.): *Inmigrantes entre nosotros. Trabajo, cultura y educación intercultural*. Barcelona: Icaria.

JUNYENT, Mª Carme (1999): *La diversitat lingüística. Didàctica i recorregut de les llengües del món*. Barcelona: Octaedro.

LAMO DE ESPINOSA, Emilio/NOYA, J. (2002): "El mercado de las lenguas. La demanda de español como lengua extranjera en Francia y Alemania", *Anuario del Instituto Cervantes*. Madrid: Instituto Cervantes. <www.cvc.cervantes.es/obref/anuario/anuario_98>.

MARTÍN ROJO, Mª Luisa/NUSSBAUM, Luci/UNAMUNO, Virginia (eds.) (2004): "Escuela e inmigración", *Estudios de sociolingüística, Lenguas, sociedades e culturas* 5 (2), Monográfico.

MINISTERIO DE TRABAJO Y ASUNTOS SOCIALES (2002): *Anuario de Migraciones 2002*. Madrid: Ministerio de Trabajo y Asuntos Sociales. Secretaría General de Asuntos Sociales. Dirección General de Ordenación de las Migraciones.

— (2004): *Anuario Estadístico de Inmigración 2004*. Subdirección General de Información Administrativa y Publicaciones del Ministerio de Trabajo y Asuntos Sociales. (<http://extranjeros.mtas.es/es/general/ANUARIO_INMIGRACION_2004.pdf>).

— (2006): *Boletín estadístico de extranjería e inmigración*, nº 7, enero 2006 (<http://extranjeros.mtas.es>).

MOLINER, María (1997): *Diccionario de uso del español*. Madrid: Gredos.

NETTLE, Daniel/ROMAINE, Suzanne (2003): *Ces langues, ces voix qui s'effacent*. Paris: Autrement Frontières.

PALIDDA, S. (1991): "L'adaptation des immigrés aux mutations économiques et modèles d'intégration", en: ADRI (Agence pour le Développement des Relations Interculturelles): *L'intégration des minorités immigrées en Europe. Problématiques. Tome 1*. Paris: Centre National de la Fonction Publique Territoriale, 35-52.

PUJOL BERCHÉ, Mercè (1995): "Situació lingüística dels immigrants marroquins a Catalunya", en: *Actes del Simposi de Demolingüística. III Trobada de sociolingüistes catalans*. Barcelona: Departament de Cultura de la Generalitat de Catalunya, 216-225.

— (2003): *Del bilingüismo histórico al plurilingüismo: La inmigración en Cataluña*. Perpignan: Universidad de Perpiñán. Trabajo de investigación para la obtención de la *Habilitation à diriger des recherches*.

SECO, Manuel/ANDRÉS, Olimpia/RAMOS, Gabino (1999): *Diccionario del español actual*. Madrid: Aguilar.

SOLÉ, Carlota (1987): *Catalunya: societat receptora d'immigrannts*. Barcelona: Institut d'Estudis Catalans.

SOLÉ, Carlota/HERRERA, Encarna (1991): *Trabajadores extranjeros en Cataluña. ¿Integración o racismo?* Madrid: Centro de Investigaciones sociológicas.

TORTOSA, J. M. (2003): "L'Équateur en éruption", en: *L'Amérique Latine en Effervescence, Le Monde diplomatique* 69 (junio-julio), 63-65.

TRESSERRAS, J. M. (1997): "Identitat, diferència i cultura de masses ", en: *Comunitat lingüística i Espais comunicatius. V Jornades de Sociolingüística*. Alcoi: Ajuntament d'Alcoi, 9-10.

VV.AA. (1992): *Informe sobre el treball social amb immigrants estrangers a la província de Barcelona*. Barcelona: Diputació de Barcelona, Servei de Serveis Socials, Col·lecció Serveis Socials, nº 8.

LOS DISCURSOS DE LOS MANUALES DE SOCIOLINGÜÍSTICA CATALANES Y LA NORMALIZACIÓN: ANÁLISIS DESDE LOS AÑOS 80 A LA ACTUALIDAD

MÓNICA CASTILLO

1. Introducción

Los manuales de sociolingüística catalanes de difusión estudiantil editados a partir de los años ochenta funcionan a la vez como reflejo sintético de las representaciones de la cuestión lingüística en Cataluña y como amplificador de dichas representaciones entre un público compuesto mayoritariamente de estudiantes, pero también de otros sectores sociales. Me ha interesado analizar la construcción, contenidos y discursos de algunas de estas obras con objeto de compararlas y de indagar si era perceptible entre ellas una evolución con el paso del tiempo acorde con los cambios en el uso del catalán –pero también del gallego y vasco– que paralelamente se han ido produciendo como consecuencia de la aplicación de las Leyes de normalización lingüística en estas tres últimas décadas.

Las obras aquí analizadas son:

> SOLÉ I CAMARDONS, Jordi (1988): *Sociolingüística per a joves. Una perspectiva catalana*. Valencia: Federació d'Entitats Culturals del País Valencià.
> MOLLÀ, Toni/PALANCA, Carles/VIANA, Amadeu (1987-1991): *Curs de sociolingüística*, 3 vols. Alzira: Bromera.
> BOIX I FUSTER, Emili/VILA I MORENO, F. Xavier (1998): *Sociolingüística de la llengua catalana*. Barcelona: Ariel.
> MOLLÀ, Toni (2002): *Manual de sociolingüística*. Alzira: Bromera.

Se trata en todos los casos de manuales con mucha divulgación[1]. El de Solé se editó por primera vez en 1988, después ha sido reeditado al menos catorce veces y fue además traducido al vasco[2]. El *Curs* de Mollà/Palanca/Viana también

---

[1] No incluyo en este corpus el libro de Gimeno/Montoya (1989) pues, más que un manual de sociolingüística para estudiantes, es una referencia de consulta para especialistas: antes que la presentación y análisis de los conceptos elementales de la disciplina, se da prioridad al comentario crítico de la metodología y de la teoría sociolingüísticas, así como a una presentación bibliográfica exhaustiva.

[2] *Soziolinguistika Gazteentzat*. Bilbao: Udako Euskal Unibertsitatea, 1991.

ha sido objeto de varias reediciones, dado que, como afirma Mollà en su *Manual*
de 2002 (7), "el curs va tenir una gran acollida per banda del públic lector". De
hecho, la aparición del *Manual* se explica por la popularidad de la que ha gozado
su arquetipo, popularidad que ha heredado la nueva versión, pues figura también
desde su publicación integrada en las bibliografías de los programas universitarios. Por último, la obra de Boix y Vila es en la actualidad *la* referencia de manual
universitario de sociolingüística catalana. Los destinatarios de estos manuales
son fundamentalmente alumnos universitarios que cursan estudios de filología,
periodismo y ciencias de la comunicación, sociología, antropología, ciencias
políticas, ciencias de la educación, psicología y pedagogía. Caso aparte es el de
Solé, que se dirige a un público "joven" en general que en la práctica se corresponde mayoritariamente con alumnos de enseñanza media.

En las páginas que siguen me centraré concretamente en analizar los discursos pedagógicos que sobre el concepto de *normalización* –aplicado sobre todo,
pero no exclusivamente, al caso del catalán– se han difundido a partir de los años
ochenta en Cataluña con las obras que acabo de presentar. Mi intención es describir cómo queda reflejado el concepto de *normalización* en estos textos, trazar
la evolución que haya podido darse entre los primeros manuales y los últimos y
considerar si el proceso de promoción del catalán emprendido desde la transición
puede asociarse a un cambio eventual en los discursos.

2. Contenidos de las obras y posición de sus autores

Consultando los índices de las obras estudiadas se aprecia que se ha operado una
selección en los contenidos siguiendo un criterio de interés subjetivo: los temas
de la disciplina que figuran en ellas son aquellos que entroncan particularmente
con las inquietudes sociolingüísticas propias del caso catalán: el contacto y el
conflicto de lenguas, el bilingüismo –particularmente el social–, la diglosia, la
sustitución, la normalización, la planificación del corpus y la gestión de las variedades. Entre estos temas, sin duda alguna, el de la normalización goza de una
relevancia especial. En todos los manuales estudiados, con la única excepción de
Mollà (2002), se insiste en la introducción en la necesidad de "transformar la
realidad" (Solé 1988: 7 y 11; Mollà/Palanca/Viana 1987-1991: vol. 1, 8; Boix/
Vila 1998: 10) mediante un proceso activo que no es otro que el de la normalización lingüística. De entrada, así, más que la descripción objetiva y neutra de los
hechos sociolingüísticos, lo que parece ser el fin de estos manuales es la transformación de la actualidad lingüística mediante un proceso de "normalización".
Es significativo a este respecto que en todas sin excepción se presente el tema
como epílogo.

Al leer los manuales saltan a la vista contrastes numerosos e importantes entre unos y otros. Como se demostrará a continuación, el más relevante tiene que ver con la proporción de elementos relacionables con cierta postura ideológica presente en cada uno. Si los comparamos atendiendo a este criterio, sin duda el libro de Solé i Camardons es el más marcado por las declaraciones de tipo ideológico. De hecho, la presentación científica queda relegada en él a menudo a un segundo plano y la elección de contenidos y la argumentación general del manual están orientados por las expectativas de su autor en materia política. En el caso de Mollà/Palanca/Viana (1987-1991), ofrecen estos una presentación más detallada y formal de las teorías sociolingüísticas basada en un conocimiento profundo de la bibliografía, pero manifiestan también de modo constante su ideología. No en vano se autocalifican de sociolingüistas comprometidos y declaran en su introducción al tercer volumen del *Curs* (7), que pretenden "crear un estado de opinión". Resulta interesante a este respecto constatar que aunque ciencia e ideología permanecen indisociables diez años después en el *Manual* de Mollà, en este se rebajan cuantitativamente las declaraciones partidistas. Con el manual de Boix y Vila se produce un salto cualitativo: se trata del único caso en el que la ideología se expresa en limitadas y contenidas proporciones. Así, afirman los autores: "no volem confondre les nostres opinions i passions com a ciutadans amb la nostra feina com a investigadors de la realitat social"[3]. No pretenden como Mollà, Palanca y Viana "crear opinión", sino aportar los datos y conocimientos necesarios para que los lectores adquieran una formación que les permita desarrollarla y saber argumentarla[4]. Es, por otra parte, un manual que atiende a todo tipo de cuestiones relacionadas con la disciplina (variacionismo, perspectiva antropológica y sociológica de la lengua…) que quedan sin tratar en los otros manuales.

La cuestión de la normalización lingüística, tratada a continuación, interesa particularmente a la hora de hacer un análisis de los discursos de estos manuales, pues su tratamiento es revelador de la posición de sus autores.

3. La normalización del catalán: desiderata y realidad

El concepto de *normalización*, aunque utilizado anteriormente por Lluís Vicent Aracil (1965), se extiende con éxito sobre todo en la formulación más sencilla que de él dio Rafael Lluís Ninyoles en *Idioma i prejudici* (1971)[5]. Su definición

---

[3] *Cf.* Boix/Vila (1998: 9).

[4] *Ibídem.*

[5] Recomiendo al lector interesado en la historia del término la consulta de Boix/Vila (1998: 314-319).

es, sin duda, la que más eco ha tenido en el ámbito catalán y la que de hecho se ha extendido para el proceso de promoción del conjunto de las lenguas de España. La expresión de Ninyoles era: "aquest terme suggereix posar, o retornar, al seu nivell "normal" una cultura: situar-la en peu d'igualtat amb unes altres cultures, en un mateix pla." A pesar de la acogida y popularidad de la que ha gozado el término, que lo proyectó incluso al nombre de las *Leyes de normalización*, muy pronto se puso de manifiesto su imprecisión. En efecto, la noción de *normal*, base de la palabra derivada final, por su naturaleza política se presta a múltiples interpretaciones que, como es lógico, pueden llegar incluso a ser radicalmente opuestas[6]. Es posible, en efecto, entender por *normal* en la situación sociolingüística española tanto el monolingüismo de la lengua del Estado en todo el territorio, como el bilingüismo en las áreas de habla catalana, gallega y vasca, o el bilingüismo de Estado o el monolingüismo no castellano en las áreas con lengua propia, según las distintas orientaciones políticas. De resultas, la palabra ha funcionado como eje de un debate ideológico, en el que ha dado pie a múltiples contradicciones que tienen su reflejo más directo en ya clásicos juegos de palabras como *anormalidad*[7], *subnormalización* y *pseudo-normalización*[8]. Ha llegado así a ser considerado por algunos autores como un término inoperativo[9] y, en cualquier caso, es de notar que en los discursos especializados ha ido sustituyéndose progresivamente por términos como *planificación* o *política lingüística*, técnicamente más precisos.

El apartado que dedican los manuales estudiados a la presentación de la *normalización lingüística* abre paso en la mayoría de los casos a la expresión política de los autores sobre el proceso de promoción del catalán, vasco y gallego emprendido en España en la era democrática. Ofrecen a menudo su valoración personal del proceso en curso y plasman su particular visión y propuesta de lo que debería ser dicha *normalización*. Por la naturaleza política del proceso, en esta sección, pues, se suele suspender la función científica de las obras y se expone un discurso mayoritariamente ideológico. Veamos a continuación cómo valora cada cual el proceso y cuáles son sus esperanzas con respecto al mismo.

Para Solé la normalización del catalán exigiría la oficialidad única y exclusiva de esta lengua en el territorio catalán[10]. Según él normalizar no consiste solo en catalanizar, sino también en desespañolizar: la normalización del catalán con-

---

[6] En Kabatek (1995) se encuentra un estudio preciso sobre la esencia política de la noción de *normalidad*.

[7] *Cf.* Lodares (2000: 262, 265-266, 269-270) o Jardón (1993).

[8] *Cf.* Solé i Camardons (1988: cap. 15).

[9] Véase Boix/Vila (1998: 318).

[10] *Cf.* Solé i Camardons (1988: 99 y 109).

llevaría la exclusión del castellano. Por consiguiente, el proceso de normalización en curso en Cataluña es a su juicio muy deficiente y merece ser calificado de *pseudo-normalización* o *(sub)normalización*. En definitiva la verdadera normalización del catalán pasa en su opinión por la independencia política de Cataluña[11] y su conversión en un Estado unilingüe. El párrafo final del libro resume las propuestas de Solé (1988: 119):

> La llarga experiència històrica opressora dels estats espanyol i francès i el seu caràcter especialment hegemonista a ultrança i contrari a acceptar sortides de democràcia igualitària ens fa dubtar de la possibilitat de convertir-los en estats multilingües […]. En aquest darrer supòsit, la hipòtesi de la independència política de les comunitats lingüístiques basca, gallega i catalana o una forma de govern equivalent (= igual) ha de ser entesa com una necessitat que cal estudiar molt seriosament. Seria probablement, la darrera oportunitat d'unes comunitats lingüístiques que no van poder (o no van saber) afegir-se en el seu moment al conjunt de les nacions (lingüístiques) lliures.

Por su parte, Mollà, Palanca y Viana también defienden en su *Curs* que la plena normalización del catalán implicaría el abandono del castellano[12], pero en este caso el modelo de política lingüística propuesto es el basado en la territorialidad ("un lloc per a cada cosa i cada cosa en el seu lloc"[13]). Para estos autores, lo deseable en España y lo único que garantizaría la promoción efectiva del catalán, así como del vasco y del gallego, sería la constitución de un Estado multilingüe compuesto de diferentes territorios monolingües, siguiendo el modelo de Bélgica[14]. En su *Manual* Mollà reiterará esta misma tesis[15]. Con semejante desiderata, es más que comprensible que de nuevo la normalización dictada por las leyes en vigor y ejecutada por las instituciones resulte como mínimo decepcionante, además de ser un motivo de preocupación de cara al futuro. En palabras de los propios autores:

> Tot plegat implica, si més no, dues coses *a)* que l'única llengua plenament oficial a l'estat espanyol és el castellà i *b)* que les diferents lleis anomenades de normalització lingüística són, amb propietat, normatives lingüístiques l'objectiu més *positiu* de les quals és una despenalització de l'ús dels idiomes respectius; a tot estirar, són permissives amb un ús d'aquestes que no implica la *discriminació* del castellà. En definitva, segons ha subratllat Xavier Lamuela, "hi ha una política lingüística d'estat que

---

[11] *Cf.* Solé i Camardons (1988: 44, 80, 104 y 116).
[12] *Cf.* Mollà/Palanca/Viana (1987-1991: vol. 1, 120-121).
[13] *Ibídem*, 121.
[14] *Ibídem*, vol. 1, 121, vol. 2, 147 y vol. 3, 116.
[15] *Cf.* Mollà (2002: 149, 150, 176 y 229).

subordina l'ús del català al de l'espanyol i que, per tant, fa persistir els factors últims del procés de substitució lingüística"[16].

La consideración de la normalización como un proceso en el que el catalán ha de sustituir totalmente al castellano que comparten Solé, Mollà, Palanca y Viana, arranca de las primigenias ideas de Aracil y Ninyoles, para quienes la normalización del catalán constituía uno de los dos desenlaces posibles del conflicto lingüístico. Dicho conflicto, recordemos, planteaba el dilema entre la sustitución de la lengua dominada o la normalización y expansión de la misma a costa de la expulsión de la dominante. El bilingüismo social desde esta teoría del conflicto lingüístico es concebido negativamente, pues se considera como un paso previo a la sustitución de la lengua dominada.

La posición de Boix y Vila es bien distinta. Su discurso no se adscribe a la teoría del conflicto lingüístico desarrollada por los autores valencianos, lo cual tiene consecuencias en su consideración del bilingüismo y de la normalización. El rechazo al bilingüismo lo describen Boix y Vila (1998: 36, 43) como la piedra angular y marca de fábrica de la sociolingüística catalana del periodo antifranquista. Y aunque ellos también denuncian la manipulación franquista del bilingüismo como mito utilizado para encubrir una situación de diglosia, no por eso dejan de reconocer que este no tiene por qué derivar forzosamente en sustitución de la lengua dominada (en el caso de Luxemburgo, por ejemplo, se da una estabilidad plurilingüe)[17]. Es más, deduce el lector que para estos autores la normalización de lenguas como el catalán, gallego y vasco pasa por la bilingualización bilateral aunque ésta sea solo receptiva. Lo que es destacable aquí es que no hay en el tratado de Boix y Vila una declaración específica relativa al caso de normalización del catalán y que presentan su juicio en términos generales, como puede comprobarse en la cita siguiente:

> En una situació de convivència estreta entre els uns [parlants de la llengua recessiva] i els altres [parlants de la llengua expansiva], per tal que els usuaris d'una llengua *Lx* se'n pugin servir en tots els àmbits cal garantir que els *al·loglots* –és a dir, els parlants de qualsevol altra llengua– siguin competents, almenys fins a un cert punt, en aquesta *Lx*. En aquestes situacions de molta interacció en què la traducció sistemàtica deixa de ser viable, reconèixer als uns el dret a mantenir-se monolingües implica negar als altres *de facto* el dret d'usar la seva llengua. En aquest cas, la bilingüització bilateral –ni que sigui receptiva– representa l'única forma d'assolir la normalització de la llengua recessiva; altrament, els parlants de la llengua recessiva es trobaran

---

[16] *Cf.* Mollà/Palanca/Viana (1987-1991 vol. 2, 152). Literalmente en Mollà (2002: 235).
[17] *Cf.* Boix/Vila (1998: 205).

obligats sistemàticament a servir-se de la llengua expansiva per la presència de par-
lants de la llengua majoritària. Aquest és el cas del País Basc o d'Irlanda, on el fet que
bona part dels mateixos bascos o irlandesos no comprenguin l'èuscar o el gaèlic en
dificulta constantment l'ús públic (Boix/Vila 1998: 322).

Resulta apreciable en el manual de Boix y Vila que la sección dedicada a la
normalización (314-326) proporciona una información detallada sobre el origen,
difusión y evolución del término; analiza los objetivos del proceso (de un lado
los políticos y jurídicos y de otro los sociolingüísticos), así como la intervención
de los alóglotas en el mismo; y por último ofrece un epígrafe dedicado a la evaluación del modelo de normalización. Toda esta presentación se lleva a cabo de
modo riguroso y sin apenas hacer intervenir su juicio personal sobre el proceso
en Cataluña. Apenas, pues en las líneas finales de este apartado acabarán trasla-
dando su expresión a la primera persona: "Però són –som– molts els qui creiem
que el(s) projecte(s) de normalització haurien d'afavorir la cohesió i la mobilit-
zació socials enfront desl riscos d'escissió comunitària"[18].

4. La evolución de los discursos desde los años ochenta a la actualidad

En el manual de Boix y Vila (1998: 33-43) se presenta la historia de la sociolingüística catalana dividida en tres periodos: el presociolingüístico, el antifranquista y el autonómico. En el periodo antifranquista ve la luz la teoría del conflicto lingüístico elaborada por Aracil y Ninyoles y seguida hasta tardíamente
por autores como Solé, Mollà, Palanca y Viana. A esa fase corresponde una mentalidad muy militante por parte de los sociolingüistas. Vivían profesionalmente
su compromiso con el desarrollo del proceso de normalización convencidos de
poder influir con su activismo en las decisiones de los poderes políticos y mediáticos. Decir que las cosas han cambiado desde hace treinta años resulta una
obviedad, pero no es superfluo: por ello llama poderosamente la atención que
sigan hoy publicándose o reeditándose discursos antifranquistas como los de
Solé y Mollà en la misma forma que en los años ochenta. Sin embargo, dejando
de lado el texto de Solé, hay que declarar que se aprecia una evolución sustancial
en los discursos de los manuales de sociolingüista catalanes desde los años
ochenta hasta la actualidad.

A partir del corpus que aquí manejo se advierte una tendencia evidente con el
tiempo hacia una "cientifización" de los discursos. En el caso del manual de

---

[18] *Ibídem*, 325.

Boix/Vila estamos claramente ante un ejemplar del género de los manuales académicos que responde a los criterios científicos convencionales. En cuanto al *Manual* de Mollà, veremos que se trata de una síntesis del *Curs* de Mollà/Palanca/Viana con la eliminación relativa, pero aun así significativa, de un número importante de consideraciones militantes. Se corresponde esto con la evolución descrita para la sociolingüística catalana en general, pues tras una pérdida progresiva del activismo político, siguiendo a Boix y Vila (1998: 42) puede afirmarse que "avui no es pot mantenir que la sociolingüística catalana sigui una sociolingüística militant". Propongo a continuación analizar algunos detalles de esta evolución.

En primer lugar, es interesante observar cómo han cambiado con los años el tono y el estilo de los manuales. El ingrediente ideológico condiciona evidentemente el estilo del discurso: así, es corriente la utilización de un tono familiar, a veces incluso vulgar, en aquellos manuales en los que prima la ideología. Por ejemplo, encontramos expresiones muy idiomáticas como "amagar el cap sota l'ala" (Solé 1988: 11), "si no volem perdre el nord i fer-nos un embolic" (Solé 1988: 68), "no hi ha pitjor cec que el que no vol veure, ni pitjor sord que el que no vol escoltar" (Solé 1988: 84), "una altra cosa fóra pixar fora de test" (Mollà/Palanca/Viana: vol. 1, 98), que no suelen aparecer en un discurso académico y científico. Se aprecia también el empleo de los nombres de pila para firmar las introducciones en el *Curs* de Mollà/Palanca/Viana (vol 1: Carles i Toni; vols. 2 y 3: Amadeu i Toni); así como la utilización del hipocorístico de algunos autores (José María Sánchez Carrión aparece como *Txepetx* en el *Curs* de Mollà/Palanca/Viana). Asimismo, es de notar –sobre todo en Solé– el recurso a símiles explicativos (caracol y liebre/catalán y castellano), a otras metáforas no menos elementales (carretera de salida de Barcelona hacia Madrid con la disyuntiva entre sustitución y normalización para representar el conflicto lingüístico[19]) o a estrategias iconográficas (imagen de señal de tráfico de peligro con el aviso "perill, bilingüisme"[20]). En este sentido es significativa la evolución de Mollà que, como veremos más adelante, en gran parte elimina las familiaridades del *Curs* en su *Manual*. Retóricamente, el estilo familiar funciona con un objetivo proselitista, de acercamiento al lector en el trato y por consiguiente también en la ideología. A la vez, dicho estilo permite desmarcarse de los discursos académicos ortodoxos empleados para otras ramas del saber y situarse en un plano comunicativo más eficaz por poco convencional. Con esta misma finalidad, Solé, dada su concepción instrumental de la sociolingüística como primero activa y secundariamente

---

[19] *Cf.* Solé i Camardons (1988: 59).
[20] *Ibídem*, 73.

científica, llega hasta el punto de presentarla como una disciplina en la que el saber queda relegado a un segundo plano y subordinado a la experiencia:

> La principal aportació de l'enfocament sociolingüístic *no és* pas la d'un gruix de dades, un sac de "saber" que haurem d'aprendre de memòria. No és pas això, la sociolingüística ens forneix d'una *experiència* que ens ensenya a pensar, entendre per així poder passar a l'acció efectiva (Solé 1988: 14).

Por otra parte, desde una perspectiva metodológica, ha de decirse que los manuales de Solé y Mollà en ocasiones no proporcionan referencias bibliográficas completas e incluso falta a veces la cita de las fuentes en las que se inspiran algunos autores. Así, Solé llega a parafrasear a Aracil con tal asimilación de su discurso que ni siquiera lo menciona, convirtiendo la propiedad intelectual en patrimonio popular[21].

El manual de Boix y Vila queda al margen de las observaciones anteriores; todo lo más pueden advertirse a lo largo de sus páginas unos pocos enunciados exclamativos mediante los que los autores expresan alguna reacción personal en pasajes críticos[22]. Como se ha dicho, los contenidos de este manual son tratados generalmente con la distancia científica correspondiente a una obra prototípica de su género. Precisamente por ello merece la pena detenerse un momento en destacar cuáles son las cuestiones con las que los autores manifiestan una valoración en la que interviene su punto de vista político. Resumiendo, no faltan denuncias por su parte a la represión lingüística contra el catalán ejercida durante la etapa franquista (*cf.* por ejemplo, Boix/Vila 1998: 94, 119 y 335); también se encuentran críticas a la legislación lingüística (145, en contra de la Llei 1/1998 de política lingüística de Cataluña) y en particular a lo estipulado por la Constitución en su artículo 3, porque preconiza el dominio del castellano sobre las demás lenguas de España[23]; hay que añadir, por último, que el conflicto político-lingüístico valenciano también despierta sus reacciones (175).

---

[21] Véase, por ejemplo, la definición de normalización propuesta por Solé (1988: 113) que retoma literalmente la que propuso Aracil en 1965 sin que se precise la fuente: "La normalització lingüística consistirà així a reorganitzar les funcions lingüístiques de la societat per tal de readaptar les funcions socials de la llengua a unes condicions externes canviants".

[22] Por ejemplo: "com si les grans fortunes o els immigrants il·legals ja no tinguessin cap paper en la vida social i econòmica (!)" (Boix/Vila 1998: 60, nota 5); "–com a mínim amb el mateix rigor!– " (*Ibídem*, 177); "és clar!" (*Ibídem*, 320).

[23] Como ejemplo, valga el siguiente pasaje: "A Espanya, la dominació del castellà, explícita en l'article 3 de la Constitució estatal, per exemple, esdevé invisible per a bona part de la població no castellanoparlant, perquè previament s'ha arribat a guanyar la complicitat ideològica d'aquests ciutadans" (Boix/Vila 1998: 150. Véase igualmente p. 177).

Como muestra interesante de la evolución de los discursos de estos manuales, propongo a continuación un análisis de la transformación que se opera en la síntesis del *Curs* de Mollà/Palanca/Viana en el *Manual* de Mollà.

4.1. La evolución del discurso de Mollà

En su *Manual* introduce Mollà cambios de dos tipos: de actualización y de síntesis.

Efectivamente, actualiza algunos datos, como los relativos al número de hablantes de las lenguas europeas[24], aporta nuevas informaciones sobre la situación del catalán en Europa y en España[25] o transforma el capítulo "La comunicación internacional" del *Curs* (vol. 3, 165-168) en "La comunicación global: els nous factors" en el *Manual* (202-207), adaptando trabajos recientes suyos[26]. No obstante, no puede decirse que Mollà actúe en este punto exhaustivamente. Por poner un ejemplo, se echa en falta la puesta al día de algunas tablas, como una sobre el uso de hebreo por la población judía de Israel, en la cual las últimas cifras proporcionadas corresponden al año 1961[27]; o bien otra en la que se recoge el número de hablantes unilingües de quechua cuyos datos más recientes son de 1972[28]. Por otra parte, integra referencias bibliográficas recientes y sustituye alguna que en época del *Curs* estaba solo disponible en castellano por la edición posterior catalana[29].

En cuanto a la síntesis que realiza Mollà para transformar los tres volúmenes de un total de casi 700 páginas en uno de 250 se observa que procede con cierta sistematicidad que nos interesa analizar aquí. De entrada, selecciona para su *Manual* los capítulos más relevantes del conjunto del *Curs*: "la sociolingüística", "el món de les llengües", "llengua i comunitat lingüística", "varietats i registres de la llengua", "bilingüisme i conflicte lingüístic", "la normalització lingüística", "política i planificació lingüístiques" y "les lleis de les llengües". Los capítulos que se excluyen corresponden sobre todo a contenidos que en la coyuntura sociolingüística catalana actual han quedado obsoletos: "notes sobre la diglòssia", "ensenyament, llengua i societat", "introducció a la situació demogràfica i cultural del català", "sistemes de memòria social", "regles y significats", "intro-

---

[24] Compárese Mollà/Palanca/Viana (1987-1991: vol. 1, 64) y Mollà (2002: 60-61).
[25] Véanse las tablas de Mollà (2002: 66-74).
[26] Mollà (ed.) (1998 y 2002).
[27] Compárese Mollà/Palanca/Viana (1987-1991: vol. 3, 155) y Mollà (2002: 191).
[28] Compárese Mollà/Palanca/Viana (1987-1991: vol. 3, 165) y Mollà (2002: 201).
[29] Es el caso del libro de Weinreich *Lenguas en contacto* (1974) - *Llengues en contacte* (1996).

ducció als processos de canvi sociolingüístic", "la substitució lingüística" y "el retrocés i l'extinció". Ahora bien, la selección de Mollà no se guía exclusivamente por el grado de actualidad de que gozan algunos temas. De un lado, en el cotejo del *Curs* y del *Manual* se observan cortes de algunos pasajes con finalidad funcional: se seleccionan los contenidos esenciales para ajustarse a las limitaciones de un volumen de tamaño limitado[30] o se acortan citas como una de dos páginas de Aracil (Mollà/Palanca/Viana 1987-1991: vol. 1, 100-101) que se reduce en Mollà (2002: 136-137). Otro modo de sintetizar consiste en hacer pasar a nota en el *Manual* contenidos que aparecían en el cuerpo del texto del *Curs*[31]. Pero lo más destacable de la transformación del *Curs* en el *Manual* radica, sin duda alguna, en que la redacción de este elimina numerosos pasajes y expresiones ideológicos de aquel. Por ejemplo, se suprimen algunos párrafos amargos como el siguiente: "La comunitat lingüística castellana, instal·lada en una situació de privilegi lingüístic a l'Estat espanyol, no ha necessitat d'esmerçar gaires esforços en l'anàlisi de l'ús lingüístic" (Mollà/Palanca/Viana 1987-1991, vol. 1, 26); o afirmaciones recelosas como alguna sobre el caso del gallego: "En cap cas s'han qüestionat *el gallec per a què* ; la inhibició de l'ús en la pràctica identifica la ideologia hibridista. El nou gallec tampoc no s'haurà d'usar plenament, de manera que és ociós facilitar les relacions culturals i ampliar el coneixement de la llengua" (Mollà/Palanca/Viana 1987-1991: vol. 3, 150).

En el epígrafe "L'estat espanyol y les llengües de l'estat" puede apreciarse la siguiente transformación entre el *Curs* (vol. 1, 71):

> L'Estat espanyol, juntament amb Iugoslàvia, França i la URSS, és dels majors conjunts multilingües d'Europa. El predomini del castellà, fruit de la intenció de construir un únic Estat-nació, ha arribat a amagar, tant dins de l'Estat com fora, l'autèntica dimensió lingüística d'aquest. Fins al punt que cert intel·lectual s'ha permés d'escriure interessades inexactituds com la següent:

---

[30] Así es como, por ejemplo, se elimina en Mollà (2002: 177) el tema de Mollà/Palanca/Viana (1987-1991: vol. 3, 117-122) "L'estandardització: una conseqüència", por tratarse de una sección algo erudita en la que básicamente se reseñan dos libros. O también así se ahorra Mollà en el *Manual* algunos pasajes que no tienen relación directa con el caso español (compárese Mollà, 2002: 186 con Mollà/Palanca/Viana 1987-1991: vol. 3, 150); o el desarrollo de una explicación sobre el turco y el swahili (compárese Mollà, 2002: 188-189 con Mollà/Palanca/Viana 1987-1991: vol. 3, 152-153).

[31] Esto ocurre con citas de Aracil (compárese Mollà/Palanca/Viana 1987-1991: vol. 1, 87 con Mollà, 2002: 123), Pitarch (compárese Mollà/Palanca/Viana 1987-1991: vol. 2, 133 con Mollà, 2002: 213), o algunos pasajes secundarios para la exposición como los relativos a la legislación discriminatoria de las mujeres (compárese Mollà/Palanca/Viana 1987-1991: vol. 2, 138 con Mollà, 2002: 219) o sobre la desigualdad entre blancos y negros (compárese Mollà/Palanca/Viana 1987-1991: vol. 2, 140 con Mollà, 2002: 221).

> España es una de las naciones más *uniformes* lingüísticamente de Europa (…)
> esto es lo que hace, si no se falsifica la realidad, que no haya problema lingüístico
> en España (Julián Marías, *La España real*. Citat per Ninyoles, R. Ll.: *Cuatro idio-
> mas para un estado*. Madrid: Cambio 16, 1977).

> A part de les situacions lingüístiques del *bable* (parlat a Astúries, bàsicament), de
> l'*aragonés* i de l'*aranés* (varietat de l'occità, parlada a la Vall d'Aran) hi ha els quatre
> grans idiomes: l'*euskara*, el *gallec*, el *castellà* i el *català*.
> La comunitat lingüística de l'èuscar està dividida entre l'Estat espanyol i el fran-
> cés. La catalana entre aquests dos mateixos estats més l'italià i Andorra. El galaico-
> portugués és la llengua parlada a Galícia, Portugal, Brasil i a les excolònies lusitanes.
> Pel que fa al castellà, tots hem sentit parlar alguna vegada de la *teoría de los trescien-
> tos millones*.
> L'èuscar i el català, a més de la (re)partició entre estats, dins de l'Estat espanyol la
> seua comunitat lingüística està dividida en diferents *Comunidades Autónomas* (Nava-
> rra-Bascongadas), (País Valencià, Catalunya, les Illes i Aragó) la qual cosa dificulta
> qualsevol procés general de normalització lingüística.

Y el *Manual* (66):

> L'Estat espanyol, juntament amb Iugoslàvia, França i la URSS, és dels majors
> conjunts multilingües d'Europa. A més de les situacions lingüístiques del bable, de
> l'aragonés i de l'aranés hi ha els quatre grans idiomes: català, castellà, èuscar i gallec-
> portuguès.
> Dins de l'estat, més de 16 milions de persones viuen en territoris bilingües, la
> qual cosa representa vora el 42 % de la població total estatal: Catalunya, les Illes
> Balears, el País Valencià, Galícia, el País Basc i Navarra, a més de la Franja d'Aragó,
> Astúries i la Vall d'Aran.

El cambio de perspectiva es notable: en 1987, el discurso es marcadamente
militante, de denuncia política contra el castellano y su imperialismo ("El predo-
mini del castellà, fruit de la intenció de construir un únic Estat-nació", "tots hem
sentit parlar alguna vegada de la *teoría de los trescientos millones*"), así como de
crítica a la fragmentación político-administrativa de las comunidades lingüísticas: no se dice que el vasco y el catalán se hablan en tal o cual país, sino que sus
comunidades lingüísticas "están divididas entre diferentes estados" y además
"están divididas en diferentes CC.AA."). En cuanto al gallego, nótese que se le
da un tratamiento aparte del que reciben el catalán y el vasco: no hay más que
fijarse en el nombre de "galaico-portugués". En 2002 se evacua todo este contenido y el discurso resulta mucho más neutro. Obsérvese, de paso, la normalización tipográfica que se produce en el *Manual*, del que desaparecen cursivas y
subrayados.

Puede afirmarse que, a pesar de que Mollà declare en su introducción al *Manual de sociolingüística* que "ha reconfigurado su perspectiva sobre esta área del conocimiento" y que "ha evolucionado su visión del *mundo de las lenguas*"[32], su postura es esencialmente la misma que la que proclamaba el *Curs*. Es más, aunque afirme en la misma introducción que su *Manual* "no s'adscriu a cap posició acadèmica o ideològica concreta, sinó que l'orientació eclèctica és volgudament didàctica", lo cierto es que sigue mostrando de modo muy concreto que con respecto a la política lingüística en España es partidario de la aplicación de un modelo territorial como el belga. Así, Mollà (2002: 150), identifica directamente –mediante un atajo en comparación con Mollà/Palanca/Viana (1987-1991, vol. 1, 121)– normalización con territorialidad lingüística:

L'única solució, doncs, per a la superació del conflicte generat pel bilingüisme social és l'establiment de la territorialitat lingüística; és a dir, aconseguir que l'idioma a normalitzar esdevinga llengua *normal*. Que esdevinga llengua d'ús de totes les situacions socials, de tots els dominis o àmbits públics de la vida de la societat. Això implica la reculada de l'altre idioma.

Y por ello continúa criticando las Leyes de normalización lingüística en vigor. Ahora bien, lo hace en 2002 de modo atenuado, rebajando el número de alusiones negativas sobre el bilingüismo y la Constitución[33], así como suprimiendo juicios reprobatorios contra los actores y las instituciones encargadas de la normalización catalana[34]. Se omite, por ejemplo, en Mollà (2002: 163) el siguiente párrafo de Mollà/Palanca/Viana (1987-1991: vol. 3, 101):

Tanmateix, aquest concepte [de normalització] s'utilitza ben sovint per a designar altres realitats ben diverses, antagòniques i tot. De fet, la sociolingüística dels tecnòcrates el fa servir com un simple truc retòric al servei del camuflatge de la realitat. Això fins al punt d'una autèntica degradació significativa. En qualsevol cas, allò determinant no són els rètols simbòlics, sinó la marxa del procés real. De manera que els exercicis de prestidigitació nominalista no faran variar ni un pèl el procés històric.

---

[32] *Cf.* Mollà (2002: 8-9).
[33] Desparece en Mollà (2002: 159) el epígrafe "El bilingüisme com a normalitat" de Mollà/Palanca/Viana (vol. 2, 131-135), en el que se criticaba la política lingüística que pasa por el bilingüismo como condición impuesta por la Constitución. También se eliminan párrafos con contenidos equivalentes que aparecían en Mollà/Palanca/Viana (1987-1991: vol. 1, 133, vol. 2, 134), así como sanciones al Estado de las Autonomías (*Ibídem*, 153).
[34] Véanse las críticas a Aina Moll y Francesc Vallverdú en Mollà/Palanca/Viana (1987-1991, vol. 1, 133-134).

En definitiva, aunque a fin de cuentas para Mollà (2002: 235-236) *normaliza-ción* sigue significando algo muy distinto de lo que significa para los poderes políticos y legislativos:

> Comptat i debatut, cap dels textos legals vigents a l'estat espanyol en matèria lin-güística estableix com a objectiu real la plena *normalització* de les llengües que diuen *defensar*. Ben al contrari, sanciona [sic] la desigualtat com a *normalitat*; és a dir la superioritat del castellà i la inferioritat de *las demás lenguas españolas*.

Se modera notablemente en la crítica activista con respecto al *Curs*, pues evita continuar el párrafo anterior con este siguiente que hubiera funcionado como colofón de lo que es el último capítulo y por lo tanto del *Manual* en su conjunto:

> És en aquest sentit que considerem que les actuals lleis vigents a l'Estat espan-yol no són els instruments adequats per a la intervenció social en el camp de la potenciació de l'ús de les llengües peninsulars altres que el castellà. Ben contrària-ment, considerem que es tracta de textos legals doblement hipotecats. D'una banda, per un text de rang superior (la Constitució). De l'altra, pel constrenyiment a uns àmbits d'ús no *determinants* per a la construcció d'una comunitat lingüística viable i adequada a les exigències del segle XXI (Mollà/Palanca/Viana, 1987-1991: vol. 2, 154).

Para concluir, se observa, en asociación directa con esta evolución del discur-so de Mollà una transformación del estilo. Desaparecen en el *Manual* cursivas con doble sentido ("I pensem en el cas dels pobles amerindis exterminats pels representants de la *civilització* europea" Mollà/Palanca/Viana 1987-199: vol. 2, 11); las fórmulas familiares se sustituyen por otras del registro estándar ("Que això siga utilitzat amb altres interessos, són unes altres calces, per dir-ho en col·loquial" Mollà/Palanca/Viana 1987-199: vol. 2, 23, pasa a "Que això siga utilitzat amb altres interessos, és un tema complementari" en Mollà 2002: 93); se eliminan expresiones vulgares como "Una altra cosa fóra pixar fora de test" (Mollà/Palanca/Viana 1987-1991: vol. 1, 98); y tampoco tienen cabida en 2002 familiaridades en el tratamiento: la introducción al *Manual* la firma ahora Toni MOLLÀ y, por otro lado, Txepetx (Mollà/Palanca/Viana 1987-199: vol. 1, 116) se convierte en Sánchez Carrión (Mollà 2002: 144).

Una de las variantes entre el *Curs* y el *Manual*, "*gens* realista" (en Mollà/Palanca/Viana, vol. 2, 143) > "*poc* realista" (en Mollà 2002: 226), puede servirnos metonímicamente para resumir la evolución del discurso de Toni Mollà: no se trata tanto de una transformación de esencia como de grado.

5. Conclusión

Entre los discursos de los manuales catalanes de sociolingüística de los años ochenta y los más actuales se aprecia una evolución importante. En esta influye, sin duda, el cambio ideológico de la sociedad en general: después de la transición y de la primera fase de la era democrática ha decaído en gran medida el compromiso político de los ciudadanos y paralelamente el de los sociolingüistas. Ello es resultado de una actitud de relativa satisfacción social con el nuevo régimen democrático y en lo tocante a la cuestión lingüística puede decirse otro tanto: el último cuarto del siglo XX ha supuesto un periodo decisivo para las lenguas en España, en el que se ha jugado la supervivencia de las minoritarias; el hecho es que los resultados del proceso de promoción del catalán, gallego y vasco se prestarían socialmente a una valoración positiva en comparación con un pasado no tan lejano[35], gracias a lo cual se ha ido atenuando progresivamente el clima de tensión de los ochenta. Por aquellos años, cuando comenzaba a ponerse en marcha la política lingüística constitucional, la incertidumbre y las reservas que esta despertaba quedan patentes en las obras de sociolingüística que hemos analizado. Ello tiene consecuencias formales y científicas en las que se ha hecho hincapié a lo largo de este artículo. Será solo a finales de los noventa cuando se "normalice" paralelamente a la lengua, la disciplina en el ámbito catalán. Vemos entonces que los discursos tendrán un objetivo prioritariamente científico y que solo ocasionalmente se deslizan en ellos juicios de tipo político.

En todo caso, interesa subrayar que, aunque se haya descrito la historia de la sociolingüística catalana en tres periodos: presociolingüístico, antifranquista y autonómico[36], es de notar que los discursos del periodo antifranquista tienen un potencial que les hace mantener su vigencia hasta mucho más tarde. Aún a fecha de 2002, con la publicación del *Manual* de Mollà, siguen divulgándose ideas básicas de la teoría del conflicto lingüístico desarrollada por Aracil y Ninyoles. Se perpetúan así las mismas reivindicaciones que durante la dictadura por considerar que las políticas emprendidas por las instituciones democráticas no satisfacen las expectativas que socialmente serían exigibles para garantizar la promoción de las lenguas menos fuertes.

---

[35] Lo cual no impide que hoy siga habiendo pronósticos pesimistas sobre el catalán. Por poner un ejemplo entre muchos, *cf.* Joan Solà (2003); en particular, los dos últimos artículos de esta recopilación no son nada esperanzadores a propósito del futuro del catalán. De hecho, Amalia y Maria Llombart (2001) llegan a defender que el optimismo con respecto a la situación del catalán no es más que un lugar común y que la realidad inspira más bien el sentimiento contrario.

[36] Véase Boix/Vila (1998: 33-43).

Vemos, en definitiva, que junto con manuales de sociolingüística que se ajustan a las condiciones de objetividad del discurso científico, como el de Boix y Vila, siguen hoy en circulación obras cuyo contenido ideológico no es solo anecdótico. Quizá no esté de más añadir aquí lo que ya advertía Max Weber en *El político y el científico*: "tampoco han de hacer política en las aulas los profesores, especialmente y menos que nunca cuando han de ocuparse de la política desde el punto de vista científico"[37]. Precisamente por las implicaciones políticas y sociales de la sociolingüística, los expertos en la misma deben separar al máximo sus discursos científicos y políticos. Si una sociolingüística del todo objetiva parece difícilmente alcanzable, intentar acercarse en el mayor grado posible a ella se impone como condición necesaria para la regulación de la disciplina.

6. Bibliografía

ARACIL, Lluís Vicent (1965): *Conflit linguistique et normalisation linguistique dans l'Europe nouvelle*. Nancy: Centre Universitaire Européen [trad. catalán: (1986), *Papers de sociolingüística*, 21-38].

BOIX I FUSTER, Emili/VILA I MORENO, F. Xavier (1998): *Sociolingüística de la llengua catalana*. Barcelona: Ariel.

GIMENO MENÉNDEZ, Francisco/MONTOYA ABAD, Brauli (1989): *Sociolingüística*. València: Universitat de València.

JARDÓN, Manuel (1993): *La normalización lingüística, una anormalidad democrática. (El caso gallego)*. Madrid: Siglo XXI.

KABATEK, Johannes (1995): "Minderheitenforschung und Normalität" en: Kattenbusch, Dieter (ed.): *Minderheiten in der Romania*. Wilhelmsfeld: Egert, 25-31.

LLOMBART, Amalia/LLOMBART, Maria (2001), "Perception et réalité: le poids du lieu commun dans la situation linguistique de la Catalogne", en: Franco, Marie/Olmos, Miguel (eds.): *Lieu(x) Commun(s)*, Pandora, 1, 2001, 207-215.

LODARES, Juan Ramón (2000): *El paraíso políglota*. Madrid: Taurus.

MOLLÀ, Toni/PALANCA, Carles/VIANA, Amadeu (1987-1991): *Curs de sociolingüística*, 3 vols. Alzira: Bromera.

MOLLÀ, Toni (ed.) (1998): *La política lingüística a la societat de la informació*. Alzira: Bromera.

— (ed.) (2002): *Llengües globals, llengües locals*. Alzira: Bromera.

— (2002): *Manual de sociolingüística*. Alzira: Bromera.

NINYOLES, Rafael Lluís (1971): *Idioma i prejudici*. Palma de Mallorca: Moll.

SOLÀ, Joan (2003): *Ensenyar la llengua*. Barcelona: Empúries.

---

[37] Weber (1919: 213).

SOLÉ I CAMARDONS, Jordi (1988): *Sociolingüística per a joves. Una perspectiva catalana.* Valencia: Federació d'Entitats Culturals del País Valencià. [Ed. utilizada: Barcelona: Biblària, 2000].

WEBER, Max (2004 [1919]): *El político y el científico.* Madrid: Alianza.

DIRECCIONES DE LOS AUTORES

Emili Boix
Universitat de Barcelona,
Departament de Filologia Catalana,
Facultat de Filologia
Gran Via de les Corts Catalanes, 585
E-08007 Barcelona
eboix@ub.edu

Mónica Castillo
Université Paris 8,
Département d'Études Hispaniques et Hispano-américaines (UFR 5)
2, rue de la Liberté
F-93526 Saint-Denis Cedex
monica.castillo@univ-paris8.fr

Johannes Kabatek
Universität Tübingen
Romanisches Seminar
Wilhelmstr. 50
D-72074 Tübingen
kabatek@uni-tuebingen.de

Christian Lagarde
Université de Perpignan,
Département d'Études Hispaniques
Faculté des Lettres et Sciences Humaines
52, Av. de Villeneuve
F-66860 Perpignan Cedex
lagarde@univ-perp.fr

Juan Ramón Lodares †
Universidad Autónoma de Madrid

Miquel Nicolàs
Universitat de València,
Departament de Filologia Catalana
Facultat de Filologia
Avinguda de Blasco Ibáñez, 32
E-46010 Valencia
Miquel.Nicolas@uv.es

Mercè Pujol
Université de Lille 3
Département d'Espagnol
UFR d'Études Romanes, Slaves et Orientales
Domaine universitaire du "Pont de Bois"
BP 149
F-59653 Villeneuve d'Ascq Cedex
merce.pujol@wanadoo.fr

Xosé Luís Regueira
Universidade de Santiago de Compostela
Departamento de Filoloxía Galega
Facultade de Filoloxía
Avda. Castelao, s/n
E-15704 Santiago de Compostela
fgreguei@usc.es

Benjamín Tejerina
Universidad del País Vasco
Departamento de Sociología 2
Facultad de Ciencias Sociales y de la Comunicación
Barrio Sarriena, s/n
E-48940 Leioa
b.tejerina@ehu.es